Die völkerrechtlichen und verfassungsrechtlichen Vorgaben für ein Gesetz zum Vollzug der Untersuchungshaft und deren praktische Umsetzung

Europäische Hochschulschriften
Publications Universitaires Européennes
European University Studies

Reihe II
Rechtswissenschaft

Série II Series II
Droit
Law

Bd./Vol. 4070

PETER LANG
Frankfurt am Main · Berlin · Bern · Bruxelles · New York · Oxford · Wien

Robert W. Kubach

Die völkerrechtlichen und verfassungsrechtlichen Vorgaben für ein Gesetz zum Vollzug der Untersuchungshaft und deren praktische Umsetzung

PETER LANG
Europäischer Verlag der Wissenschaften

Bibliografische Information Der Deutschen Bibliothek
Die Deutsche Bibliothek verzeichnet diese Publikation in der Deutschen Nationalbibliografie; detaillierte bibliografische Daten sind im Internet über <http://dnb.ddb.de> abrufbar.

Zugl.: Saarbrücken, Univ., Diss., 2004

D 291
ISSN 0531-7312
ISBN 3-631-52601-6

www.peterlang.de

Meinen Eltern

Vorwort

Wie kommt man dazu, ein Thema wie den Vollzug der Untersuchungshaft für eine Dissertation aufzugreifen, wo doch sowohl die rechtswissenschaftliche Literatur als auch der Gesetzgeber trotz zunehmender Verrechtlichung aller Lebensbereiche offensichtlich wenig Interesse an dieser Problematik zeigen? Nun, es begann damit, dass ein Bekannter meiner Eltern davon erzählte, über zwei Jahre in Untersuchungshaft gewesen zu sein, um dann durch einen „Deal" mit der Staatsanwaltschaft sich insoweit für schuldig zu bekennen, dass eine Freiheitsstrafe von etwas über zwei Jahren hatte verhängt werden können. Da diese gem. § 51 StGB durch die Zeit in der Untersuchungshaft dann auch abgegolten war, verließ er nach der Verhandlung das Gericht als „freier Mann". – Zwei Jahre Untersuchungshaft für eine zweijährige Freiheitsstrafe? Ein Verhältnis, welches ich mir damals als idealistischer Jurastudent so gar nicht vorstellen konnte. Ich begann nachzufragen und in einem langen Gespräch erzählte er mir davon, dass er zwei Jahre fast 24 Stunden täglich in seiner Zelle gewesen sei und weiter über die täglichen Schikanen und Unfreiheiten im Haftvollzug. Die Zeit hatte diesen Bekannten und seine Familie gezeichnet.

Im Laufe des Studiums hatte mich dieses Thema immer wieder beschäftigt und ich merkte, wie weit der rechtstheoretische Anspruch an den Untersuchungshaftvollzug von der Praxis entfernt ist, die sich größtenteils den pekuniären Wirklichkeiten und teilweise auch einem falschen Verständnis des Zwecks der Untersuchungshaft beugen muss – teilweise sogar mit gerichtlicher Rückendeckung.

Mir lag daher viel daran, mich dieses Themas nach Abschluss meines Studiums tiefer zu widmen und ich möchte mich ausdrücklich bei meinem Doktorvater

Herrn Prof. Dr. Radtke bedanken, dass er mir die Möglichkeit hierzu im Rahmen dieser Dissertation gegeben hat. Insbesondere hat er mir in zahllosen Gesprächen geholfen, die vielfältigen unterschiedlichen Ansätze in eine gedankliche Struktur einzubinden und miteinander zu verknüpfen. Ohne ihn und die hervorragende Betreuung der Arbeit wäre die vorliegende Monographie sicherlich nicht in dieser Form zustande gekommen.

Weiterhin möchte ich mich auch bei Herrn Prof. Dr. Seebode bedanken, der mit seiner wegweisenden Monographie zum Untersuchungshaftvollzug nicht nur zu vielen Gedankenanstößen beigetragen hat, sondern sich auch in einem sehr angenehmen persönlichen Gespräch die Zeit genommen hat, meine Herangehensweise an den Stoff mit ihm zu erörtern.

Gleichfalls bedanke ich mich bei Herrn Prof. Dr. Jung, der sich für meine Arbeit als Zweitgutachter zur Verfügung gestellt hat.

Abschließend gilt mein herzlicher Dank all jenen, die mir bei der praktischen Ausführung dieser Arbeit behilflich waren. Zu aller erst meiner Freundin Maren Stummeier, die mich stets unterstützt hat und diese Arbeit mittlerweile wahrscheinlich genauso gut kennt wie ich. Darüber hinaus Jan Schumann, der mir jederzeit mit der notwendigen kritischen Professionalität und mit hilfreichen Ratschlägen beiseite stand.
Schließlich danke ich Laura Dierking, die – obwohl selbst im Examensstress – sich die Zeit genommen hat, die Arbeit am Manuskript vor Drucklegung zu begleiten.

Düsseldorf im August 2004

INHALTSVERZEICHNIS

LITERATURVERZEICHNIS

Achter, Viktor Die Hausstrafe in der Untersuchungshaft,
in: NJW 1970, S. 268 ff.;

Amelung, Knut u.a. Die Untersuchungshaft – Gesetzentwurf mit Begründung,
Arbeitskreis Strafprozessreform,
Heidelberg, 1983;

Badura, Peter Staatsrecht – Systematische Erläuterung des Grundgesetzes für die Bundesrepublik Deutschland,
2., neubearbeitete Auflage,
München, 1996,
(zit.: *Badura* in: „Staatsrecht" RN I79);

Die Rechtssprechung des Bundesverfassungsgerichts zu den verfassungsrechtlichen Grenzen wirtschaftspolitischer Gesetzgebung im sozialen Rechtsstaat,
in: AöR 92 (1967), S. 382 ff.;

Baumann, Jürgen Eine gesetzliche Regelung des Vollzuges der Untersuchungshaft,
in: JZ 1990, S.107 ff.;

Entwurf eines Untersuchungshaftvollzugsgesetzes - Vollständiger Gesetzentwurf ohne Begründung und ohne Verweisung auf das StVollzG,
Tübingen, 1981,
(zit.: *Baumann* UVollzG – E, S. 10);

Buchbesprechung „Manfred Seebode – Der Vollzug der Untersuchungshaft",
in: StrV 1985, S. 38 ff.;

Sicherheit und Ordnung in Vollzugsanstalten? Begriffe und Regelungen die ersetzt werden müssen,
Tübingen, 1972,
(zit.: *Baumann* in „Sicherheit und Ordnung in Vollzugsanstalten?", S. 12 a.E.);

Sicherheit und Ordnung in der Anstalt,
in Schröder/Zipf (Hrsg.),
„Festschrift für Maurach zum 70 Geburtstag“,
S. 561 ff.,
Karlsruhe, 1972,
(zit.: *Baumann* in „Festschrift für Maurach“ S. 561 ff);

Der Briefverkehr des Untersuchungsgefangenen,
in: DRiZ 1959, S. 379 ff.;

Bäumler, Helmut Normenklarheit als Instrument der Transparenz,
in: JR 1984, S. 361 ff.;

Berndt, Sabine Eingriffe in den Briefverkehr von Untersuchungsgefangenen – Teil 1 –,
in: NStZ 1996, S. 115 ff.;

Bleckmann, Albert Völkerrecht,
1. Auflage,
München, 2001;

Europarecht,
Das Recht der Europäischen Union und der Europäischen Gemeinschaften,
6., neubearbeitete und erweiterte Auflage,
Köln u.a., 1997,
(zit.: *Bleckmann* in „Europarecht“ RN 19);

Begründung und Anwendung des Verhältnismäßigkeitsprinzips,
in: JuS 1994, S. 177 ff.;

Böhm, Alexander Strafvollzug,
2., überarbeitete Auflage,
Frankfurt am Main, 1986;

Böhm, Alexander/ Schwind Hans-Dieter Strafvollzugsgesetz (StVollzG),
Sammlung Guttentag,
3., neubearbeitete Auflage,
Berlin u.a., 1999,
(zit.: *Böhm* in Böhm/Schwindt StVollzG § 3 RN 12);

Bünting, Karl-Dieter Deutsches Wörterbuch, Chur (Schweiz), 1996;

Bull, Hans Peter Allgemeines Verwaltungsrecht, 6., neubearbeitete Auflage, Heidelberg, 2000;

Bungert, Werner Aus der Rechtsprechung zum Strafvollzugsgesetz, in: NStZ 1990 S. 379;

Busse, Chsistian Die Geltung der EMRK für Rechtsakte der EU, in: NJW 2000, S. 1074 ff.;

Callies, Rolf-Peter Strafvollzugsrecht, 3. Auflage, 1992;

Calliess, Rolf-Peter/ Müller-Dietz, Heinz Strafvollzugsgesetz – Gesetz über den Vollzug der Freiheitsstrafe und der freiheitsentziehenden Maßregeln der Besserung und Sicherung mit ergänzenden Bestimmungen, 8., neu bearbeitete Auflage, München, 2000, (zit.: *Callies/Müller-Dietz* § 122 RN 3);

Creifelds, Carl Rechtswörterbuch, 16., neubearbeitet Auflage, München, 2000;

Dallinger, Wilhelm Anmerkung zum Beschluss der HansOLG Bremen vom 25.11.1950, in: MDR 1951, S. 120 ff.;

Dästner, Chritian u.a. Kommentar zur Strafprozessordnung, Band 1, §§ 1 - 93, Neuwied, 1988, (zit.: *Loos* in AK – StPO, Einl. III, RN 12);

Dechsling, Rainer Das Verhältnismäßigkeitsgebot – Eine Bestandsaufnahme der Literatur zur Verhältnismäßigkeit staatlichen Handelns, München, 1989;

Degenhart, Christoph Staatsrecht I – Staatsorganisationsrecht, 15., neubearbeitete Auflage, Heidelberg, 1999;

De Quadros, Fausto La Convention Européenne des Droits de l'Homme: un cas de ius cogens régional?, in: Beyerlin/Bothe u.a. (Hrsg.), „Festschrift für Rudolf Bernhard", S. 555 ff. , Berlin u.a., 1995;

Diederichsen, Uwe Innere Grenzen des Rechtsstaats, in: Der Staat 34 (1995), S. 33 ff.;

Döschl, Heinz u.a. Entwurf eines Gesetzes über den Vollzug der Untersuchungshaft, Bundeszusammenschluss für Straffälligenhilfe für die Mitgliedsorganisation Bundesvereinigung der Anstaltsleiter im Strafvollzug e.V. (Hrsg.), Bonn, 1982;

Doleisch, Wolfgang Kritische Gedanken zu den Neuen Europäischen Gefängnisregeln (European Prison Rules), in: ZfStrVo 1989, S. 35 ff.;

Dolzer, Rudolf u.a. Bonner Kommentar zum Grundgesetz, 4. Band, II. Abschnitt – Der Bund und die Länder, Heidelberg, Stand: September 2002, (zit.: *Menzel* in BK Art. 25 S. 6);

Dünkel, Frieder/ Vagg, Jon Zusammenfassung und Schlussfolgerung, in: Frieder Dünkel/Jon Vagg (Hrsg.), „Untersuchungshaft und Untersuchungshaftvollzug – Waiting for Trial", S. 869 ff., Freiburg im Breisgau, 1994;

Dünkel , Frieder Zur Situation und Entwicklung von Untersuchungshaft und Untersuchungshaftvollzug in der Bundesrepublik Deutschland, in: ZfStrVo 1985, 334 ff.;

Eisenberg, Ulrich Kriminologie,
5. , neubearbeitete Auflage,
München, 2000;

Eisenberg, Ulrich/ Tóth, Ferenc Über Verhängung und Vollzug der Untersuchungshaft bei Jugendlichen und Heranwachsenden,
in: GA 1993, S. 293 ff.;

Erichsen, Hans-Uwe (Hrsg.) Allgemeines Verwaltungsrecht,
11., neubearbeitete Auflage,
Berlin u.a., 1998;

Europarat (Hrsg.) European Prison Rules,
Recommendation No. R (87) 3 adopted by the Committee of Ministers of the Council of Europe on 12. February 1987 and Explanatory memorandum,
Straßburg, 1987,
(zit.: European Prison Rules „Explanatory memorandum" S.73);

Europäische Strafvollzugsgrundsätze,
Überarbeitete europäische Fassung der Mindestgrundsätze für die
Behandlung der Gefangenen – Gemeinsame Übersetzung für die Bundesrepublik Deutschland, die Republik Österreich und die Schweizerische Eidgenossenschaft,
Heidelberg, 1988;

Feest, Johannes (Hrsg.) Kommentar zum Strafvollzugsgesetz,
4., neubearbeitet Auflage,
Neuwied u.a., 2000;

Fey, Renate Entwurf eines Untersuchungshaftvollzugsgesetzes,
in: Koop/Kappenberg (Hrsg.) „Untersuchungshaft – eine vergessene Reform?", S. 3 ff.,
Lingen/Ems, 1998;

Fröhlich, Jörg Die Anordnung in der Untersuchungshaft in der haftrichterlichen Praxis,
in: Koop/Kappenberg (Hrsg.) „Untersuchungshaft – eine vergessene Reform?“,S. 68 ff. ,
Lingen/Ems, 1998;

Frowein, Jochen/ Peukert, Wolfgang Europäische Menschenrechtskonvention – EMRK – Kommentar,
2., vollständig neu bearbeitete Auflage unter Berücksichtigung des 11. ZP zur Gründung eines ständigen Gerichtshofs,
Kehl u.a., 1996,
(Zit.: *Frowein* in Frowein/Peukert, Einführung RN 6);

Geißl, Günter Zwangsmaßnahmen auf dem Gebiet der Gesundheitsfürsorge im Strafvollzug und im Vollzug der Untersuchungshaft,
München, 1980;

Giegerich, Thomas Die Verfassungsbeschwerde an der Schnittstelle von deutschem, internationalem und supranationalem Recht,
in: Grabenwarter u.a. (Hrsg.),
„Allgemeinheit der Grundrechte und Vielfalt der Gesellschaft“ 34. Tagung der Wissenschaftlichen Mitarbeiterinnen und Mitarbeiter der Fachrichtung „Öffentliches Recht“, S. 101 ff.,
Wien, 1994 ;

Grewe, Wilhelm Das bundesstaatliche Staatensystem,
in: DRZ 1949, S. 349 ff.;

Grunau, Theodor Untersuchungshaftvollzugsordnung (UVollzO),
2., neubearbeitet Auflage,
Köln u.a., 1972;

Haberstroh, Dieter Voraussetzungen und Vollzug der Untersuchungshaft,
in: Jura 1984, S. 225 ff.;

Hagemann Der Richter und die Verordnung über die Durchführung der Untersuchungshaft vom 1. August 1933 (VDU), Deutsches Strafrecht Bd. 9 1942, S. 42 ff.;

Hahn, Carl/ Stegemann, Eduard (Hrsg.) Die gesamten Materialien zur Strafprozessordnung und dem Einführungsgesetzbuch zu derselben vom 1. Februar 1877, Erste Abteilung, Zweite Auflage, Berlin, 1885;

Harbordt, Steffen Die Subkultur des Gefängnisses – Eine soziologische Studie zur Resozialisierung, Tübingen, 1967;

Haverkate, Georg Rechtsfragen des Leistungsstaats – Verhältnismäßigkeitsgebot und Freiheitsschutz im leistenden Staatshandeln, Tübingen, 1983;

Heintschel-Heinegg, Bernd u.a. KMR - Kommentar zur Strafprozessordnung, Band 1, München, Stand: Mai 2002, (zit.: *Müller* in KMR, § 119 RN 29);

Heller, Hermann Rechtsstaat oder Diktatur, Tübingen, 1930;

Hesse, Konrad Grundzüge des Verfassungsrechts der Bundesrepublik Deutschland, 20., neubearbeitete Auflage, Heidelberg, 1995;

Hetzer, Wolfgang Anordnung und Vollzug der Untersuchungshaft unter verfassungsrechtlichen Aspekten, in: Jung/Müller-Dietz (Hrsg.) „Reform der Untersuchungshaft – Vorschläge und Materialien“ – , S. 47 ff., Bonn, 1983;

Heyne, Moritz	Deutsches Wörterbuch, Band 1: A-G, Leipzig, 1890;
Hill, Hermann	Rechtsverhältnisse in der Leistungsverwaltung, in: NJW 1986, S. 2602;
Isola, Horst	Untersuchungshaft: Die vergessene Reform, in: BewHi 1987, S. 32 ff.;
Isola, Horst u.a.	Thesen zur Reform der Untersuchungshaft, Arbeitsgemeinschaft sozialdemokratischer Juristen – Kommission „Fortentwicklung der Strafvollzugsreform sowie des Kriminalrechts", Stand: 02.01.1984, (zit.: Arbeitsgemeinschaft sozialdemokratischer Juris- ten „Thesen" S. 2);
	Diskussionsentwurf eines Untersuchungshaft- vollzugsgesetzes – überarbeitete Fassung –, Arbeitsgemeinschaft sozialdemokratischer Juristen – Kommission „Fortentwicklung der Strafvollzugsreform und des Kriminalrechts", Stand: 05.10.1985;
Jarass, Hans D./ Pieroth, Bodo	Grundgesetz für die Bundesrepublik Deutschland, 4. Auflage, München, 1997, (zit.: *Jarass* in Jarass/Pieroth Art. 25 RN 1);
Jarass, Hans	Der Vorbehalt des Gesetzes bei Subventionen, in: NVwZ 1984, S. 473 ff.;
Jellinek, Walter	Verwaltungsrecht, 2. durchgesehene Auflage, Berlin, 1929;
Jesch, Dietrich	Gesetz und Verwaltung – Eine Problemstudie zum Wandel des Gesetzmäßigkeitsprinzips, 2., unveränderte Auflage, Tübingen, 1968;

Jung,Heike/ Müller-Dietz, Heinz u.a.
Stellungnahme des Fachausschusses I „Strafrecht und Strafvollzug",
in: Jung/Müller-Dietz (Hrsg.) „Reform der Untersuchungshaft-Vorschläge und Materialien",
S. 6 ff.,
Bonn, 1983;

Jung, Heike
Das Institut der Untersuchungshaft im rechtsvergleichenden Überblick,
in: Jung/Müller-Dietz (Hrsg.) „Reform der Untersuchungshaft – Vorschläge und Materialien" ,
S. 79 ff.,
Bonn, 1983;

Kaiser, Günther/ Kerner, Hans-Jürgen/ Schöch, Heinz
Strafvollzug: ein Lehrbuch,
4., neubearbarbeitete und erweiterte Auflage,
Heidelberg, 1992;

Kaiser, Günther
Strafvollzug,
in: Kaiser, Günther u.A. (Hrsg.),
„Kleines Kriminologisches Wörterbuch",
1. Auflage,
Freiburg i.B., 1974;

Menschenrechte im Straf- und Maßregelvollzug,
in: Geppert u.a. (Hrsg.) „Festschrift für Rudolf Schmitt – zum 70. Geburtstag", S. 359 ff.,
Tübingen, 1992,
(zit.: *Kaiser* in „Festschrift für Rudolf Schmitt", S. 359 (361 f.);

Die gesetzlichen Regelungen über den Vollzug der Untersuchungshaft und ihre Reform,
in: Wilke, Dieter (Hrsg.) „Festschrift zum 125 jährigen Bestehen der juristischen Gesellschaft zu Berlin",
S. 299 ff.,
Berlin u.a., 1984,
(zit.: *Kaiser* in „Festschrift", S. 299 (306));

Karpen, Ulrich
Gesetzesgestaltung und Gesetzesanwendung im Leistungsrecht,
in: NJW 1988, S. 2512;

Kleinknecht, Theodor Entscheidungen über die Untersuchungshaft, in: MDR 1965, S. 781 ff.;

Kleinknecht, Theodor/ Janischowsky, Georg Das Recht der Untersuchungshaft, München, 1977;

Kleinknecht, Theodor/ Meyer-Goßner, Lutz Strafprozessordnung, 45. Auflage, München, 2001, (zit.: *Kleinknecht /Mayer-Goßner* § 119 RN12);

Kloepfer, Michael Der Vorbehalt des Gesetzes im Wandel, in: JZ 1984, S. 685 ff. ;

Kluth, Winfried Das Übermaßverbot, in: JA 1999, S. 606 ff.;

Köhler, Heinz/ Ratz, Günter BDO – Bundesdisziplinarordnung und materielles Disziplinarrecht; Kommentar für die Praxis, 2., neubearbeitete und ergänzte Auflage, Köln, 1994;

Koop, Gerd Der Einfluss von Management und Organisationsentwicklung auf den Untersuchungshaftvollzug, in: Koop/Kappenberg (Hrsg.) „Untersuchungshaft – eine vergessene Reform?“, S. 107 ff., Lingen/Ems, 1998;

Koop/Kappenberg Vorläufiger Referentenentwurf eines Gesetzes über den Vollzug der Untersuchungshaft vom 19.08.1996, aus „Untersuchungshaft – eine vergessene Reform?“, Koop/Kappenberg (Hrsg.), S. 150 ff., Lingen/Ems, 1998;

Koriath, Heinz Einschränkung des deutschen Notwehrrechts (§ 32 StGB) durch Art. 2 II a EMRK?, in: Filippo Ranieri (Hrsg.) “Die Europäisierung der Rechtswissenschaft“, S. 47 ff. Baden-Baden, 2002, (zit: *Koriath* in „Europäisierung“ S. 47 (51/52));

Korinek, Karl Die Beschränkung von Grundrechtspositionen durch die Untersuchungshaft und ihre Grenzen – Eine einführende Skizze,
in: Karl Korinek/Irmgard Kain (Hrsg.) „Grundrechte und Untersuchungshaft", S. 11 ff.,
Wien, 1988;

Kunig, Philip Das Rechtsstaatsprinzip – Überlegungen zu seiner Bedeutung für das Verfassungsrecht der Bundesrepublik Deutschland,
Tübingen, 1986;

Kunz, Karl-Ludwig Kriminologie – eine Grundlegung,
2., vollständig überarbeitete Auflage,
Bern u.a., 1998;

Laubenthal, Klaus Strafvollzug,
2., aktualisierte Auflage,
Berlin u.a., 1998;

Lemke, M. u.a. (Hrsg.) Heidelberger Kommentar zur Strafprozessordnung,
2., neubearbeitete Auflage,
Heidelberg, 1999,
(zit.: *Lemke* in HK § 119 RN 19);

Lehner, Moris Zur Bestimmtheit von Rechtsnormen – am Beispiel einer Entscheidung des Österreichischen VerfGH,
in: NJW 1991, S. 891 ff.;

Leibholz, Gerhard/ Rinck, Hans-Justus/ Hesselberger, Dieter Grundgesetz für die Bundesrepublik Deutschland - Kommentar an Hand der Rechtsprechung des Bundesverfassungsgerichts,
Band 2,
7. Auflage,
Köln, 1993,
(zit.: *Leibholz/Rinck/Hesselberger*, Art. 25 RN 51);

Leisner, Walter Die schutzwürdigen Rechte im besonderen Gewaltenverhältnis,
in: DVBl 1960, S. 617 ff. ;

Lenz, Carl Otto	Der europäische Grundrechtsstandard in der Rechtsprechung des Europäischen Gerichtshofes, in: EuGRZ 1993, S. 585 ff.;
Löwe, Ewald/ Rosenberg, Werner	Die Strafprozessordnung und das Gerichtsverfassungsgesetz hrsg. von Peter Rieß zweiter Band §§ 112-197, 24. neubearbeitet Auflage, Berlin, 1989, (zit.: *Wendisch* in Löwe - Rosenberg § 119 RN 29);
	Die Strafprozessordnung und das Gerichtsverfassungsgesetz, hrsg. von Peter Rieß zweiter Band §§ 112-197, 23., neubearbeitete Auflage, Berlin, 1978, (zit.: *Dünnebier* in Löwe - Rosenberg (23. Auflage) § 119 RN 15);
Luchaire, Francois/ Conac, Gérard	La constitution de la république francaise, 2ième édtion, Paris, 1987;
Luhmann, Niklas	Zweckbegriff und Systemrationalität – Über die Funktion von Zwecken in sozialen Systemen, Tübingen, 1968;
v.Mangoldt, Hermann/ Klein, Friedrich/ Starck, Christian	Das Bonner Grundgesetz, Band 2: Artikel 20 bis 78, 4., vollständig neubearbeitete Auflage, München, 2000, (zit.: *Koenig*, in v. Mangoldt/Klein/Starck Art. 25 RN 34);
Maurer, Hartmut	Allgemeines Verwaltungsrecht, 13., überarbeitete und ergänzte Auflage, München, 2000;
Maunz, Theodor/ Dürig, Günter Herzog, Roman (Hrsg.)	Grundgesetz Kommentar, Band 1: Art. 1-11, München, Stand: August 2000, (zit.: *Herdegen* in Maunz/Dürig/Herzog Art. 25 RN 4);

Band 2: Art. 12-20,
München, Stand: Juli 2001;

Band 3 : Art. 22-69,
München, Stand: Juli 2001;

Maunz, Theodor/ Zippelius, Reinhold Deutsches Staatsrecht – Ein Studienbuch, 30., völlig neubearbeitete Auflage, München, 1998;

Mayer, Otto Deutsches Verwaltungsrecht, Erster Band, Berlin, 1924;

Meyer - Blaser, Ullrich Zum Verhältnismäßigkeitsgrundsatz im staatlichen Leistungsrecht – am Beispiel der beruflichen Eingliederungsmaßnahmen der IV), Bern, 1985;

Müller-Dietz, Heinz Problematik und Reform des Vollzuges der Untersuchungshaft, in: StrV 1984, S. 79 ff.;

Die Stellung des Beschuldigten im Strafprozess, in: ZStW Bd.93 (1981), S. 1177 ff.;

Anmerkung zu BGHSt Beschluss vom 13.10.1972, in: JZ 1973, S. 129 ff.;

Verfassung und Strafvollzug, in: NJW 1972, S. 1161ff.;

Müller-Emmert, Adolf Resozialisierung als Verfassungsauftrag, in: DRiZ 1976, S. 65 ff.;

v. Münch, Ingo/ Kunig, Philip (Hrsg.) Grundgesetz-Kommentar, Band 1 (Präambel bis Art. 20), 4. , neubearbeitete Auflage, München, 1992;

Mußgnug, Reinhard Gesetzgebung und Gesetzesanwendung im Leistungsrecht,
in: „Veröffentlichungen der Vereinigung der Deutschen Staatsrechtslehrer“ Band 47,
S. 113 ff. ,
Berlin u.a., 1989;

Neubacher, Frank Eine bislang kaum beachtete Perspektive: die Auslegung des Strafvollzugsgesetzes im Lichte der Mindestgrundsätze der Vereinten Nationen für die Behandlung von Gefangenen,
in: ZfStrVo 2001, S. 212 ff.;

Neudek, Kurt Vereinte Nationen/United Nations,
in: Frieder Dünkel/Jon Vagg (Hrsg.) „Untersuchungshaft und Untersuchungshaftvollzug – Waiting for Trial“,
Freiburg im Breisgau, 1994,
(zit.: „*Neudek* in „Waiting for Trial“);

Oetjen, Kerstin/ Endriß, Rainer Leitfaden zur Untersuchungshaft,
Bonn, 1999;

Ofori-Amankwah, E.H. United Nations Standard Minimum Rules for the Treatment of Prisoners,
Lahor (Pakistan), 1979;

Oberbracht, Dirk Die Parlamentarisierung des sozialhilferechtlichen Regelsatzes,
1. Auflage,
Baden-Baden, 1993;

v. Olshausen, Henning Briefkontrolle und Richterfunktion im Vollzug der Untersuchungshaft,
in: JZ 1969, S. 463 ff.;

v. Olshausen, Henning/ Arndt, Hans-Wolfgang Grenzen staatlicher Zwangsbefugnisse gegenüber Untersuchungshäftlingen,
in: JuS 1975, S.143 ff.;

Ossenbühl, Fritz Der Grundsatz der Verhältnismäßigkeit (Übermaßverbot) in der Rechtssprechung der Verwaltungsgerichte, in: Jura 1997, S. 617 ff.;

Paeffgen, Hans-Ullrich Vorüberlegung zu einer Dogmatik des Untersuchungshaftrechts, Köln u.a., 1986;

Paeffgen, Hans-Ulrich/ Seebode, Manfred Stellungnahme zum Entwurf eines Gesetzes zur Regelung des Vollzuges der Untersuchungshaft (BR-DR 249/99 vom 30.04.1999), in: ZRP 1999, S. 524 ff.;

Pfeiffer, Gerd Strafprozessordnung und Gerichtsverfassungsgesetz, 3., neu bearbeitete und erweiterte Auflage, München, 2001, (zit.: *Pfeiffer* § 119 RN 5);

Pfeiffer, Gerd (Hrsg.) Karlsruher Kommentar zur Strafprozessordnung und zum Gerichtsverfassungsgesetz mit Einführungsgesetz, 4., neubearbeitete Auflage, München, 1999, (zit.: *Boujong* in KK § 119 RN 12);

Radtke, Henning Die Zukunft der Arbeitsentlohnung von Strafgefangenen, in: ZfStrVo 2001, S. 4 ff.;

Reindl, Richard/ Nickolai, Werner/ Gehl, Günther Vorwort, in: Richard, Reindl (Hrsg.) „Untersuchungshaft: Stiefkind der Justiz", S.7 ff. , Weimar, 1995;

Rodley, Nigel The treament of prisoners under international law, UNESCO, Paris u.a., 1987;

Ronellenfitsch, Michael Das besondere Gewaltenverhältnis – ein zu früh totgesagtes Rechtsinstitut, in: DÖV 1981, S. 933 ff.;

Rosenberg, Werner Zur Reform der Untersuchungshaft,
in: JW 1925, S. 1446 ff.;

Rössner, Dieter Auf dem Weg zu einem Untersuchungshaftvollzugsgesetz,
in: JZ 1988, S. 116 ff.;

Rotthaus, Karl Peter Unzulänglichkeiten der heutigen Regelung der Untersuchungshaft,
in: NJW 1973, S. 2269 ff.;

Die Reform der inhaltlich – vollzuglichen Gestaltung der Untersuchungshaft,
in Eyrich/Odersky/Socker (Hrsg.) „Festschrift für Kurt Rebmann – zum 65. Geburtstag,
München, 1989,
(zit.: *Rotthaus* in „Festschrift für Rebmann", S. 401 (402));

Roxin, Claus Strafverfahrensrecht – ein Studienbuch,
25., völlig neu bearbeitete Auflage des von Eduard Kern begründeten Werkes,
München, 1998;

Rudolphi, Hans-J. u.a. Systematischer Kommentar zur Strafprozessordnung,
1. Band,
Frankfurt/Main, Stand: April 2002,
(zit.: SK – *Paeffgen,* § 119 RN 45);

Rupp, Hans Heinrich Grundfragen der heutigen Verwaltungsrechtslehre,
Tübingen, 1965;

Schachtschneider, K.A. Das Rechtsstaatsprinzip des Grundgesetzes,
in: JA 1978, S. 185 ff. , 237 ff.;

Schick, Rupert/ Kahlenberg, F. (Hrsg.) Der Parlamentarische Rat 1948-1949 Akten und Protokolle,
Band 5/I Ausschuß für Grundsatzfragen,
Boppard am Rhein,1993;

Schlothauer, Reinhold Untersuchungshaft aus der Sicht der Verteidigung, in: Koop/Kappenberg (Hrsg.) „Untersuchungshaft – eine vergessene Reform?“, S. 87 ff. , Lingen/Ems, 1998;

Schmalz, Dieter Allgemeines Verwaltungsrecht und Grundlagen des Verwaltungsrechtsschutzes, 3. Auflage, Baden-Baden, 1998;

Schnapp, Friedrich Die Grenzen der Grundrechte, in: JuS 1979, S. 729 ff.;

Die Verhältnismäßigkeit des Grundrechtseingriffs, in: JuS 1983, S. 850 ff.;

Schorn, Hubert Der Schutz der Menschenwürde im Strafverfahren, Strafrecht/Strafverfahren/Kriminologie Band 1, Bingen, 1963;

Schöch, Heinz Neue Entwicklungen in der Anordnung der Untersuchungshaft, in: Koop/Kappernberg (Hrsg.) „Untersuchungshaft – eine vergessene Reform“, S. 43 ff., Lingen/Ems, 1998

Schulz, W. Die Untersuchungshaft – Erziehungsmaßnahme, vorweggenommene Jugendstrafe oder Start in die kriminelle Karriere?, in: Deutsche Vereinigung für Jugendgerichte und Jugendgerichtshilfen e.V. (Hrsg.) „Die jugendrichterliche Entscheidung – Anspruch und Wirklichkeit“, S. 399 ff. München, 1981;

Schunk, E./ De Clerck, H/ Guthardt, Harald Allgemeines Staatsrecht und Staatsrecht des Bundes und der Länder, 15. Auflage, Siegburg, 1995;

Seibert, Hans Forderungen zur Ausgestaltung des Untersuchungshaftvollzuges,
in: Richard Reindel u.a. (Hrsg.) „Untersuchungshaft: Stiefkind der Justiz“, S. 175 ff. ,
Weimar, 1995;

Sendler, Horst Subventionen in der höchstrichterlichen Rechtsprechung,
in: WiVerw 1978, S. 156 ff.;

Schweitzer, Michael Staatsrecht III – Staatsrecht, Völkerrecht, Europarecht,
6., neubearbeitete Auflage,
Heidelberg, 1997;

Schwerdtfeger, Gunther Öffentliches Recht in der Fallbearbeitung,
Grundfallsystematik, Methodik, Fehlerquellen,
10., neubearbeitete Auflage,
München, 1997;

Seebode, Manfred Die Bedeutung der Gesetzgebung für die Haftpraxis,
in: StrV 1989, S. 118 ff.;

Die Untersuchungshaft und ihre Reform an der Schwelle zum 21. Jahrhundert,
in: Koop/Kappenberg (Hrsg.) „Untersuchungshaft – einer vergessene Reform?“, S. 14 ff.,
Lingen/Ems, 1998,
(zit.: *Seebode* in „vergessene Reform“, S. 14);

Der Vollzug der Untersuchungshaft,
Berlin u.a., 1985,
(zit.: *Seebode* „Untersuchungshaft“, S. 31);

Anmerkung zum Beschluss des OLG Zweibrücken vom 20.08.97, (StV 1998, S. 32),
in: StV 1998, S. 386 ff.;

Solbach, Günther/ Hofmann, Joachim Einführung in das Strafvollzugsrecht,
Köln u.a., 1982;

Stein, Ekkehart/ Frank, Götz Staatsrecht,
17., neu bearbeitete Auflage,
Tübingen, 2000;

Stern, Klaus Das Staatsrecht der Bundesrepublik Deutschland,
Band I – Grundbegriffe und Grundlagen des Staatsrechts, Strukturprinzipien der Verfassung,
2., völlig neubearbeitete Auflage,
München, 1984,
(zit.: *Stern* in „Staatsrecht I" § 21, S. 878);

Das Staatrecht der Bundesrepublik Deutschland,
Band III , 2.Halbband – Allgemeine Lehren der Grundrechte,
München, 1994,
(zit.: *Stern* in „Staatsrecht III/2" § 82, S. 672);

Stuckenberg, Carl-Friedrich Untersuchungen zur Unschuldsvermutung,
Berlin, u.a., 1997;

Triffterer, Otto Die Bemühungen der Vereinten Nationen zur Regelung der Untersuchungshaft,
in: Jescheck, Hans-Heinrich/Krümpelmann, Justus (Hrsg.),
„Die Untersuchungshaft im deutschen, ausländischen und internationalen Recht, S. 885 ff.,
Bonn, 1971;

Veith, Wolfgang Die Rechtsstellung des Untersuchungsgefangenen, dargestellt am Modell des Briefverkehrsrecht,
Frankfurt/Main, 1971;

Walter, Michael Strafvollzug,
4. neubearbeitete und erweiterte Auflage,
Stuttgart u.a., 1999;

Weber, Alberecht Die Europäische Grundrechtscharta – auf dem Weg in eine europäische Verfassung,
in: NJW 2000, S. 537 ff.;

Weber-Fas, Rudolf Wörterbuch zum Grundgesetz,
Stuttgart, 1993;

Wieacker, Franz Geschichtliche Wurzeln des Prinzips der verhältnismäßigen Rechtsanwendung„ in: Lutter, Marcus/Stimpel, Walter/Wiedemann, Herbert (Hrsg), „Festschrift für Robert Fischer“, S .866 ff., Berlin u.a., 1979;

Wilke, Dieter Anmerkung zur Entscheidung des BVerfG JZ 1982, S.755 ff., in: JZ 1982, S. 758 ff.;

Wolter, Jürgen Untersuchungshaft, Vorbeugehaft und vorläufige Sanktionen, in: ZStW 1981, S. 452 ff.;

Würtenberger, Thomas Reform des Strafvollzuges im sozialen Rechtsstaat, in: JZ 1967, S. 233 ff.;

ABKÜRZUNGSVERZEICHNIS

Auf dieser Seite nicht aufgeführte Abkürzungen erklären sich aus dem Textzusammenhang.

a.A.	andere Ansicht
a.E.	am Ende
a.F.	alte Fassung
Anm.	Anmerkung
AöR	Archiv des öffentlichen Rechts
Art.	Artikel
Begr.	Begründung
BewHi	Bewährungshilfe
BR-Drucksache	Drucksache des Bundesrates
BSHG	Bundessozialhilfegesetz
BVerfG	Bundesverfassungsgericht
BVerfGE	Entscheidungen des Bundesverfassungsgerichts
BVerwGE	Entscheidungen des Bundesverwaltungsgerichts
bzw.	beziehungsweise
d.	des
ders.	derselbe
DE – UVollzG	Diskussionsentwurf zum Untersuchungshaftvollzugsgesetz
DÖV	Die Öffentliche Verwaltung
DRiG	Deutsches Richtergesetz
DRiZ	Deutsche Richterzeitung
DVBl	Deutsches Verwaltungsblatt
EGGVG	Einführungsgesetz zum Gerichtsverfassungsgesetz
EuGH	Europäischer Gerichtshof

f.	folgende
FAZ	Frankfurter Allgemeine Zeitung
ff.	fortfolgende
GA	Goltdammer's Archiv für Strafrecht
GG	Grundgesetz
grds.	grundsätzlich
h.M.	herrschende Meinung
Hrsg.	Herausgeber
i.V.m.	in Verbindung mit
JA	Juristische Arbeitsblätter
JGG	Jugendgerichtsgesetz
JuS	Juristische Schulung
JW	Juristische Wochenschrift
JZ	Juristenzeitung
MDR	Monatsschrift des deutschen Rechts
m.E.	meines Erachtens
m.w.N.	mit weiteren Nachweisen
n.F.	neue Fassung
NJW	Neue Juristische Wochenschrift
Nr.	Nummer
NStZ	Neue Zeitschrift für Strafrecht
NVwZ	Neue Verwaltungszeitschrift
OLG	Oberlandesgericht
OVG	Oberverwaltungsgericht
RGSt	Entscheidungen des Reichsgericht in Strafsachen
RN	Randnummer
S.	Seite
SGB	Sozialgesetzbuch

StGB	Strafgesetzbuch
StPO	Strafprozessordnung
StV	Strafverteidiger
StVollzG	Strafvollzugsgesetz
u.a.	und andere
UN	United Nations (Vereinte Nationen)
UNO	United Nations Organisation
UVollzG – E	Entwurf eines Untersuchungshaftvollzugsgesetzes
UVollzG – RE	Regierungsentwurf eines Untersuchungshaftvollzugsgesetzes
vgl.	vergleiche
WiVerw	Wirtschaft und Verwaltung
ZfStrVo	Zeitschrift für den Strafvollzug und Straffälligenhilfe
zit.	zitiert
ZRP	Zeitschrift für Rechtpolitik
ZStW	Zeitschrift für Strafrechtswissenschaft

I. Einleitung

Von *Baumann* stammt der Ausspruch, dass man den Zustand eines Rechtsstaates daran erkennt, welche Rechte er seinen (mutmaßlichen) Gegnern[1] zuerkennt[2]. Nimmt man als Maßstab dafür den status quo der deutschen Untersuchungshaft, insbesondere deren Vollzug, so ist es um unseren Rechtsstaat schlecht bestellt. Die in der Literatur verbreitete Bewertung als „trübstes Kapitel deutscher Strafrechtspflege"[3] lässt vermuten, welche Ausmaße die vorgefundenen Defizite aufweisen und macht deutlich, wie dringend der Handlungsbedarf auf dem Gebiet des Untersuchungshaftvollzuges tatsächlich ist.

Besondere Brisanz gewinnt die Situation zudem durch die zahlenmäßige Dimension der Häftlingspopulation; im Jahr 2001 befanden sich bundesweit durchschnittlich 17.500 Männer und Frauen im Untersuchungshaftvollzug[4]. Bei einer Gesamthäftlingszahl von ca. 70.000 also etwa ein Viertel aller Inhaftierten[5].

Obschon diese gewaltige Zahl an sich Anlass zu Kritik geben könnte, soll es im Folgenden nicht um die vielfach geäußerten Bedenken an den Haftgründen des § 112 StPO gehen, deren Ausgestaltung wohl dazu führt, dass zu viel und zu schnell verhaftet wird[6] – so zustimmungswürdig diese Kritik auch sein mag.
Die hohe Zahl an Untersuchungshäftlingen soll vielmehr als Beleg dafür dienen, dass die Art und Weise des Vollzuges eine nicht zu vernachlässigende Personenzahl betrifft.
Geht es doch um die tägliche Lebensgestaltung von 17.500 Menschen, die, ohne rechtskräftig verurteilt worden zu sein, in eine Haftanstalt verbracht werden,

---

1 In diesem Falle sind damit Personen gemeint, die sich nicht an die Gesetze des Staates halten.

2 *Baumann* in JZ 1990, S. 107 (113 a.E.); *Seibert* in „Untersuchungshaft: Stiefkind der Justiz", S. 165 (167).

3 So schon *Rosenberg* JW 1925, S. 1446; *Veith*, S. 19 ; *Fröhlich* in „vergessene Reform", S. 68 (68); Arbeitsgemeinschaft sozialdemokratischer Juristen „Thesen", S. 2; *Wolter* in ZStrW 1981, S. 452 (452).

4 Statistisches Bundesamt, 2001 Fachserie 10 (Rechtspflege), Reihe 4.2 Tabelle 1.4.

5 Deshalb wird sie von *Eisenberg* in „Kriminologie" § 29 RN 36 auch als eines der „*bedeutendsten Instrumente strafrechtlicher Kontrolle*" bezeichnet; die durchschnittliche Dauer der Untersuchungshaft liegt dabei bei ca. 2 – 3 Monaten, *Dünkel*, S. 334 (339).

6 *Fröhlich* in „vergessene Reform", S. 68 (68); *Schlothauer* in „vergessene Reform", S. 87 (87); *Reindl* u.a. in „Untersuchungshaft: Stiefkind der Justiz", S. 7 (7); *Dünkel*, S. 334 (337), der dies mit umfassenden statistischen Analysen verknüpft.

damit der Staatsgewalt und ihren Vollzugsbehörden eine möglichst effektive Strafverfolgung ermöglicht wird[7].

Der Staat hat bei der Ausgestaltung der betroffenen Lebensverhältnisse aber nicht nur sein Strafverfolgungsinteresse zu berücksichtigen[8], sondern ebenso die damit kollidierenden Freiheitsrechte und die Würde der Verhafteten[9], denen er über Art. 1 I, II GG gleichfalls verpflichtet ist. Aufgabe des Untersuchungshaftvollzuges kann es daher primär nur sein, diese widerstreitenden Interessen zu einem gerechten Ausgleich zu bringen[10].

Damit im täglichen Umgang mit den Häftlingen dieser Ausgleich regelmäßig aufs Neue in einer gerechten und vorhersehbaren Weise vollzogen werden kann, bedarf es gewisser gesamtstaatlicher Vorgaben, die für alle Beteiligten eine ausreichende Rechtssicherheit schaffen und die Entscheidungen der Verwaltung berechenbar machen. Dabei müssen die vorgegebenen Leitlinien umso klarer und verbindlicher sein, je bedeutsamer die einzuschränkenden Freiheitsrechte des Bürgers sind.

Bei dem Vollzug der Untersuchungshaft geht es um den Entzug des wohl fundamentalsten Freiheitsrechts - des Rechts auf Bewegungsfreiheit. Daher sollte man auch angesichts der hohen Zahl der Betroffenen davon ausgehen, dass ein umfassendes, unmittelbar demokratisch legitimiertes Gesetzeswerk existiert, das die Vorgaben des Vollzuges der Untersuchungshaft gesetzlich regelt.
Tatsächlich ist es hingegen so, dass die gesetzlichen Vorgaben auf diesem Gebiet eher fragmentarisch und unvollständig sind.

Während der Vollzug der Freiheitsstrafe seit 1976 nach einem Grundsatzurteil des Bundesverfassungsgerichts[11] ausführlich im StVollzG geregelt ist, beschränkt sich die gesetzliche Regelung des Untersuchungshaftvollzuges hauptsächlich - wenn man von § 115 JGG für jugendliche Gefangene und von § 177 StVollzG für das Arbeitsentgelt einmal absieht - auf die Bestimmung des § 119 StPO.

---

7 In der Literatur wird deshalb auch häufig von einem „Sonderopfer“ gesprochen, welches der Untersuchungshäftling zur effektiveren Strafverfolgung für das Gemeinwesen erbringt - so z.B. *Seebode* „Untersuchungshaft“, S. 13; *Jung/Müller-Dietz u.a.* „Reform“, S. 6 (9); *Fröhlich* in „vergessene Reform“, S. 69; a.A. *Paeffgen*, S. 220 ff.

8 Was letztendlich eine Verpflichtung dem Gemeinwesen gegenüber darstellt, da die Strafverfolgung kein Selbstzweck des Staates ist.

9 *Seibert* in „Untersuchungshaft: Stiefkind der Justiz“, S. 165 (167); *Kaiser* in „Festschrift“, S. 299 (300).

10 Vgl. z.B. *Hetzer* in „Reform“, S. 47 (51); *Jung/Müller-Dietz u.a.* in „Reform“, S. 6 (10).

11 BVerfGE 33, S. 1 (13).

Dieser normiert in den Absätzen 1 und 2 das sogenannte „Trennungsprinzip“, wonach Untersuchungshäftlinge grundsätzlich von anderen Gefangenen (insbesondere von Strafgefangenen) getrennt unterzubringen sind.
Neben der grundsätzlichen Kompetenzzuweisung an den Haftrichter für Einzelmaßnahmen (Absatz 4) und den Voraussetzungen, unter denen dem Gefangenen Fesseln anzulegen sind (Absatz 5), beschränkt sich der Regelungsgehalt des § 119 StPO (außerhalb der Bequemlichkeitsgarantie des Absatzes 4) hauptsächlich darauf, dass dem Gefangenen nur solche Beschränkungen auferlegt werden dürfen, die mit dem Zweck der Haft vereinbar oder durch die Ordnung in der Vollzugsanstalt geboten sind (Absatz 3).

Es leuchtet ein, dass eine derartige gesetzliche Vorgabe nicht detailliert genug sein kann, um bundesweit einen für alle Untersuchungsgefangenen einheitlichen Vollzug zu gewährleisten[12].

Um dieses Defizit auszugleichen, haben die Innenminister der Länder 1953 eine Untersuchungshaftvollzugsordnung (UVollzO) als Verwaltungsvorschrift erlassen, die als Empfehlung der Exekutive an die Gerichte konzipiert war und die diese durch richterliche Anordnung im Sinne von § 119 VI StPO in Kraft setzen können[13]. Dem Richter sollte damit ein Modell für den „Normalfall“ des Vollzuges an die Hand gegeben werden, an dem er sich orientieren kann[14] (obgleich die Vereinbarkeit einer derartigen Empfehlung an den Richter mit § 25 DRiG fraglich ist[15]).
Die UVollzO geht aber ihrem Inhalt nach über diesen reinen Empfehlungscharakter hinaus, unterstellt sie doch in Nr. 2 II Satz 2, dass die Einzelfallbestimmungen dieser Verwaltungsvorschrift, soweit der Richter nicht etwas anderes angeordnet hat, dessen Willen entsprechen und damit eine gerichtliche Entscheidung ersetzen.
Die h.M. geht heute sogar davon aus, dass der Richter sich an die Vorgaben der UVollzO zu halten hat, wenn nicht begründete Ausnahmen im Einzelfall vorliegen[16].

Da die Untersuchungshaftvollzugsordnung darüber hinaus als Verwaltungsvorschrift für die Justizvollzugsbeamten verbindlichen Charakter hat, erwächst ihr

---

12 *v. Olshausen* in JZ 1969, S. 463 (464): „ ... *ein Blankett, das nur dem Zweck nach, nicht aber nach Inhalt und Ausmaß bestimmt ist und dessen Inhaltslosigkeit sich in der Fülle der in der UVollzO enthaltenen Regeln spiegelt.*“

13 *Seebode* in „Untersuchungshaft“, S. 30.

14 *Grunau*, S. 10 RN 9.

15 SK - *Paeffgen* § 119 RN 4.

16 OLG Köln in MDR 1953, S. 570 ; OLG Hamburg in NJW 1962, S. 1633 (1634); *Wendisch* in Löwe - Rosenberg § 119 RN 7.

letztendlich faktisch die Geltung eines Gesetzes[17], ohne den Prozess der parlamentarischen Willensbildung durchlaufen zu haben und damit ohne unmittelbare demokratische Rechtfertigung [18].

Genauso problematisch wie die mangelnde demokratische Rechtfertigung der UVollzO ist grundsätzlich auch ihr Inhalt, kehrt sie doch den in § 119 III StPO niedergelegten Grundsatz ins Gegenteil[19]: Wie oben angeführt, darf der als unschuldig geltende Häftling (Art. 6 II *EMRK*) grundsätzlich alles tun und lassen, was nicht gegen die Ordnung innerhalb der Anstalt oder gegen den Zweck der Untersuchungshaft verstößt. Die UVollzO dagegen stellt eine Vielzahl von Verboten und Regeln für den Gefangenen auf, lässt davon Ausnahmen zu und räumt ihm bestimmte Berechtigungen ein. Aus der in § 119 III StPO grundsätzlich gewährten Erlaubnis mit Verbotsvorbehalt wird durch die Untersuchungshaftvollzugsordnung ein grundsätzliches Verbot mit Erlaubnisvorbehalt[20].

Weder das Bundesverfassungsgericht noch die übrige Rechtsprechung haben sich an dieser bedenklichen Rechtslage gestört und auch der Gesetzgeber ist trotz einiger Anläufe der verschiedenen Bundesregierungen, ein Untersuchungshaftvollzugsgesetz (UVollzG) zu schaffen[21], nicht tätig geworden. Angesichts der massiven Änderungsanträge seitens der Länder, insbesondere in Bezug auf den letzten Regelungsversuch in der 14. Legislaturperiode[22], ist in der nächsten Zeit auch kaum damit zu rechnen, dass der Vollzug der Untersuchungshaft in absehbarer Zukunft eine umfassende gesetzliche Grundlage erhalten wird.

Der mangelnden gesetzgeberischen Tätigkeit entspricht das mangelnde Interesse der rechtswissenschaftlichen Literatur auf diesem Gebiet. Während im Bereich der Anordnung der Untersuchungshaft, also bezüglich der Haftgründe des § 112

---

17 *Seebode* „Untersuchungshaft“, S. 30; *Rotthaus* in NJW 1973, S. 2269 (2270) spricht gar von einem „juristischen Kunstgriff“.

18 Angesichts ihrer Wirkung als damit quasi freiheitsrechtsbeschränkende Vorschrift kann dieser Zustand nur als untragbar gewertet werden; so auch *Rotthaus* in „Festschrift für Rebmann“, S. 401 (402); ähnlich *Fey* in „vergessene Reform“, S. 3 (3); *Jung/Müller-Dietz u.a.* in „Reform“, S. 6 (12), die darüber hinaus zu Recht darauf hinweisen, dass die U-VollzO als freiheitsbeschränkende Vorschrift nicht in Frage kommt.

19 *Wendisch* in Löwe - Rosenberg § 119 RN 5; *Seebode* in StV 1998, S. 386 (386).

20 *Seebode* in StV 1998, S. 386 (386); *Dünnebier* in Löwe - Rosenberg (23. Auflage) § 119 RN 10.

21 Namentlich erwähnt seien hier der Vorläufige Referentenentwurf eines UVollzG vom 19. August 1996 und der Regierungsentwurf eines UVollzG vom 30.04.99 (BR-Drucksache 249/99).

22 Siehe die Stellungnahme des Bundesrates zum Entwurf eines Gesetzes zur Regelung des Vollzuges der Untersuchungshaft vom 11.06.99 (BR-Drucksache 249/99).

StPO, eine Vielzahl von Publikationen erschienen sind[23], erfreut sich die Vollzugsgestaltung, ganz im Gegensatz etwa zu der Gestaltung des Strafvollzuges, nur geringen Interesses[24].
Dies ist umso erstaunlicher, wenn man sich die Tatsache vor Augen führt, dass die Untersuchungshaft wohl als historische Wurzel der Strafhaft angesehen werden kann und demzufolge eine längere Tradition aufweist[25].
Nach einem geringen Anstieg der Anzahl wissenschaftlicher Beiträge[26] Anfang der 80'er Jahre des letzten Jahrhunderts ist das Interesse der Rechtswissenschaft an dem Untersuchungshaftvollzug wieder abgeebbt. Auch der letzte Kodifizierungsversuch seitens der Regierung der 14. Legislaturperiode, welcher der erste seiner Art ist, der den Status eines Regierungsentwurfs erlangt und den Weg bis in den Bundesrat gefunden hat[27], hat daran nichts geändert. Dabei wäre gerade nach der Formulierung eines konkreten Gesetzesvorschlags die wissenschaftliche Auseinandersetzung dahingehend sinnvoll, ob die Rechtsstellung des Untersuchungsgefangenen, so, wie sie ausgestaltet werden soll, dem entspricht, was die völkerrechtlichen und die verfassungsrechtlichen Vorgaben fordern.

Diese verfassungsrechtlichen und völkerrechtlichen Vorgaben sollen im Nachfolgenden, auch im Hinblick auf den status quo des Untersuchungshaftvollzuges, behandelt und analysiert werden, um daraus Schlüsse zu ziehen, wie in einzelnen Teilbereichen ein - dem Grundsatz nach von allen Seiten befürwortetes[28] - Gesetz zum Vollzug der Untersuchungshaft aussehen müsste.

Dabei sollen in einem ersten Teil die Vorgaben herausgearbeitet werden, zu denen die Bundesrepublik aus internationalem Recht verpflichtet ist oder an denen sie sich als zivilisierte Nation moralisch orientieren sollte[29], insbesondere die *Europäische Konvention zum Schutz der Menschenrechte und Grundfreiheiten* von 1950[30] (hierbei besonders die Unschuldsvermutung des Art. 6 II), die *European Prison Rules* des Europarates von 1987[31] sowie die *Allgemeinen Mindestregeln für die Behandlung von Gefangenen der Vereinten Nationen* von 1955[32].

---

23 Statt vieler *Amelung* u.a.
24 So auch *Seebode* „Untersuchungshaft“, S. 31.
25 *Seebode* in „vergessene Reform“, S. 14.
26 Zu erwähnen seien hier besonders die ausgearbeiteten Gesetzesentwürfe von *Baumann* (1981), der Bundesvereinigung der Anstaltsleiter e.V. (1982) und der Arbeitsgemeinschaft sozialdemokratischer Juristen (1985).
27 BR-Drucksache 249/99
28 Statt vieler *Wendisch* in Löwen - Rosenberg § 119 RN 9; a.A. *Grunau*, S. 15 RN 20.
29 Wenn sie sich nicht außerhalb des Kreises der zivilisierten Nationen stellen möchte.
30 Für die Bundesrepublik Deutschland in Kraft gesetzt durch das Gesetz vom 07.08.52 (BGBl. 1952 Teil II, S. 685).
31 Empfehlung des Europarates Nr. (87) 3.
32 U.N. Doc. A/CONF/6/1, Ann. 1.A. - 30. 8. 1955.

In einem zweiten Teil sollen dann die verfassungsrechtlichen Vorgaben, hierbei insbesondere das Sozialstaatlichkeits- und das Rechtsstaatlichkeitsprinzip sowie das Übermaßverbot behandelt werden.

Als dritter und letzter Teil der gedanklichen Vorarbeit für ein Gesetz über den Vollzug der Untersuchungshaft sollen die einfachgesetzlichen Grundlagen, dabei insbesondere § 119 StPO und die ihm im Laufe der Zeit zugewachsene Funktion als Generalklausel untersucht werden.

Zuletzt soll dann, wie oben bereits angekündigt, für ausgewählte Bereiche der Vollzugsgestaltung anhand der ausgearbeiteten Grundsätze im Einzelnen erläutert werden, wie eine sachgerechte Regelung aussehen könnte. Dies soll vor allem in einem Vergleich zum erwähnten ehemaligen Regierungsentwurf der 14. Legislaturperiode geschehen und die Problematik mancher darin enthaltenen Regelungen aufzeigen.

II. Die völkerrechtlichen Vorgaben

1. Die Europäische Konvention zum Schutz der Menschenrechte und Grundfreiheiten

1.1 Allgemeines

Die *Europäische Konvention zum Schutz der Menschenrechte und Grundfreiheiten*, die am 04. November 1950 von den Mitgliedstaaten des Europarates unterzeichnet und nach der Ratifizierung durch 10 Staaten am 3. September 1953 in Kraft getreten ist, kodifiziert einen Katalog von „Grundrechten", die einen Mindeststandard[33] an subjektiven Rechten gegenüber der Staatsgewalt garantieren sollen.

Diese Rechte sind in mehrerlei Hinsicht für den Vollzug der Untersuchungshaft bedeutsam, da sie, ähnlich wie die Grundrechte des Grundgesetzes, dem Betroffenen bestimmte Rechtspositionen gegenüber der Staatsmacht einräumen, die ihm grundsätzlich auch nach einer erfolgten Inhaftierung weiter zustehen.
In dem hier zu untersuchenden Bereich ist von entscheidender Bedeutung, dass eine rechtmäßig inhaftierte Person gemäß Art. 6 II *EMRK* auch nach der Inhaftierung als unschuldig zu gelten hat, solange noch kein rechtskräftiges Urteil in Bezug auf ihre Schuld ergangen ist (sog. Unschuldsvermutung).
Weiterhin garantiert die *EMRK* auch dem rechtmäßig Verhafteten grundsätzlich z.B. das Recht auf Informationsfreiheit[34], auf Achtung des Privatlebens[35] sowie die Gedanken-, Gewissens- und Religionsfreiheit[36].

Dabei sieht auch die Menschenrechtskonvention die Notwendigkeit, diese Grundrechte in besonderen Fällen, etwa beim Vollzug der Untersuchungshaft, einzuschränken. Hierfür stellt die *EMRK* an die einschränkenden Maßnahmen besondere Anforderungen, die der Staat beachten muss und die auch im Rahmen der hier getätigten Untersuchung zum Tragen kommen könnten.

---

[33] *Paeffgen* bezeichnet sie als „kleinsten gemeinsamen Nenner", S. 63 FN 248 a.E.
[34] Art. 10 I *EMRK*.
[35] Art. 8 I *EMRK*.
[36] Art. 9 I *EMRK*.

1.2. Normhierarchische Stellung der *EMRK*

Für die Frage, inwieweit die eingangs dargestellten Grundrechte, so, wie sie die *EMRK* garantiert, den einfachen Gesetzgeber bei der Regelung der Untersuchungshaft binden, muss zunächst geprüft werden, welchen Rang die *EMRK* innerhalb der innerstaatlichen Rechtsquellen einnimmt.
Zweifelsohne ist die Konvention zunächst mehr als nur eine unverbindliche Empfehlung, da die Bürger der Mitgliedstaaten sich über Art. 25 *EMRK* direkt an den Europäischen Gerichtshof für Menschenrechte wenden können, um die darin niedergelegten Rechte einzuklagen.

In den einzelnen Vertragsstaaten der *EMRK* hat sie jedoch eine unterschiedliche normhierarchische Stellung erhalten, mit jeweils unterschiedlich starker Bindungswirkung für den einfachen Gesetzgeber.
So hat Österreich der *EMRK* den Rang eines Verfassungsgesetzes eingeräumt[37], was im Wesentlichen wohl damit zu erklären ist, dass die österreichische Verfassung selbst keinen eigenen Grundrechtskatalog enthält. Der österreichische Gesetzgeber muss damit die von der Konvention eingeräumten Rechtspositionen bei jedem einfachen Gesetz beachten. Ebenso verhält es sich in Belgien, Frankreich und den Niederlanden, wo die *EMRK* im Rang sogar über der Verfassung steht[38].

Für die Bundesrepublik Deutschland ist der Vertragstext durch das Gesetz vom 7. August 1952 geltendes innerstaatliches Recht geworden. Hieraus lässt sich jedoch noch nicht ableiten, welchen Einfluss die Menschenrechtskonvention auf die bundesdeutsche Gesetzgebung hat.

1.2.1 Monismus und Dualismus

Zweifelsfrei handelt es sich bei der *Europäischen Menschenrechtskonvention* um Völkerrecht. Bei der Frage, welchen Einfluss eine völkerrechtliche Bestimmung auf den nationalen Gesetzgeber ausübt, sind grundsätzlich zwei divergierende Standpunkte zu unterscheiden: der monistische und der dualistische.

Nach der monistischen Auffassung bilden Völkerrecht und nationales Recht eine einheitliche Rechtsordnung, in der zumeist das Völkerrecht Vorrang vor den nationalen Bestimmungen genießt[39], wie dies etwa in Art. 55[40] der französischen

---

[37] *Frowein* in Frowein/Peukert, Einführung RN 6.
[38] *Frowein* in Frowein/Peukert, Einführung RN 6.
[39] *Koenig*, in v. Mangoldt/Klein/Starck Art. 25 RN 34.

Verfassung zum Ausdruck kommt[41]. Man spricht dabei auch vom sogenannten „Primat des Völkerrechts“[42]. In der extremsten Ausprägung[43] geht der Monismus dabei so weit, dass alle völkerrechtswidrigen nationalen Regelungen auch im innerstaatlichen Recht als nichtig angesehen werden[44]. Im Falle der Menschenrechtskonvention würde dies bedeuten, dass es für den Bundesgesetzgeber unmöglich wäre, die Vorgaben der *EMRK* zu ignorieren oder zu modifizieren, da ein entgegenstehendes Gesetz als nichtig zu betrachten wäre.

Anders argumentiert hingegen die dualistische Auffassung, nach welcher es sich bei Völkerrecht und nationalem Recht um zwei grundsätzlich verschiedene Rechtsordnungen handelt[45]. Völkerrechtlich abgeschlossene Verträge können danach nur Rechte und Pflichten im innerstaatlichen Bereich vermitteln, wenn sie durch ein Transformationsgesetz in die jeweilige nationale Rechtsordnung inkorporiert werden[46]. Die *Europäische Menschenrechtskonvention* hätte nach diesem Modell in der Bundesrepublik nur Gültigkeit aufgrund der Umsetzung durch das Transformationsgesetz vom 7. August 1952 und damit nur den Rang eines einfachen Bundesgesetzes, welches grundsätzlich jederzeit zur Disposition des Gesetzgebers stünde, ihn also für spätere Gesetze nicht verpflichtete[47].

---

40 Art. 55: „*Les traités ou accords régulièrement ratifiés ou approuvés ont, dès leur publication, une autorité supérieure à celle des lois, sous réserve, pour chaque accord ou traité, de son application par l'autre partie*“.

41 Mit dem Begriff „loi“ meint der französische Verfassungsgesetzgeber sowohl das einfache Gesetz, als auch Gesetze mit Verfassungsrang (Luchaire/Conac Art. 55, S. 1069).

42 *Koenig* in v. Mangoldt/Klein/Starck Art. 25 RN 34.

43 Die heute allerdings kaum noch vertreten wird (*Herdegen* in Maunz/Dürig/Herzog Art. 25 RN 4).

44 *Koenig* in v. Mangoldt/Klein/Starck Art. 25 RN 34.

45 *Herdegen* in Maunz/Dürig/Herzog Art. 25 RN 4.

46 *Koenig* in v. Mangoldt/Klein/Starck Art. 25 RN 33.

47 Daran ändert auch grundsätzlich nicht die Feststellung des BVerfG, dass später erlassene Bundesgesetze im Lichte der völkerrechtlichen Verpflichtungen des Bundes auszulegen sind. Es ist zwar, wie das Verfassungsgericht zutreffend ausführt „ *nicht anzunehmen, dass der Gesetzgeber ... von völkerrechtlichen Verpflichtungen der Bundesrepublik Deutschland abweichen oder die Verletzung solcher Verpflichtungen ermöglichen will*“ ((BVerfGE 74, S. 358 (370); bestätigt in BVerfGE 82, S. 106 (114)). Dabei handelt es sich jedoch um einen bloßen Grundsatz, welcher m.E. die Legislative – solange die Völkerrechtsnorm nicht imperativ ist – nicht davon abhalten kann, bewusst abweichende Regelungen zu treffen.

1.2.2 Inkorporationsmethoden des Grundgesetzes

Das Grundgesetz folgt der dualistischen Auffassung, differenziert jedoch nach der jeweiligen Quelle des Völkerrechts und knüpft daran unterschiedliche Rechtsfolgen für den Rang des inkorporierten Rechtssatzes.

Zwar legt die Formulierung des Art. 25 GG zunächst das Gegenteil nahe: Danach scheint es doch, als würden die allgemein anerkannten Regeln des Völkerrechts automatisch als Teil des Bundesrechts angesehen. Tatsächlich handelt es sich nach wohl h.M.[48] bei Art. 25 GG jedoch um eine generelle Übernahmenorm - eine verfassungsrechtliche Bestimmung also, die den allgemeinen Regeln des Völkerrechts in der deutschen Rechtsordnung Gültigkeit verleiht[49]. Im Rang geht die auf diese Weise inkorporierte Vorschrift gemäß Art. 25 S. 2 GG den Gesetzen, also dem innerstaatlichen Recht und den einfachen Bundesgesetzen, vor - nicht aber der Verfassung selbst[50].

Noch deutlicher geht die dualistische Konzeption des Grundgesetzes aus Art. 59 II GG hervor, da hiernach völkerrechtliche Verträge durch den Bundespräsidenten nur dann abgeschlossen werden dürfen, wenn der Bundesgesetzgeber in Form eines formellen Gesetzes seine Zustimmung erteilt hat. Dieses Zustimmungsgesetz hat nach h.M. nicht nur den Charakter einer Ermächtigung zur Unterzeichnung von völkerrechtlichen Übereinkünften. Vielmehr regelt das Gesetz gleichzeitig den Umfang, in dem die völkerrechtlichen Verträge innerhalb der Bundesrepublik Gültigkeit haben sollen[51].
Das Zustimmungsgesetz wirkt in dieser Weise also gleichzeitig als Transformationsgesetz, sofern der völkerrechtliche Vertrag einen transformationsfähigen Inhalt aufweist[52]. Der Vertragsinhalt ist dann durch die Umwandlung der Transformationsbestimmung auf den Rang eines einfachen formellen Bundesgesetzes beschränkt, der zwar vorhergehende Bundesgesetze als *lex posterior* verdrängt,

---

48 Ob Art. 25 GG dabei als grundsätzliche Inkorporationsnorm verstanden wird (so wohl *Herdegen* in Maunz/Dürig/Herzog Art. 25 RN 1) oder als ein allgemeiner Anwendungsbefehl für die allgemeinen Regeln des Völkerrechts in der nationalen Rechtsordnung (so etwa *Koenig* in v. Mangoldt/Klein/Starck Art. 25 RN 44) kann dahingestellt bleiben. Im Ergebnis unterscheiden sich beide Meinungen grundsätzlich nicht, da in jedem Fall ein innerstaatlicher Akt (Transformation oder Anordnung) der internationalen Bestimmung nationale Gültigkeit verleiht. (so auch *Jarass* in Jarass/Pieroth Art. 25 RN 1).

49 BVerwGE 35, S.262 (265 f.).

50 *Leibholz/Rinck/Hesselberger*, Art. 25 RN 51; *Jarass* in Jarass/Pieroth Art. 25 RN 10.

51 *Maunz* in Maunz /Dürig/Herzog Art. 59 RN 25 ; *Leibholz/Rinck/Hesselberger* Art. 59 RN 31 ; *Jarass* in Jarass/Pieroth Art. 59 RN 14, 15 ; so auch BGHZ 52, S. 217 (219).

52 Also auch unmittelbare Rechte und Pflichten für die Staatsbürger entfalten kann.

für die Zukunft aber grundsätzlich nicht den Gesetzgeber in seiner weiteren Tätigkeit verpflichten kann.

1.2.3 *EMRK* als Fall des Art. 25 GG

Aus den vorhergehenden Ausführungen ergibt sich, dass für die hier untersuchte Verbindlichkeit der *EMRK* für den deutschen Gesetzgeber zu prüfen ist, ob es sich bei der *Europäischen Konvention zum Schutz der Menschenrechte und Grundfreiheiten* um eine *„allgemein anerkannte Regel(n)*[53] *des Völkerrechts"* im Sinne von Art. 25 GG handelt, oder um einen völkerrechtlichen Vertrag im Sinne von Art. 59 II GG.

Unter einer allgemein anerkannten Regel des Völkerrechts versteht man im Wesentlichen eine Bestimmung, die stillschweigend von der Allgemeinheit der Völkergemeinschaft akzeptiert und praktiziert wird[54]. Das Merkmal der Allgemeinheit bezieht sich damit nicht etwa auf einen hohen Abstraktionsgrad der jeweiligen Regel, sondern auf die örtliche Ausdehnung ihres Geltungsbereiches[55]. Überwiegend handelt es sich dabei um Völkergewohnheitsrecht[56], welches eine hinreichend verfestigte Praxis seitens der Staaten und eine damit einhergehende Rechtsüberzeugung voraussetzt[57].

Die im Wesentlichen vom Ministerkomitee des Europarates ausgearbeitete *EMRK* wurde von den Mitgliedstaaten ratifiziert und hat dadurch zunächst den Status eines multilateralen völkerrechtlichen Vertrages[58]. Dementsprechend fiele sie nicht unter Art. 25 GG sondern unter die Bestimmung des Art. 59 II GG - die *EMRK* hätte dann mit dem Transformationsgesetz vom 7. August 1952 den Rang eines einfachen Bundesgesetzes erhalten, was wohl auch der heute überwiegend vertretenen Ansicht entspricht[59].

Die Tatsache, dass die Menschenrechtskonvention ihrer äußeren Form nach ein Vertrag ist, schließt hingegen nicht grundsätzlich auch die Möglichkeit einer Einordnung in die Kategorie der allgemeinen Regeln des Völkerrechts aus. Es

---

53 Ergänzung durch den Verfasser.

54 *Koenig* in v. Mangoldt/Klein/Starck Art.25 RN 27; *Jarass* in Jarass/Pieroth Art. 25 RN 5 ; BVerfGE 15, S. 25 (33).

55 *Herdegen* in Maunz/Dürig/Herzog Art. 25 RN 19.

56 *Jarass* in Jarass/Pieroth Art. 25 RN 5; BVerfGE 23, S. 288 (317).

57 *Herdegen* in Maunz/Dürig/Herzog Art. 25 RN 23.

58 *Frowein* in Frowein/Peukert, Einführung RN 4.

59 Etwa *Dürig* in Maunz/Dürig/Herzog Art. 1 RN 59; *Frowein* in Frowein/Peukert, Einführung RN 6; *Sommermann* in v. Mangoldt/Klein/Starck Art. 20 RN 130; *Koriath* in „Europäisierung", S. 47 (51/52).

ist theoretisch vorstellbar, dass Verträge erst den Auslöser darstellen, aufgrund dessen sich dann eine gewohnheitsrechtliche Handhabungspraxis zwischen den Staaten herauskristallisiert[60].

Grundsätzlich kann dabei davon ausgegangen werden, dass die Menschenrechte, jedenfalls in ihren Kernbereichen, mittlerweile Gegenstand der allgemeinen Regeln des Völkerrechts sind[61] - also über Art. 25 GG Gültigkeit oberhalb der Bundesgesetze haben[62].
Was die spezielle und teilweise doch sehr detaillierte Ausgestaltung der Menschenrechte in Form der *Europäischen Menschenrechtskonvention* angeht, so kann für den Bereich der Europäischen Gemeinschaft mittlerweile über die vertragliche Verpflichtung der Mitgliedstaaten[63] hinaus davon ausgegangen werden, dass sich eine gemeinsame europäische Verfassungstradition entwickelt hat. In den vergangenen 50 Jahren geschah dies - insbesondere durch die Judikatur des EuGH - gerade auch unter[64] Rückgriff auf die *EMRK* mit ihren konkreten Einzelwertungen[65]. Unterstützt wird diese Sicht durch die Tatsache, dass offenbar auch für die Schaffung der zukünftigen europäischen Grundrechtscharta, die in der *Europäischen Menschenrechtskonvention* niedergelegten Grundsätze ein nicht unerhebliches Gewicht haben werden[66].
Eine solche europäische Verfassungstradition, die nach dem oben Gesagten im Wesentlichen mit dem Inhalt der *EMRK* identisch ist, kann daher für den lokal begrenzten Umfang der Europäischen Gemeinschaft als regionales Völkergewohnheitsrecht bezeichnet werden[67].

Fraglich bleibt, ob ein derartiges regionales Völkergewohnheitsrecht unter die Tatbestandsvoraussetzung des Art. 25 GG als Regel des allgemeinen Völkerrechts subsumiert werden kann oder ob damit wirklich nur das universelle Völkerrecht gemeint ist, so wie es der herrschenden Ansicht entspricht[68].

---

60 *Herdegen* in Maunz/Dürig/Herzog Art. 25 RN 23.

61 *Bleckmann* in „Völkerrecht" RN 956.

62 Wenn auch dieser Mindeststandard wohl weit unterhalb des Grundrechtsstandards des Grundgesetzes oder der *EMRK* liegen dürfte.

63 Alle Mitgliedstaaten der EU haben die *EMRK* zwar mittlerweile ratifiziert, dies war aber nicht von Anfang an der Fall.

64 So auch im Ergebnis *de Quadros* in „Festschrift für Rudolf Bernhard" 1995, S. 555 (559).

65 *Bleckmann* in „Völkerrecht" RN 956; So wohl auch *Lenz* in EuGRZ 1993, S. 585; BVerfGE 73, S. 339 (378 ff.) und die darin zitierten Urteilssprüche des EuGH; *Giegerich* in „Allgemeinheit der Grundrechte", S. 101 (103).

66 *Weber* in NJW 2000, S. 537 (539); *Busse* in NJW 2000, S. 1074 (1079).

67 *De Quadros* in „ Festschrift für Rudolf Bernhard" S. 559 „..*ius cogens* régional, on doit se demander si la CEDH en est un exemple. La réponse est affirmative. "

68 *Menzel* in BK Art. 25, S. 7; *Herdegen* in Maunz/Dürig/Herzog Art 25 RN 32; *Jarass* in Jarass/Pieroth Art. 25 RN 5; BVerfGE 15, S. 25 (34).

Zunächst kann davon ausgegangen werden, dass es sich bei dem Begriff der „*allgemeinen Regel*" nicht um eine international gebräuchliche völkerrechtliche Bezeichnung handelt, sondern um eine Wendung aus dem Staatsrecht[69]. Für die Auslegung dieses Begriffes ist demzufolge auf die deutsche Staatsrechtslehre zurückzugreifen.

Artikel 25 GG findet seinen Ursprung in Art. 4 der Weimarer Reichsverfassung (WRV), der besagte, dass die „*allgemein anerkannten Regeln des Völkerrechts*" als „*bindender Bestandteil des deutschen Reichsrecht*(s)[70]" gelten. Die Problematik, wann eine Regel im Sinne der WRV als allgemein anzusehen war, stellte sich dabei zumeist nicht, da nach wohl h.M. der Zusatz „anerkannt" bedeutete, dass das Reich die jeweilige völkerrechtliche Regel erst anerkennen musste, bevor sie unter Art. 4 WRV fiel[71]. Dementsprechend waren alle nach Art. 4 WRV vom Reich anerkannten völkerrechtlichen Regeln auch als „allgemein" in diesem Sinne zu verstehen.

Der Verfassungsgeber des Grundgesetzes hat nach langer Kontroverse[72] auf den Zusatz des „Anerkennens" verzichtet und damit die Frage nach der Reichweite des Tatbestandsmerkmals „allgemein" erst akut werden lassen.
Da die Inkorporation von Völkerrecht offensichtlich bewusst neu durch die Bonner Verfassung ausgestaltet werden sollte, scheint es daher sinnvoll, für die Auslegung des Begriffpaars „allgemeine Regel" im Rahmen einer subjektiv-historischen Auslegungszielbestimmung den Willen des Grundgesetzgebers zu ermitteln.

Aus den Beratungsmaterialien des Parlamentarischen Rates ergeben sich überraschenderweise kaum Anhaltspunkte zur Klärung dieser Frage. Zudem lassen sich die wenigen vorhandenen Protokollierungen aufgrund ambivalenter Aussagen nicht einheitlich deuten:
Bemerkungen wie „*...allgemeine Rechtsvorstellungen, die mehr oder weniger in allen zivilisierten Staaten bestehen...*" [73] lassen zwar vermuten, dass man von einer Anerkennung durch die Mehrheit der Staaten insgesamt ausgegangen ist; andererseits sprechen Äußerungen wie „*...Übereinkommen der Menschen unse-*

69 *Herdegen* in Maunz/Dürig/Herzog Art. 25 RN 19.
70 Änderungen durch den Verfasser.
71 So z.B. RGSt 67, S.130 (135).
72 Vgl. etwa 12. Sitzung des Ausschusses für Grundsatzfragen (GSA) vom 15.10.1948 in Schick/Kahlenberg Bd 5/I, S. 317 f.
73 Äußerung des Mitgliedes des Parlamentarischen Rates (MdPR) *Dr. Schmid* (BK Art. 25, S. 7).

res abendländischen Rechtskreises...“ [74] nicht gegen eine Einbeziehung regionalen Völkergewohnheitsrechts.
Aus den Materialien der Entstehungsgeschichte von Art. 25 GG lässt sich daher keine abschließende Beurteilung des untersuchten Sachverhaltes ableiten[75].

Wesentlich aufschlussreicher ist dagegen die Untersuchung der normsystematischen Stellung von Art. 25 im Gefüge des Grundgesetzes: Der Parlamentarische Rat hat – wie oben dargestellt – zwei Inkorporationsmöglichkeiten von Völkerrecht geschaffen, Art. 59 II GG und Art. 25 GG. Dabei sollte über letzteren *denjenigen* Völkerrechtssätzen Geltung verschafft werden, die nicht kodifizierbar sind, da sie sich in stetigem Fluss befinden[76]. Der dahinter liegende Gedanke war wohl, dass eine normative Festsetzung eines völkerrechtlichen Grundsatzes nie mehr sein kann als eine unpräzise Momentaufnahme.

Verstünde man nun entsprechend der herrschenden Meinung unter „allgemeinen Regeln“ nur die universellen Regeln des Völkerrechts, so käme man zu einem faktischen Ausschluss regionalen Völkergewohnheitsrechts aus der innerdeutschen Rechtsordnung[77]:
Die alleinige Möglichkeit zur Erreichung nationaler Bindungswirkung bestünde dann nämlich darin, das regionale Völkergewohnheitsrecht zu kodifizieren, ihm dadurch den Rang eines völkerrechtlichen Vertrages zu verleihen, um ihm schließlich über Art. 59 II GG durch eine Transformationsnorm Zugang zum innerdeutschen Recht zu verschaffen[78].

Dies entspräche aber gerade nicht den dargelegten Vorstellungen des Parlamentarischen Rates.
Da aber umgekehrt angesichts der allgemein völkerrechtsfreundlichen Gestaltung des Grundgesetzes auch nicht davon ausgegangen werden kann, dass regionales Völkergewohnheitsrecht im innerstaatlichen Recht gänzlich unbeachtlich sein sollte, entstünde bei einem Verständnis entsprechend der herrschenden Meinung eine systemwidrige Regelungslücke[79].
Daher können vom Verfassungsgeber mit „allgemeine Regel“ nur beide Formen von Völkergewohnheitsrecht gemeint gewesen sein, die „mondiale“ und die „regionale“[80].

---

74 So MdPR *Dr. Schmidt* in der 5. Sitzung des Hauptausschuss (HptA). Stenographischer Bericht, S. 65.
75 Vgl. auch *Herdegen* in Maunz/Dürig/Herzog Art. 25 RN 32.
76 *Koenig*, in v. Mangoldt/Klein/Starck Art. 25 RN 44.
77 Im Ergebnis auch *Schweitzer* RN 481.
78 So etwa *Herdegen* in Maunz/Dürig/Herzog Art. 25 RN 32.
79 Vgl. auch *Schweitzer* RN 481.
80 *Schweitzer* RN 481.

Folglich ist es möglich, dass ein regionaler völkerrechtlicher Vertrag erst über Art. 59 II GG in die deutsche Rechtsordnung als einfaches Bundesgesetz inkorporiert wird, aber später, wenn dieser völkerrechtliche Vertrag Ausgangspunkt für die Bildung von regionalem Völkergewohnheitsrecht wird, auf einen Rang oberhalb der Bundesgesetze aber unterhalb der Verfassung aufgewertet wird.

1.2.4 Fazit

Im Ergebnis ist der h.M. insoweit zuzustimmen, dass die *EMRK* in Deutschland nach der Ratifizierung in Form eines Bundesgesetzes Eingang in die Rechtsordnung gefunden hat. Durch die voranschreitende europäische Integration, insbesondere durch die Rechtsprechung des EuGH, hat sich die *EMRK* über den Status eines multilateralen Vertrages zu einer europäischen Verfassungstradition weiterentwickelt, die über Art. 25 GG als völkerrechtliches Gewohnheitsrecht den Bundesgesetzgeber bindet[81].
Daraus erwachsen für den Gesetzgeber besondere Pflichten, die er bei der Schaffung eines UVollzG beachten muss; allen voran stehen dabei die Unschuldsvermutung des Art. 6 II *EMRK*, die konventionsspezifischen Anforderungen an grundrechtsbeschränkende Maßnahmen sowie die grundsätzlichen Leitlinien, die die *EMRK* bezüglich der Institution Untersuchungshaft vorgibt.

1.3 Die Leitlinien der *EMRK* bezüglich des Rechtsinstituts der Untersuchungshaft[82]

Die Europäische Menschenrechtskonvention erkennt - wie oben bereits angedeutet - die Notwendigkeit, in bestimmten Situationen auch außerhalb der Strafhaftverbüßung Menschen in Haft nehmen zu lassen[83]. In Art. 5 I c EMKR wird dargelegt, dass die Freiheit einem Verdächtigen entzogen werden darf:

> *„...wenn er rechtmäßig festgenommen worden ist oder in Haft gehalten wird zum Zweck seiner Vorführung vor die zuständige Gerichtsbehörde, sofern dringender Verdacht dafür besteht, dass der Betreffende eine strafbare Handlung begangen hat, oder begründeter An-*

---

[81] So im Ergebnis wohl auch *Kaiser* in „Festschrift für Rudolf Schmitt", S. 359 (364); *Giegerich* in „Allgemeinheit der Grundrechte", S. 101 (102); a.A. *Koriath* in „Europäisierung", S. 47 (51/52).

[82] Einen interessanten Überblick über die Ausgestaltung der Untersuchungshaft in den verschiedenen Ländern, die die Konvention ratifiziert haben, bietet *Jung* in „Reform", S. 79 ff.

[83] *Stuckenberg*, S. 107.

lass besteht, dass es notwendig ist, den Betreffenden an der Begehung einer strafbaren Handlung oder an der Flucht nach Begehung einer solchen zu verhindern."

Untersuchungshaft und *EMRK* schließen sich also nicht aus; vielmehr finden sich in Art. 5 I c *EMRK* die Voraussetzungen, unter denen einem Menschen ohne rechtskräftiges Urteil die Freiheit entzogen werden kann, nämlich wenn:

1. Dringender Verdacht besteht, dass die betreffende Person eine strafbare Handlung begangen hat (sog. *dringender Tatverdacht*);

2. begründeter Verdacht besteht, dass die betreffende Person eine strafbare Handlung begehen wird (sog. *Vorbeugehaft*);

3. begründeter Verdacht besteht, dass die betreffende Person nach Begehung einer strafbaren Handlung die Flucht ergreift (sog. *Fluchthaft*).

Im Wesentlichen deckt sich das System der Haftvoraussetzungen damit mit dem des § 112 StPO, wenngleich die Vorschrift der Strafprozessordnung (scheinbar) enger gefasst ist. Danach reicht das Vorliegen eines dringenden Tatverdachts alleine für die Anordnung der Untersuchungshaft nicht aus. Vielmehr bedarf es einer Kombination aus dringendem Tatverdacht und einem oder mehreren Haftgründen.
Der Tatverdacht stellt in diesem Anordnungssystem die Grundvoraussetzung dar, zu welcher gem. § 112 StPO entweder der Tatbestand der Fluchtgefahr (Fluchthaft i.S.v. Absatz 2 Nr. 1 und 2), derjenige der Wiederholungsgefahr (Vorbeugehaft i.S.v. § 112 a Absatz 1) oder, und insofern unterscheidet sich der § 112 StPO von Art. 5 I c *EMRK*, derjenige der Verdunklungsgefahr (Kollusionshaft i.S.v. Absatz 2 Nr. 3) hinzutreten muss.

Diese nur vordergründig engere Fassung der Haftgründe der deutschen Strafprozessordnung relativiert sich hingegen wieder, wenn man - wie der Europäische Gerichtshof für Menschenrechte (EGHMR)[84] - zu den Haftgründen der Menschenrechtskonvention das Korrektiv der Unschuldsvermutung stellt:

Die Unschuldsvermutung durchdringt das Rechtsinstitut der Untersuchungshaft nach Ansicht des Gerichts in der Weise, dass etwa eine Haftanordnung allein aufgrund dringenden Tatverdachts in Anbetracht der überragenden Bedeutung von Art. 6 II *EMRK* nicht in Betracht kommt. Hinzukommen muss vielmehr

---

84 *Peukert* in Frowein/Peukert Art. 5 RN 73.

jeweils ein weiterer Haftgrund, um die herausragende Signifikanz der Unschuldsvermutung aufzuwiegen.
Die praktische Folge dieser „Verhältnismäßigkeitsabwägung“[85] ist, dass durch die ständige Rechtssprechung des EGHMR das Untersuchungshaftanordnungssystem im Rahmen der Konvention im Wesentlichen dem unsrigen entspricht[86].

1.4 Die Bedeutung der Unschuldsvermutung im Rahmen des Untersuchungshaftvollzuges

Um den oben genannten Haftgründen innewohnenden Gefahren für das Strafverfahren zu begegnen, wird dem dringend Tatverdächtigen im Interesse der Allgemeinheit zugemutet, dass er, obwohl ein Prozess meist noch nicht begonnen hat, geschweige denn ein rechtskräftiges Urteil vorliegt, den weiteren Verfahrensverlauf in einer Haftanstalt verbringen muss. Dabei muss beachtet werden, dass der in die Haftanstalt Eingelieferte als unschuldig zu behandeln ist, auch wenn er dringend einer Tat verdächtig ist. Gemäß Art. 6 II *EMRK* wird nämlich

> *„bis zum gesetzlichen Nachweis seiner Schuld vermutet, dass der wegen einer strafbaren Handlung Angeklagte unschuldig ist*“.

Die Folgen, die sich daraus für die Gestaltung des Untersuchungshaftvollzuges ergeben, sollen deshalb in Abgrenzung zum Vollzug der Strafhaft untersucht werden.

1.4.1 Die Folgen der Unschuldsvermutung für die Unterscheidung von Untersuchungshaft und Strafhaft und die damit einhergehenden praktischen Probleme

Sowohl der Vollzug der Untersuchungshaft als auch der Strafhaftvollzug finden in der Regel in einem geschlossenen Anstaltssystem statt – was unter anderem

85 *Stuckenberg*, S. 59 spricht insoweit auch von der Unschuldsvermutung als Ausprägung des Übermaßverbotes.

86 So auch *Korinek* in „Grundrechte“, S. 11 (15), für das österreichische Anordnungssystem, welches dem Deutschen im Wesentlichen entspricht; siehe im Übrigen auch BVerfGE 19, S. 342 (347); zur Haftanordnungspraxis in anderen Staaten der EMRK siehe *Dünkel*, S. 334 (339).

dazu führt, dass beide Institute insbesondere bezüglich ihres Vollzuges häufig undifferenziert betrachtet werden[87].

Von ihrer dogmatischen Herleitung und Rechtfertigung unterscheiden sich beide Haftarten dagegen fundamental[88]:
Während die Grundlage der Strafhaft die rechtskräftige Verurteilung durch den Richter ist, ist es bei der Untersuchungshaft der dringende Tatverdacht in Kombination mit einem der oben genannten Haftgründe.
Grundlage der Strafhaft ist demnach „Bestrafung" für begangenes Unrecht[89], während es bei der Untersuchungshaft um die Sicherung des Strafverfahrens geht, dessen Durchführung durch ein Verhalten des Tatverdächtigen vereitelt werden könnte.

Der Untersuchungsgefangene gilt, da kein rechtskräftiges Urteil vorliegt, auch in der Haftanstalt weiter als unschuldig, woraus für seine Behandlung folgt, dass grundsätzlich alle Maßnahmen außer Acht zu bleiben haben, die den Eindruck einer Bestrafung erwecken[90].

Diese dogmatisch so wichtige Feststellung stößt in der Praxis auf fast unüberwindliche Schwierigkeiten.
Nicht nur, dass es schwer vorstellbar ist, das Verbringen in eine geschlossene Haftanstalt nicht als Strafe erscheinen zu lassen. Die Natur der Untersuchungshaft selbst bringt es zumeist mit sich, dass sie als noch einschneidender empfunden wird als die eigentliche Strafhaft[91]. Der Verdächtige wird meist ohne sich mental darauf vorbereiten zu können, aus seinem gewohnten Lebensumfeld gelöst[92]. Oft hat er dabei, im Gegensatz zum Strafhäftling, weder Zeit, sich um seine finanzielle Situation zu kümmern, noch um die seiner Angehörigen (für

---

87 So im Ergebnis *Schlothauer* in „vergessene Reform", S. 87 (87); *Seibert* in „Untersuchungshaft: Stiefkind der Justiz", S. 165 (166); *Kunz* § 26 RN 82; *Stuckenberg* spricht davon, dass sich Untersuchungshaft und Strafhaft phänomenologisch kaum unterscheiden (S. 106).

88 *Seibert* in „Untersuchungshaft: Stiefkind der Justiz", S. 165 (167).

89 Wenn auch der Vollzug selbst primär resozialisierende Aufgaben erfüllt.

90 Vgl. *Veit*, S. 22; *Schorn*, S. 23 f.; *Wolter* in ZStW, S. 452 (453); *Amelung* u.a., S. 31; *Stuckenberg*, S. 111.

91 *Seebode* in „Untersuchungshaft", S. 3; *Schlothauer* in „vergessene Reform", S. 87 (87); *Reindl* u.a. in „Untersuchungshaft: Stiefkind der Justiz", S. 7 (7).

92 *Seibert* in „Untersuchungshaft: Stiefkind der Justiz", S. 165 (165); *Rotthaus* in NJW 1973, S. 2269 (2271).

die er eventuell sorgepflichtig ist). Häufig kommt es zum Verlust des Arbeitsplatzes und zu weitgehendem sozialen Abstieg[93].

Hinzu kommt, dass das StVollzG dem rechtskräftig verurteilten Strafgefangenen eine Vielzahl von Vergünstigungsmöglichkeiten an die Hand gibt, wie etwa den Urlaub aus der Haft[94] oder die Möglichkeit der Außenbeschäftigung bzw. des Freigangs[95], welche, bedingt durch den Sicherungscharakter der Haft, für den Untersuchungshäftling ausscheiden müssen[96] und dadurch den Eindruck eines verschärften Strafübels noch verstärken[97].
Erschwerend wirkt dabei die Ungewissheit nicht nur über den Ausgang der Ermittlungstätigkeiten, sondern vor allem über die Länge der Haft selbst.
So verwundert es auch nicht, dass die Selbstmordrate in der Untersuchungshaft, gerade in den ersten Tagen und Wochen der Einlieferung in die Anstalt, weitaus höher ist als die in der Strafhaft[98].

Trotz der praktischen Schwierigkeit, Untersuchungshaft nicht als Strafe erscheinen zu lassen, ist die oben getroffene Feststellung nicht nur von dogmatischem Interesse. In Zeiten, in denen der Ruf nach immer härterem Vorgehen gegen Gesetzesbrecher lauter denn je zu hören ist, steigt die Gefahr, die aufgezeigten Grenzen zwischen Strafhaft und Untersuchungshaft zu verwischen und letztere schon aus sozialnützlichen bzw. erzieherischen Erwägungen anzuordnen[99], dies insbesondere nach der weitgehenden Zurückdrängung der kurzen Freiheitsstrafen.
Die Untersuchungshaft erhielte dadurch den Charakter vorweggenommener Strafhaft, die sowohl aus general- als auch aus spezialpräventiven Gründen sinnvoll ist, weil sie der Tat quasi „auf dem Fuß" folgt und damit sowohl dem vermeintlichen „Gesetzesbrecher" als auch der Allgemeinheit vorführt, dass der

---

93 *Schlothauer* in „vergessene Reform", S. 87 (87); *Rotthaus* in „Festschrift für Rebmann", S. 401 (412); *ders.* in NJW 1973, S. 2269 (2271) spricht von einem „*Zusammenbruch der bürgerlichen Existenz*"; *Kaiser* in „Festschrift", S. 299 (306).

94 § 13 StVollzG.

95 § 11 I Nr.1 StVollzG.

96 A.A. offensichtlich *Isola* u.a., die unter bestimmten Bedingungen davon ausgehen, dass auch dem Untersuchungsgefangenen die Möglichkeit der Ausführung, der Außenbeschäftigung und des sogenannten Begleitausgangs zustehen muss (§ 15 I).

97 *Seebode* in „Untersuchungshaft", S. 3.

98 *Seebode* in „Untersuchungshaft", S. 39; *Eisenberg* § 29 RN 61.

99 So auch *Schöch* in „vergessene Reform", S. 43 (43); *Seebode* in StrV 1989, S. 118 (119); vgl. *Jung/Müller-Dietz* u.a. in „Reform", S. 6 (41 ff.) über die Wechselwirkung zwischen massenmedialer Darstellung von Untersuchungshaft und der Haft- bzw. Anordnungspraxis.

Staat ein derart abweichendes Verhalten nicht duldet und bereit und in der Lage ist, sofort zu reagieren[100].
Unterstützt wird diese Ansicht häufig durch einen Hinweis auf das Gesetz selbst, da in § 51 StGB angeordnet ist, dass die Dauer der Untersuchungshaft auf die etwaig verhängte Freiheitsstrafe anzurechnen ist[101].
Kaiser spricht angesichts dieser Tendenzen sogar von einem Funktionswandel der Untersuchungshaft in die dargelegte Richtung[102].

Die Verwendung solcher sog. *apokryphen Haftgründe*[103] bereits in der Praxis der Anordnung der Untersuchungshaft macht deutlich, wie groß die Gefahr ist, aus denselben Gründen auch den Vollzug der Untersuchungshaft nach generalpräventiven Gründen möglichst trist und abschreckend zu gestalten. Wenn man die UVollzO in der Gesamtheit ihrer Verbote und Verhaltensvorgaben an den Häftling vor Augen hat, könnte sich dieser Gedanke förmlich aufdrängen (wenn auch die Gründe hierfür wahrscheinlich in einer möglichst kostengünstigen und für den Staat unkomplizierten Unterbringung der Gefangenen zu suchen sind).

Ebenso verhält es sich meist mit den baulichen Gegebenheiten, in denen Untersuchungsgefangene im Vergleich zu rechtskräftig verurteilten Strafgefangenen leben.

Seebode[104] hat dies eindrucksvoll anhand des Untersuchungsgefängnisses Frankfurt - Preungesheim dargestellt:

> *„Hier steht ein neues, vielfach vergittertes, ausbruchsicheres Betonhochhaus, einer jener Bauten, mit den Reihen kleiner vergitterter Fenster, den hohen sie umgebenen Mauern, den verschlossenen Pforten, für die als unschuldig zu Behandelnden neben den stets offenen, zweistöckigen, durch Rasenflächen getrennten Gebäuden eines „Freigängerheimes" für die Schuldigen, der offenen Vollzugsanstalt „Gustav-Radbruch-Haus"".*

---

[100] *Schöch* in „vergessene Reform", S. 43 (43); Stuckenberg, S. 107; *Dünkel*, S. 334 (337); Schulz in „Die jugendrichterliche Entscheidung", S. 399 (403 f.) der unkorrigierte Tonbandauszüge spontaner Äußerungen von Richtern zu ungeschriebenen Haftgründen wiedergibt; grundsätzlich: *Eisenberg/Tóth* GA 1993, S. 293 (303) für die jugendlichen Untersuchungsgefangenen; *Kunz* § 26 RN 83.

[101] *Seebode* in „vergessene Reform", S. 19; vgl. *Döschl u.a.* Vorwort, S. 2.

[102] *Kaiser* in „kleines kriminologisches Wörterbuch", S. 331.

[103] So beispielsweise *Seebode* in StrV 1989, S. 118 (119); *Dünkel*, S. 334 (337).

[104] *Seebode* „Untersuchungshaft", S. 4 anhand von Beschreibungen von S. Reinhardt aus der FAZ Nr. 131 vom 19.06.76 und Krebs, „Das Gustav-Radbruch-Haus", Strafanstalt für Männer in Frankfurt am Main-Preungesheim, in „Gedächtnisschrift für Gustav Radbruch" (Hrsg. V. Arth. Kaufmann) 1968, S. 344 ff.

1.4.2 Die eingriffsbeschränkende Wirkung der Unschuldsvermutung für die Ausgestaltung des Untersuchungshaftvollzuges

Neben dem Gebot, Untersuchungshaft nicht als Strafe erscheinen zu lassen, können aus der Unschuldsvermutung weitere Folgerungen für den Vollzug abgeleitet werden, insbesondere für die erlaubte Intensität der Grundrechtsbeschränkungen:

Während die Schuld des Strafgefangenen durch das rechtskräftige Urteil festgestellt wurde und er aufgrund der Eingriffsermächtigungen des StVollzG nun umfassend resozialisiert werden kann, gilt der in Haft befindliche Untersuchungsgefangene weiterhin als unschuldig. Daraus folgt, dass Eingriffe in seine Rechtspositionen grundsätzlich nicht so weit gehen dürfen wie solche in Rechtspositionen des rechtskräftig verurteilten Straftäters[105]. Die Haftbedingungen müssen sich von denen der Strafhäftlinge positiv unterscheiden[106]. Außerdem müssen begrifflich schon solche Eingriffe ausscheiden, die etwa erziehenden[107] oder resozialisierenden Charakter haben[108] - ein Unschuldiger braucht und darf nicht resozialisiert werden.

Insoweit hat die Unschuldsvermutung also ebenfalls eingriffsbegrenzende Wirkung; sie erhält somit den Charakter einer sogenannten „Schranken-Schranke".

Auch für die Bestimmung der Reichweite dieser „Schranken-Schranke" liefert die Natur der Unschuldsvermutung Hinweise:

Grundsätzlich können einem Unschuldigen, der dringend verdächtigt wird, eine Straftat begangen zu haben, allein aufgrund dieser Tatsache keinerlei Beschränkungen auferlegt werden. Bei einem Untersuchungshäftling kommt allerdings zum dringenden Tatverdacht die spezielle Gefahr der Strafverfahrensvereitelung hinzu. Dementsprechend kann die Einschränkung von subjektiven Rechtspositionen in der Untersuchungshaft bei Beachtung der Unschuldsvermutung grundsätzlich nur so weit gehen, wie es für die notwendige Vereitelung des jeweiligen Untersuchungshaftgrundes notwendig ist[109].

---

[105] Vgl. auch *Seebode* in StrV 1989, S. 118 (120); *Oetjen*, S. 28; nicht so weit geht offenbar *Baumann*, der nur davon ausgeht, dass die Stellung eines Untersuchungshäftlings nicht schlechter sein darf als die eines verurteilten Straftäters (*Baumann* UVollzG – E, S. 9).

[106] *Stuckenberg*, S. 111.

[107] Wenn man von der Untersuchungshaft an jugendlichen Gefangenen absieht, die nach §§ 93 Absatz 2, 110 II JGG erzieherisch gestaltet sein kann.

[108] Es wäre etwa unvereinbar mit Art. 6 Absatz 2 *EMRK*, wenn aus Gründen der Resozialisierung ein wegen mutmaßlicher Gewaltdelikte einsitzender Untersuchungsgefangener zur Teilnahme an einem Antiaggressionskurs genötigt werden würde. Diese grundsätzliche Feststellung sagt nichts darüber aus, ob derartige Kurse nicht auf freiwilliger Basis angeboten werden können.

[109] So auch *Seebode* in „Untersuchungshaft", S. 109; *Stuckenberg*, S. 111; im Ergebnis wohl auch *Amelung* u.a., S. 32 wenn er davon spricht, dass sich die Einschränkungen *„als gera-*

Es versteht sich von selbst, dass darüber hinaus auch Einschränkungen mit der Unterbringung in einer geschlossenen Anstalt einhergehen, in der man verstärkt auch auf andere Gefangene, das Personal und die Anstaltseinrichtungen Rücksicht nehmen muss und in der gewisse Sicherheitsaspekte zu beachten sind.

Doch auch die notwendigen Eingriffe zum Zweck des Schutzes von Sicherheit und Ordnung der Anstalt können unter Wahrung des Gebots der Unschuldsvermutung nur auf ein Minimum beschränkt sein[110]:
Die Beschränkungen dürfen demnach nur so weit gehen, wie unbedingt erforderlich, um den Anstaltsbetrieb aufrecht zu erhalten. Alles, was darüber hinaus geht und etwa für die Verwaltung lediglich einen vereinfachten Ablauf der täglichen Vollzugsgeschäfte ermöglichen könnte[111], stellt eine im Lichte der Unschuldsvermutung unzulässige Einschränkung dar[112].

1.4.3 Fazit

Der Gesetzgeber, der nach dem oben Gesagten durch die Unschuldsvermutung zur größtmöglichen Schonung des Untersuchungshäftlings verpflichtet wird, muss, um Art. 6 II *EMRK* gerecht zu werden, den Untersuchungsgefangenen bei der Schaffung eines UVollzG im Vergleich zum Strafgefangenen besser stellen als dies faktisch bisher der Fall ist[113]:
Der Häftling im Untersuchungshaftvollzug darf grundsätzlich alles, was ein in Freiheit befindlicher Verdächtiger auch darf und was nicht durch den jeweiligen Haftgrund oder durch die Regeln, die für ein gedeihliches Zusammenleben sowie für die Aufrechterhaltung des Anstaltsbetriebes erforderlich sind, verboten ist[114]. Unter diesem Gesichtspunkt ist es unzulässig, dass - wie eingangs beschrieben - die UVollzO das von der Unschuldsvermutung gebotene Prinzip des Erlaubnisses mit Verbotsvorbehalt umwandelt in ein Verbotsprinzip mit Erlaubnisvorbehalt.
Eingriffe in die Rechtspositionen des Untersuchungshäftlings können demnach grundsätzlich nur so weit gehen wie es nötig ist, um den Gefahren des konkreten

---

de noch zumutbares Sonderopfer eines Unschuldigen" darstellen müssen, welches durch „*staatliche Entschädigung tatsächlich noch zu kompensieren ist*".

110 Vgl. *Amelung* u.a., S. 32.

111 Wie etwa das Löschen des Lichts für alle Gefangenen zu einer bestimmten Uhrzeit, wie es in manchen Vollzugsanstalten gängige Praxis ist.

112 *Müller-Dietz* in „Strafvollzug", S. 346 bezeichnet für die heutige Praxis des Untersuchungshaftvollzuges die Beschränkungsmöglichkeit aufgrund von Sicherheit und Ordnung sogar als „*vielfach benutztes Einfallstor*" für nicht zu rechtfertigende Rechtsbeschränkungen.

113 So z.B. auch *Dünkel/Vagg* in „Waiting for Trial", S. 869 (908)

114 So etwa auch *Müller-Dietz* in StrV 1984, S. 79 (83).

Haftgrundes zu begegnen bzw. den Anstaltsbetrieb mit einer Vielzahl von Häftlingen aufrecht zu halten[115].

1.5 Verbot der Folter

Für die Behandlung von Untersuchungsgefangenen stellt Art. 3 der *Europäischen Menschenrechtskonvention* klar, dass diese nicht gefoltert werden dürfen. Diese Voraussetzung für die Behandlung von Gefangenen mag hierzulande selbstverständlich sein. Gleichwohl sei daran erinnert, dass auch als zivilisiert geltende Nationen immer wieder erwähnt werden im Zusammenhang mit Foltervorwürfen in den Berichten von Amnesty International[116]. Gerade die Tatsache, dass gegen den Inhaftierten strafrechtlich ermittelt wird, birgt die Gefahr in sich, beispielsweise die Ermittlungstätigkeit durch ein unter Anwendung von Folter erzwungenes Geständnis abzukürzen. Insoweit ist die Gefahr der Folter bei Untersuchungshäftlingen wohl höher anzusetzen als bei Strafgefangenen.

1.6 Die Grundrechte der *EMRK* und deren Einschränkungsmöglichkeiten

Der Grundrechtskatalog der *EMRK* verleiht dem Individuum - ähnlich wie der Grundrechtskatalog des Grundgesetzes - eine Reihe von subjektiven Rechten und definiert die Voraussetzungen, unter denen in diese Rechte eingegriffen werden kann und wie weit diese Eingriffe gehen dürfen.
Ein Großteil dieser Grundrechte wird durch die Verbringung in Untersuchungshaft mehr oder weniger beeinträchtigt. Im Folgenden soll deshalb dargelegt werden, welche Rechte durch die Haft betroffen werden und welche Anforderungen die Menschenrechtskonvention an staatliche Maßnahmen stellt, die darin eingreifen.

1.6.1 Das Recht auf persönliche Freiheit

Die Ingewahrsamnahme eines dringend Verdächtigen in eine geschlossene Anstalt greift unmittelbar und direkt in das Recht auf persönliche Freiheit ein, wie es in Art. 5 der *EMRK* zum Ausdruck kommt. Wie oben bereits dargelegt, ist aber auch von den Autoren der Menschenrechtskonvention die Notwendigkeit erkannt worden, dieses Grundrecht aufgrund einer rechtmäßigen Festnahme und

---

[115] So auch *Seebode* in „Untersuchungshaft", S. 113.
[116] *Paeffgen*, S. 40.

unter Anerkennung der besonderen Festnahmevoraussetzungen einzuschränken[117].
Erwähnt werden sollte in diesem Zusammenhang, dass das Ministerkomitee den Regierungen bezüglich der Anordnung der Untersuchungshaft empfohlen hat, die Inhaftierung auf die unbedingt notwendigen Fälle zu beschränken[118].

Im Gegenzug gewährt Art. 5 *EMRK* dem Untersuchungshäftling als Gegenrechte bestimmte Garantien, die sich zwar nicht direkt auf die Haftgestaltung auswirken, die jedoch dafür sorgen sollen, dass die Freiheitsentziehung nicht länger dauert als unbedingt erforderlich:

1. Der Häftling hat einen Anspruch auf Aburteilung innerhalb einer angemessenen Frist oder auf Haftentlassung während des Verfahrens, wobei die Freilassung von der Leistung einer Sicherheit abhängig gemacht werden kann[119].

2. Der Häftling hat das Recht auf gerichtliche Haftüberprüfung und unverzügliche Enthaftung im Falle einer widerrechtlichen Haft[120].

Darüber hinaus steht dem Häftling ein Anspruch auf Schadensersatz zu, wenn sich im Laufe des gerichtlichen Verfahrens herausstellt, dass die Verhaftung zu Unrecht erfolgte[121].

1.6.2 Die übrigen eingeschränkten Grundrechte

Neben der Beschneidung des Rechts auf persönliche Freiheit wird zu Lasten des in Haft Genommenen auch in andere von der *EMRK* postulierte Grundrechte eingegriffen. In Frage kommen hier vor allem das Grundrecht auf Informationsfreiheit[122], das Recht auf Achtung des Privatlebens[123] sowie das Recht auf freie Religionsausübung[124].
Aus den zweiten Absätzen der jeweiligen Konventionsartikel folgt, dass diese Grundrechte nicht schrankenlos gewährleistet werden können, sondern durch Maßnahmen einschränkbar sein müssen, die aufgrund eines Gesetzes erlassen

---

117 Siehe dazu im Einzelnen *Peukert* in Frowein/Peukert Art. 5 RN 71 ff.
118 Resolution (65) 11, 1c.
119 Art. 5 III *EMRK*.
120 Art. 5 IV *EMRK*.
121 Art. 5 V *EMRK*.
122 Art. 10 I *EMRK*.
123 Art. 8 I *EMRK*.
124 Art. 9 I *EMRK*.

werden. Die Maßnahme ihrerseits muss in einer demokratischen Gesellschaft für die nationale Sicherheit, die öffentliche Ruhe und Ordnung, das wirtschaftliche Wohl des Landes, die Verteidigung der Ordnung und zur Verhinderung strafbarer Handlungen, zum Schutz der Gesundheit und der Moral oder zum Schutz der Rechte und Freiheiten anderer notwendig sein[125].

Ähnlich wie dies in der deutschen Grundrechtssystematik der Fall ist, ist demzufolge ein spezielles Gesetz als Ermächtigungsgrundlage für die konkreten Eingriffe in Freiheitsrechte des Untersuchungshäftlings erforderlich.
Der Begriff des „Gesetzes" im Sinne der *EMRK* hat durch die Rechtsprechung des Europäischen Gerichtshofs für Menschenrechte durch seine zahlreichen Urteile eine nunmehr ausreichende Präzisierung erfahren, die in einigen Teilen nicht mit der Gesetzesdefinition des Grundgesetzes kongruent ist.

Bedingt durch die unterschiedlichen Rechtsordnungen in Europa ist mit dem Begriff des Gesetzes beispielsweise nicht nur das formell verabschiedete und verkündete Parlamentsgesetz gemeint, sondern mit Rücksicht auf das Rechtssystem des *Common Law* auch das ungeschriebene Gesetz[126]. Aus dieser Ausgangslage heraus hat der EGHMR gewisse Voraussetzungen postuliert, die ein „Gesetz" im Sinne der Menschenrechtskonvention erfüllen muss, um als rechtmäßige Grundlage für eine Grundrechtseinschränkung dienen zu können.

Als für den Vollzug der Untersuchungshaft relevant sind folgende Anforderungen hervorzuheben:

1. Zunächst muss es sich um eine Vorschrift handeln, die auch nach innerstaatlichem Recht als „Gesetz" angesehen wird. Dies bedeutet, dass alle Verwaltungsvorschriften[127] wie zum Beispiel die UVollzO als taugliche Rechtsgrundlage für Grundrechtsbeschränkungen nicht in Betracht kommen.

2. Weiterhin muss das „Gesetz" so klar formuliert sein, dass für den Betreffenden voraussehbar ist, welche Einschränkungen auf ihn zukommen[128].
   Angesichts dieser Voraussetzung ist zu fragen, ob § 119 III StPO, der sowohl von der h.M. in der Literatur als auch vom Bundesverfassungsgericht immer wieder als generalklauselartige Anspruchsgrundlage für Grundrechtseinschränkungen von Untersuchungsgefangenen zitiert wird, wirklich dem Häftling eindeutig vor Augen führt, mit welchen Beschränkungen er zu rechnen

---

[125] So etwa die Einschränkungsvoraussetzungen des Art. 8 II *EMRK*, die sich im Wesentlichen mit den Einschränkungsvoraussetzungen der übrigen Grundrechte deckt.
[126] EGHMR in EuGRZ 1979, S. 386 (387).
[127] *Frowein* in Frowein/Peukert Vorbemerkung zu Art. 8 - 11 RN 4.
[128] EGHMR in EuGRZ 1979, S. 386 (387); EGHMR in EuGRZ 1984, S. 147 (150).

hat. Allein die Existenz einer UVollzO lässt doch berechtigte Zweifel an der ausreichenden Bestimmtheit dieser Generalklausel aufkommen[129].

Gesetze - oder im Rahmen der Anforderungen des EGHMR auch Rechtsverordnungen - welche Eingriffe in die Grundrechte eines Untersuchungsgefangenen gestatten, dürfen sich demzufolge nicht nur mit einigen wenigen Generalklauseln begnügen[130]. Vielmehr müssen sie in einer für den Betroffenen ausreichend klaren Weise beschreiben, welche Eingriffe grundsätzlich möglich sind und wo sie ihre Grenzen finden.

Doch auch wenn diese Voraussetzungen des Gesetzes erfüllt sind, bedeutet das nicht automatisch, dass die Eingriffe aufgrund dieses Gesetzes den Vorgaben der *EMRK* genügen - vielmehr bedarf es, wie oben gezeigt, darüber hinaus bestimmter Anforderungen[131], die der konkrete Eingriffsakt erfüllen muss. Daraus folgt umgekehrt, dass der Gesetzgeber in einem UVollzG nur zu solchen Einzelmaßnahmen ermächtigen darf, die einem legitimen Zweck im Sinne der *Europäischen Menschenrechtskonvention* zu dienen bestimmt sind.
In Frage kommt dafür etwa konkret die öffentliche Ordnung sowie die Verteidigung der Ordnung und die Verhinderung strafbarer Handlungen[132] bzw. der Schutz der Rechte Anderer.

Diese Tatbestandsmerkmale an sich sind sehr weit gefasst und könnten sogar Einschränkungen in der Untersuchungshaft aus generalpräventiven Gründen rechtfertigen.
Insbesondere unter dem Korrektiv der Unschuldsvermutung und der Beschränkung auf das *„in einer demokratischen Gesellschaft Notwendige*[133]" zeigt sich für die Untersuchungshaft jedoch, dass die vorgenannten Tatbestandsmerkmale einschränkend auszulegen sind.

Hiernach kann unter dem Begriff der *„Wahrung und Verteidigung der Ordnung"* für den Bereich des Untersuchungshaftvollzuges nur die Sicherung des Strafver-

---

129 Dazu ausführlich unter IV.

130 Wenn auch der EGHMR die Notwendigkeit eines gewissen Abstrahierungsgrades von Ermächtigungsgesetzen anerkennt (z.B. EGHMR in EuGRZ 1984, S. 147 (150).

131 Er muss der nationalen Sicherheit, der öffentlichen Ruhe und Ordnung, dem wirtschaftlichen Wohl des Landes, der Verteidigung der Ordnung, der Verhinderung strafbarer Handlungen, dem Schutz der Gesundheit und der Moral oder dem Schutz der Rechte und Freiheiten anderer dienen.

132 So auch *Korinek* in „Grundrechte", S. 11 (19).

133 Der EGHMR spricht in diesem Zusammenhang von *„dringenden sozialen Bedürfnissen"* die für die Einschränkung erforderlich sein müssen (EGHMR in EuGRZ 1977, S. 38 (42); EGHMR in EuGRZ 1979, S. 386 (388).

fahrens durch Begegnung der in den konkreten Haftgründen zum Ausdruck kommenden Gefahren zu verstehen sein.
Ebenso kann das Tatbestandsmerkmal „*Schutz der Rechte Anderer*", in diesem Fall nur ausgelegt werden als das Mindestmaß der Regeln, die für ein gedeihliches Zusammenleben der Untersuchungshäftlinge und die Funktionsfähigkeit der Anstalt erforderlich sind.
Was den Zweck der „*Verhinderung von Straftaten*" angeht, so kann dieser unter Beachtung des Vorgenannten[134] nur zum Tragen kommen, wenn eine eindeutig konkrete Wiederholungsgefahr wie etwa bei krankhaften Triebtätern vorliegt.

1.6.3 Fazit

Die *Europäische Menschenrechtskonvention* verleiht dem als unschuldig geltenden Untersuchungshäftling bestimmte subjektive Rechte, die durch das Verbringen in eine geschlossene Anstalt eingeschränkt werden.
Der Entzug der persönlichen Freiheit[135] an sich ist grundsätzlich zulässig, sofern der Betroffene dringend einer Straftat verdächtig ist, wobei ihm zur Minimierung des Eingriffs Rechte zuerkannt werden wie beispielsweise das Recht auf richterliche Haftprüfung[136].

Andere von der *EMRK* garantierte Grundrechte wie z.B. das Recht auf Information[137] können aufgrund eines Gesetzes (nicht etwa aufgrund einer Verwaltungsvorschrift) eingeschränkt werden, welches hinreichend bestimmt ist und dessen Folgen vorhersehbar für den Betroffenen sind. Das ermächtigende Gesetz muss dabei klarstellen, dass grundrechtseinschränkende Maßnahmen nur dem Zweck der Verfahrenssicherung dienen dürfen oder im Falle der Wiederholungsgefahr nur beim Bestehen einer konkreten Gefahr erlassen werden dürfen.

---

134 Sofern man die Haft wegen Wiederholungsgefahr überhaupt als zulässige Untersuchungshaft ansieht, was meines Erachtens zu bezweifeln ist (siehe dazu etwa *Amelung u.a.*, S. 44)

135 Art. 5 *EMRK*.

136 Art. 5 IV *EMRK*.

137 Art. 10 I *EMRK*.

2. Mindeststandards für die Behandlung von Gefangenen[138] (UN) und die European prison rules [139]

2.1 Allgemeines

Unter dem Einfluss der Gräueltaten, die während des 2. Weltkrieges auch den Gefangenen angetan[140] wurden, hat der erste UN Congress on the Prevention of crime and the Treatment of Offenders im Jahre 1955 einen Katalog von Mindestgrundsätzen für die Behandlung Gefangener erarbeitet und verabschiedet, welcher zwei Jahre danach seitens des Wirtschafts- und Sozialrates als offizielle Resolution der Vereinten Nationen adaptiert wurde.
Grundlage dieser Mindestgrundsätze war ein ähnliches Postulat des Völkerbundes von 1934, der seinerseits auf vorhergehende Entschließungen internationaler Strafrechtsreformkongresse, etwa in Rom (1885) oder in Brüssel (1900) zurückgeht[141].

Der Europarat, dessen Interessengebiet seit seiner Gründung in besonderem Maße auch die Behandlung Gefangener beinhaltet, entschloss sich 1973 eine europäische Version der Mindestgrundsätze zu verabschieden, um dem von der UNO beschlossenen Katalog für den Bereich der europäischen Nationen besonderen Nachdruck zu verleihen[142]. Diese deckt sich im Wesentlichen mit denen der Vereinten Nationen.
Im Jahre 1985 folgte eine leichte Modifizierung dieser Regeln, die zu einer Neuverabschiedung durch den Ministerrat unter der neuen Bezeichnung *European Prison Rules* führte. In der etwas unglücklich geratenen deutschen Übersetzung werden diese als „Europäische Strafvollzugsgrundsätze“ bezeichnet[143].

Damit postulieren sowohl die UN-Resolution als auch die *European Prison Rules* in recht umfassender Weise einen im Wesentlichen gleichen Katalog von Grundsätzen, welcher in der gängigen deutschsprachigen Literatur meist als *Minima*[144] bezeichnet wird.

---

138 Im Folgenden *MBG (UN).*

139 Im Folgenden *EPR.*

140 European Prison Rules „Explanatory memorandum", S. 73.

141 European Prison Rules „Explanatory memorandum", S. 72/73.

142 European Prison Rules „Explanatory memorandum", S. 74.

143 Unglücklich deshalb, weil es bei den *European Prison Rules* gerade nicht nur um den Strafvollzug, sondern gerade auch um den Untersuchungshaftvollzug geht. Eine Bezeichnung etwa als „Europäische Gefängnisregeln“ wäre wohl passender.

144 So z.B. *Feest/Lesting* in AK - StVollzG vor § 1 RN 6; *Böhm,* S. 24; *Solbach*, S. 40.

Regelungsmaterie sind dabei etwa die baulichen Rahmenbedingungen für die Unterbringung der Häftlinge, die Art und Weise der Verpflegung, die Frage der Außenkontakte und die Rechte und Pflichten, die Gefangene grundsätzlich haben sollten.
Insbesondere der spezielle Abschnitt über den Haftvollzug an Untersuchungshäftlingen (sog. untried prisoners) sieht besondere Begrenzungen für die Einschränkung von Freiheitsrechten vor, die am Deutlichsten in den *EPR* zu Tage treten und die in der hier angestellten Untersuchung folglich von besonderem Interesse sind.

Danach dürfen dem Untersuchungshäftling nur solche Beschränkungen auferlegt werden, die für den ordentlichen Fortgang des Strafverfahrens erforderlich bzw. für die Ordnung in der Anstalt notwendig sind[145].

2.2 Normhierarchische Stellung der Mindeststandards für die Behandlung Gefangener und der European Prison Rules

Ebenso wie bei der *Europäischen Menschenrechtskonvention* ist auch bei den *MBG (UN)* und bei den *EPR* von entscheidender Bedeutung, ihren Rechtsrang im innerstaatlichen Rechtssystem zu bestimmen, um Rückschlüsse auf ihre Verbindlichkeit für den einfachen Gesetzgeber ziehen zu können.
Grundsätzlich bleibt dabei festzuhalten, dass es sich weder bei den „Mindeststandards" der Vereinten Nationen noch bei den *European Prison Rules* um einen völkerrechtlichen Vertrag handelt, sondern um eine Resolution bzw. Empfehlung von supranationalen Organisationen, in denen die Bundesrepublik Deutschland Mitglied ist.

2.2.1 Die Mindeststandards für die Behandlung von Gefangenen (UN)

Die *MBG (UN)* wurde vom Wirtschafts- und Sozialrat als UN-Resolution verabschiedet. Der Status einer UN-Resolution verleiht ihr aber nicht den Rang bindenden Völkerrechts, da der Wirtschafts- und Sozialrat keinerlei legislatorische Befugnisse besitzt, welche die Mitgliedsstaaten binden könnte[146].
Es ist sogar davon auszugehen, dass, selbst wenn die Generalversammlung der Vereinten Nationen die *MBG* verabschiedet hätte, sich nichts an der Unverbind-

[145] Regel 91 „*...without restrictions other than those necessary for the penal procedure and the security of the institution*".
[146] *Rodley*, S. 222.

lichkeit der Resolution geändert hätte[147], da auch die Generalversammlung nur Empfehlungen aussprechen kann[148].

Darüber hinaus geht die Resolution in ihrer „einleitenden Betrachtung" selbst davon aus, dass kein verbindliches Regelwerk geschaffen werden sollte, sondern dass es mehr darum geht, aufzuzeigen, welche Vollzugsgrundsätze von den Mitgliedstaaten als gute Praxis anerkannt sind und an denen man sich folglich orientieren sollte.
Wie insbesondere aus Nr. 3 der „einleitenden Betrachtung" zum Ausdruck kommt, richtet sich die *MBG (UN)* auch weniger direkt an die Mitgliedsstaaten selbst sondern vielmehr an die Gefängnisverwaltungen, welche sie in ihrem alltäglichen Umgang mit den Gefangenen inspirieren und anregen möchte[149].

Grundsätzlich ist also zunächst nicht davon auszugehen, dass die *MBG (UN)* als Resolution eine Rechtsstellung innehaben, die dem einfachen Bundesgesetzgeber bei der Schaffung eines Untersuchungshaftvollzugsgesetzes bindende Vorgaben machen könnte.

2.2.2 Die European Prison Rules

Wie bereits erläutert, handelt es sich bei den *European Prison Rules* um eine Neuverabschiedung der *„europäischen Mindeststandards für die Behandlung von Gefangenen"*, welche ihrerseits auf die *MBG (UN)* zurückgehen.
Bei der Frage der Verbindlichkeit dieser Regeln fällt zunächst auf, dass bei der Neuverabschiedung dieser Grundsätze im Jahr 1985 ihre Bezeichnung von „Mindeststandards[150]" in „Prison Rules" geändert wurde.
Im englischen Rechtsraum[151] bezeichnet der Begriff „Prison Rules" zunächst eine zwingende Vorschrift, die den Vollzug der Freiheitsstrafe regelt[152]. Die Umbenennung der Regel könnte deshalb einen geänderten Grad an Verbindlichkeit ausdrücken.

147 So auch *Rodley*, S. 222.
148 *Creifelds*, S. 1410.
149 In diesem Sinne auch *Neubacher* in ZfStrVo 2001, S. 212 (212).
150 Im Original „Standard Minimum Rules".
151 Hier etwa in England und Wales.
152 *Doleisch* in ZfStrVo 1989, S. 35 (35).

Einem dahingehenden Verständnis stehen jedoch zwei Aspekte entgegen:

1. Zunächst kann der Europarat, der nur ein Gremium der zwischenstaatlichen Zusammenarbeit ist[153] und an den im Gegensatz zur Europäischen Gemeinschaft keine Hoheitsrechte abgetreten wurden[154], kein sekundäres Recht schaffen, das für die Mitgliedsstaaten verbindlich ist. Dies ist grundsätzlich nur dann möglich, wenn die Mitglieder, etwa wie im Fall der *EMRK*, durch ausdrückliche innerstaatliche Zustimmung (Ratifikation) den Entschließungen des Ministerrats Verbindlichkeit verleihen und ihnen damit den Status eines völkerrechtlichen Vertrages geben.

2. Darüber hinaus erheben die *EPR* trotz Namensänderung überhaupt nicht den Anspruch, eine verbindliche Regelung zu sein. Es handelt sich dabei ausdrücklich nur um eine Empfehlung (*Recommendation*) des Europarates und nicht um eine Entschließung (*Resolution*).

Weiterhin ergibt sich aus der Präambel der *EPR*, ähnlich wie schon aus der „einleitenden Betrachtung" der *MBG (UN)*, dass sie von ihrer Konzeption her kein eigenes, starres Regelsystem aufstellen wollen, sondern als Anregung für die Gefängnisverwaltung sowie für den nationalen Gesetzgeber gedacht sind, den Vollzug anhand dieser Grundsätze auszugestalten[155].
Es ist demnach auch für die *EPR* zunächst davon auszugehen, dass sie keinen unmittelbar bindenden Charakter für den nationalen Gesetzgeber haben, der bei der Schaffung eines UVollzG zu beachten wäre.

2.2.3 Minima als allgemeine Grundsätze des Völkerrechts

Es bleibt somit die Möglichkeit, dass es sich bei den *Minima* um allgemein anerkannte Regeln des Völkerrechts handelt und dementsprechend diese über Art. 25 GG für den einfachen Bundesgesetzgeber zu einem verbindlich zu beachtenden Regelwerk werden.

Für diese Ansicht könnte zunächst sprechen, dass sowohl aus den *MBG (UN)*[156] als auch aus den *EPR*[157] hervorgeht, dass sie nur einen Zustand beschreiben, der

[153] *Bleckmann* in „Europarecht" RN 19.
[154] *Bleckmann* in „Europarecht" RN 19.
[155] Preamble (b): „*...to serve as a stimulus to prison administration*" oder „*...recommends that the governments of member states be guided in their internal legislation*".
[156] Etwa Nr. 1 der „Einleitenden Betrachtung": „*....on the basis of the general consensus of contemporary thought...*".
[157] European Prison Rules „Explanatory memorandum", S. 29.

von den zivilisierten Nationen sowieso schon als gute Praxis anerkannt ist - über den sozusagen ein stiller Konsens besteht[158].
Eine derart undifferenzierte Sichtweise lässt hingegen außer Acht, dass - bedingt durch ihren Umfang und ihre Detailgenauigkeit - nicht alle Regeln der *Minima* dem entsprechen können, was allgemein auf internationaler Ebene anerkannt ist[159]. Das System der Mindestgrundsätze ist viel zu komplex, um als allgemeiner Konsens oder gar als ein allgemeiner Grundsatz bewertet werden zu können[160]. Die *Minima* bauen vielmehr auf einem Konsens aus allgemeinen völkerrechtlichen Grundsätzen auf und gestalten ihn im Detail für die Praxistauglichkeit aus.

Soweit die *Minima* dann genau dem entsprechen, was als allgemeiner Grundsatz des Völkerrechts bezeichnet werden kann[161], ist davon auszugehen, dass sie tatsächlich über Art. 25 GG für den einfachen Gesetzgeber bindende Wirkung haben. Die Verbindlichkeit ergibt sich dann aber nicht aus den *Minima* selbst sondern aus der Tatsache, dass diese vorher bestehende völkerrechtliche Grundsätze reproduzieren.
In diesem Zusammenhang sei insbesondere auf die völkerrechtlichen Grundsätze, wie sie in der *EMRK* zu finden sind, hingewiesen, die den Gesetzgeber über Art. 25 GG binden[162].
Alle darüber hinausgehenden Detailbestimmungen der *Minima* können nach den obigen Feststellungen aber keine rechtliche Verbindlichkeit einfordern, auch nicht über Art. 25 des GG[163].

Dabei soll erneut daran erinnert werden, dass die *Minima* ausdrücklich nicht verbindliches Völkerrecht sein wollen. Alle Versuche, den Regelungen aus sich heraus einen verpflichtenden Charakter zu geben, setzen sich damit gleichzeitig über sie hinweg bzw. missachten das, was sie bewirken wollen.

---

158 *Kaiser* in „Festschrift für Rudolf Schmitt", S. 359 (361 f.).

159 So auch *Rodley*, S. 222; European Prison Rules „Explanatory memorandum", S. 78.

160 So auch *Triffterer* in „Untersuchungshaft", S. 885 (895); a. A. *Ofori-Amankwah*, S. 19 ff. der offenbar davon ausgeht, das die *MBG (UN)* mittlerweile den Status eines allgemeinen Grundsatzes des Völkerrechts haben.

161 Zu denken ist dabei etwa an das Verbot, den Gefangenen grausam und unmenschlich zu behandeln (Regel Nr. 31), was wohl als allgemeiner völkerrechtlicher Grundsatz bezeichnet werden kann (*Rodley*, S. 222) – siehe auch Art. 3 *EMRK*; In diesem Sinne auch *Neubacher* ZfStrVo 2001, S. 216.

162 Siehe dazu ausführlich oben unter II 1.2.

163 So auch *Solbach*, S . 40; *Walter* RN 354.

2.2.4 Einwirkungsmöglichkeit der Minima auf den nationalen Gesetzgeber

Da eine rechtliche Verpflichtung der Bundesrepublik zur Beachtung der *Minima* offensichtlich nicht besteht,[164] stellt sich demnach die Frage, welchen praktischen Nutzen die in den *MBG (UN)* und *EPR* niedergelegten Grundsätze aufweisen und wie sie bei der Schaffung eines Untersuchungshaftvollzugsgesetzes Relevanz entfalten können.

Zunächst ist festzuhalten, dass fehlende Verbindlichkeit nicht nur ein Nachteil sondern auch ein Vorteil sein kann. Sie gibt den Regeln die nötige Flexibilität, sich ständig erneuern und verbessern zu lassen.
Wie aus den „einleitenden Bemerkungen" zu den jeweiligen Grundsätzen hervorgeht, entspräche es auch nicht dem Geist der Regeln, ein starres „Modellsystem"[165] zu oktroyieren. Vielmehr geht es darum „auf der Basis der Grundideen der Regelung" die Vollzugsverwaltung zu eigenen Leitlinien und Praktiken anzuregen[166].

Die Einwirkungsmöglichkeit der *Minima* liegt also in der Hauptsache darin, einen moralischen internationalen Standard[167] zu setzen. Ein Staat, der sich über diesen moralischen Standard hinwegsetzt, gerät international unter Druck[168] und stellt sich damit quasi außerhalb der zivilisierten Staatengemeinschaft. Darüber hinaus wird dieser Standard immer wieder auch von nationalen wie internationalen Gerichten[169] herangezogen, um einfaches bindendes Recht - wie etwa das StVollzG[170] - auszulegen.

---

164 So auch *Solbach*, S. 40; *Walter* RN 354.

165 Präambel *EPR* (d) Absatz 2 „*...the rules do not constitute a model system...*"; „Einleitende Betrachtungen" *MBG (UN)* Nr.1 „*...are not intended to describe in detail a model system of penal institutions...*"; so auch *Engelhard* in Europarat „Europäische Strafvollzugsgrundsätze", S. 8.

166 Präambel *EPR* (b) „*...to serve as a stimulus to prison administrations to develop policies and management style and practice based on good contemporary principles of purpose and equity...*"; „Einleitende Betrachtung" MBG Nr.3 „*...They are not intended to preclude experiments and practices, provided these are in harmony with the principles and seek to further the purpose which derive from the text of the rules as a whole...*"; *Engelhard* in Europarat „Europäische Strafvollzugsgrundsätze", S. 8.

167 European Prison Rules „Explanatory memorandum", S. 77.

168 *Walter* RN 354; dieser Druck wird, jedenfalls für den Fall der *MBG (UN),* noch dadurch verstärkt, dass das Generalsekretariat der Vereinten Nationen von den einzelnen Staaten regelmäßig Bericht anfordern darf, in wieweit sie die niedergelegten Mindestgrundsätze umgesetzt haben (*Triffterer* in „Untersuchungshaft", S. 885 (896)).

169 So kann für den EGHMR die Vernachlässigung dieser Standards eine Verletzung von Art. 3 *EMRK* indizieren (so *Kaiser* in „Festschrift für Rudolf Schmitt", S. 359 (362)).

170 OLG Zweibrücken in NStZ 1982, S. 221; OLG Frankfurt/Main in NStZ 1985, S. 572; OLG Celle bei *Bungert* in NStZ 1990, S. 379.

2.2.5 Fazit

Die in den *Mindestgrundsätzen für die Behandlung von Gefangenen* (UN) und den *European Prison Rules* niedergelegten *Minima* können den Bundesgesetzgeber zwar nicht bei der Ausgestaltung des Untersuchungshaftvollzuges rechtlich binden, wohl aber moralisch verpflichten.
Dementsprechend sollte bei der Kodifizierung eines UVollzG der internationale moralische Standard - wie er in den beiden Empfehlungen zum Ausdruck kommt - beachtet werden, wenn die Bundesrepublik sich nicht außerhalb des Kreises der Nationen stellen möchte, die sich diesem Mindestmaß an rechtsstaatlichem Standard verpflichtet fühlen.

So hatte etwa der ehemalige Bundesminister der Justiz, Hans A. Engelhard, für seine Versuche, ein Untersuchungshaftvollzugsgesetz zu kodifizieren, angekündigt, dass die Mindestgrundsätze für die Behandlung von Gefangenen, so, wie sie in den *EPR* zum Ausdruck kommen, einen fundamentalen Einfluss ausüben werden[171].

2.3 Die wichtigsten Regelungen der *Minima* für den Vollzug der Untersuchungshaft.

Da mit den Regelungen der *Minima* ein umfassendes Regelwerk für ganz unterschiedliche Formen der Freiheitsentziehung geschaffen wurden, enthalten sie für die einzelnen Bereiche auch unterschiedliche und teilweise sogar gegensätzliche Anordnungen.

Grundsätzlich werden in einem allgemeinen Teil zu Beginn der Grundsätze diejenigen *Minima* aufgelistet, die für alle Formen des Freiheitsentzuges gelten sollen, wie etwa das Verbot der Diskriminierung[172], die Regelung über die Mindestausstattung der Zellen[173], die Verfügbarkeit sanitärer Anlagen[174] oder die Möglichkeit des Verkehrs mit der Außenwelt[175].
Die allgemeinen Regeln für alle in Gefangenschaft lebenden Personen werden angesichts der unterschiedlichen Formen des Freiheitsentzuges im besonderen Teil der *Minima* ergänzt oder modifiziert. Für den Vollzug der Untersuchungs-

---

171 *Engelhard* in Europarat „Europäische Strafvollzugsgrundsätze“, S. 8.
172 Regel 2 *EPR* bzw. Regel 6 *MBG (UN)*.
173 Regeln 15 ff. *EPR* bzw. Regeln 9 ff. *MBG (UN)*.
174 Regeln 17 f. *EPR* bzw. Regeln 12 f. *MBG (UN)*.
175 Regeln 43 ff. *EPR* bzw. Regeln 37 ff. *MBG (UN)*.

haft an Untersuchungshäftlingen (untried prisoners) enthalten die Regeln 90 ff. der *EPR* bzw. die Regeln 84 ff. der *MBG (UN)*[176] besondere Bestimmungen. Die wichtigsten dieser speziellen Untersuchungshaftregeln sollen im Folgenden Gegenstand der Betrachtung sein.

2.3.1 Das Recht auf „Vorteilsziehung"

Noch klarer als dies in den Mindestgrundsätzen der UN zum Ausdruck kommt, erklärt Regel 91 *EPR*, dass der Untersuchungsgefangene, soweit möglich, alle Vorteile aus dem Regelwerk der *EPR* ziehen kann[177]. Im Gegenzug dürfen ihm auch nur die Beschränkungen auferlegt werden, welche durch die Sicherung des Strafverfahrens oder die Sicherheit in der Haftanstalt selbst geboten sind[178].

Diese Bestimmung normiert insoweit einen positiven Aspekt, bei dem es um die Zuweisung von Rechtspositionen an den Häftling selbst geht, als auch einen negativen Aspekt, der die Vollzugsbehörden in ihren Eingriffsmöglichkeiten beschränken möchte.

Das von Regel 90 *EPR* grundsätzlich garantierte und von Regel 91 *EPR* nochmals aufgegriffene Recht auf größtmögliche Vorteilsziehung aus den allgemeinen Vollzugsregeln soll nach dem Willen des Europarates die Rechtsstellung des Untersuchungshäftlings nochmals ausdrücklich stärken[179].
Dogmatisch gesehen scheint diese doppelte Erwähnung zunächst unnötig, da es sich bei den *EPR* schließlich um Mindestgrundsätze handelt, die sowieso jedem Gefangenen zustehen sollen[180]. Die Funktion der Regeln scheint jedoch vielmehr darin zu liegen, dass sie über die Vorteile, die dem Untersuchungshäftling in den *Minima* ausdrücklich gewährt sind, ihm auch solche etwa des Strafhäftlings zustehen sollen; dies gilt natürlich nur dann, wenn die Vorteile mit der Natur der Untersuchungshaft vereinbar sind.

---

[176] *Triffterer* in „Untersuchungshaft", S. 885 (894) nennt diese Bestimmungen, jedenfalls für den Fall der *MBG (UN)*, sogar einen *„einheitlichen Schutzschild für die Untersuchungsgefangenen der Welt"*.

[177] Regel 91 2. HS „*...shall be afforded the benefits that may derive from Rule 90...*", wobei Regel 90 besagt: *„Prison administration should be guided by the provisions of the rules as a whole so far as they can appropriately and in practice be applied for the benefit of those special categories of prisoners ...* ".

[178] *„...treated without restrictions other than those necessary for the penal procedure and the security of the institution.* ".

[179] European Prison Rules „Explanatory memorandum", S. 68.

[180] Darüber hinaus gibt es bei den *Minima* auch keine Vorschrift über fakultative Vergünstigungen, die etwa im Ermessen der Vollzugsverwaltung stehen und auf die ein Untersuchungshäftling dann über Regel 90, 91 *EPR* ein Anrecht haben könnte.

Für ein derartiges Verständnis spricht darüber hinaus schon die Unschuldsvermutung[181], welche über die *EMRK* hinaus nochmals ausdrücklich in Regel 91 1 HS. *EPR* bzw. Regel 84 II *MBG (UN)* Erwähnung findet. Danach müssen Untersuchungshäftlinge grundsätzlich besser gestellt sein als Strafhäftlinge und dementsprechend auch dieselben Vorteile wie diese genießen[182].
Insofern handelt es sich bei dem positiven Aspekt der Regel 91 2.HS i.V.m. Regel 90 *EPR* nur um eine ausdrückliche Klarstellung dessen, was sowieso schon aus der Erwähnung der Unschuldsvermutung in den *EPR* und den *MBG (UN)* folgt.

In diesem Zusammenhang ist darauf hinzuweisen, dass über das Vorteilziehungsrecht der Regeln 90, 91 der *EPR* der Untersuchungshäftling auch in den Genuss von Maßnahmen kommen muss, die helfen, der Entsozialisierung entgegenzuwirken. Diese sind ausdrücklich nur in den Regeln 64 und 65 *EPR*, also den Vorschriften für Strafgefangene vorgesehen.

2.3.2 „Schranken-Schranke“ des Verfahrensschutzes und der Sicherheit in der Anstalt.

Ähnlich verhält es sich mit dem eben erwähnten negativen Aspekt der Regel 91 3. HS *EPR*, also der Beschränkung von Eingriffsmöglichkeiten in Rechtspositionen des Untersuchungshäftlings. Diese findet sich in solch deutlicher Form ausdrücklich nur in den *European Prison Rules* wieder.
Bei den *Mindestgrundsätzen für die Behandlung Gefangener* folgt dagegen die Eingriffsbeschränkung aus einer wesentlich vageren und allgemeineren Formulierung: Danach gelten Untersuchungshäftlinge nicht nur als unschuldig; sie müssen auch von den Vollzugsbehörden als Unschuldige behandelt werden[183].
Wie oben gezeigt[184], kann aber ein an der Unschuldsvermutung orientierter Untersuchungshaftvollzug nicht weiter in die Rechte des Gefangenen eingreifen, als dies unbedingt erforderlich ist für die Sicherung des Strafverfahrens und die Aufrechterhaltung des Anstaltbetriebes. Insofern ist die Formulierung der *EPR* klarer und direkter, gemeint ist jedoch bei beiden *Minima* dasselbe. Ein Untersuchungshaftvollzugsgesetz, welches nicht unterhalb des internationalen Minimalstandards liegen möchte, muss die Eingriffsmöglichkeit der Vollzugsverwaltung auf das beschriebene Maß begrenzen.

---

[181] Insbesondere unter I.1.4.3 Fazit.
[182] Unter dem selbstverständlichen Vorbehalt ihrer Vereinbarkeit mit der Natur der Untersuchungshaft; vgl. auch *Stuckenberg*, S. 111.
[183] Regel 84 II *MBG (UN)*.
[184] Siehe insbesondere zur eingriffsbeschränkenden Natur der Unschuldsvermutung, I.1.4.2.

2.3.3 Trennungsprinzip und Einzelunterkunft

Sowohl die *European Prison Rules* als auch die *Mindestgrundsätze für die Behandlung Gefangener* sehen durch die grundsätzliche Andersartigkeit von Strafgefangenen als Schuldige und Untersuchungsgefangenen als Unschuldige die Notwendigkeit gegeben, beide auch unterschiedlich - also getrennt voneinander unterzubringen[185]. Dabei geht es wohl nicht nur um die unbestrittene Gefahr der „kriminellen Infektion" von Untersuchungsgefangenen, sondern vielmehr darum, den gänzlich unterschiedlichen Gestaltungen des Vollzuges gerecht zu werden[186].

Die *EPR* räumen dem Untersuchungshäftling trotzdem – im Gegensatz zu den Mindestgrundsätzen der UN – ein Recht ein, auf seinen Wunsch hin auch gemeinsam mit Strafgefangenen untergebracht zu werden. Sie gehen damit weit über die gegenwärtigen Bestimmungen in § 119 I, II StPO hinaus, welche eine Zusammenlegung auf Wunsch nur mit anderen Untersuchungsgefangenen und dies auch nur in sehr engen Grenzen zulassen[187].
Die Regelung der *Minima* hat mit der Schaffung dieses Ausnahmetatbestandes vor allem im Auge gehabt, dass Untersuchungsgefangene meist nur eine Chance auf Arbeit in der Vollzugsanstalt bekommen, wenn sie diese gemeinsam mit Strafgefangenen ausüben[188], was eventuell auch die Verlegung in eine andere Anstalt oder einen anderen Anstaltstrakt erforderlich machen kann.
Es ist aber m. E. zweifelhaft, ob eine gemischte Unterbringung mit der Unschuldsvermutung vereinbar ist, die für den Untersuchungshäftling einen gänzlich andersartigen Vollzug gebietet als die Strafhaft.
Die daraus resultierenden unterschiedlichen Beschränkungen, denen beide Häftlingsarten unterliegen, könnten dabei nämlich zu einer Vereitelung des Untersuchungshaftzweckes führen:
Ist bei einem Untersuchungshäftling beispielsweise die Briefkontrolle wegen Kollusionsverdachts notwendig, so könnte er über den Umweg eines dahingehend nicht überprüften Strafhäftlings die Durchsicht seiner Schreiben verhindern und auf diesem Wege kollusiv tätig werden. Die Untersuchungshaft könnte ihren Zweck nicht mehr erfüllen.
Was die Zellenunterbringung selbst anbetrifft, so gehen sowohl die *EPR*[189] als auch die *MBG (UN)*[190] davon aus, dass ein Untersuchungshäftling grundsätzlich

[185] Regel 11 III *EPR* bzw. Regel 85 I *MBG (UN)*.
[186] European Prison Rules „Explanatory memorandum", S. 38.
[187] Obwohl in der Haftpraxis die gemeinsame Unterbringung von Strafgefangenen und Untersuchungsgefangenen keine Seltenheit ist.
[188] European Prison Rules „Explanatory memorandum", S. 38.
[189] Regel 94 *EPR*.
[190] Regel 86 *MBG (UN)*.

allein untergebracht werden soll[191]. Anders ist dies nur, wenn begründete Ausnahmetatbestände vorliegen wie ein gegenteiliger Wunsch des Gefangenen[192], besondere Umstände[193] oder lokale Gebräuche sowie besondere klimatische Verhältnisse[194].

So selbstverständlich diese Regel der grundsätzlichen Alleinunterbringung angesichts der vermuteten Unschuld eines Tatverdächtigen ist[195], so weit verbreitet ist auch ihre Missachtung auf diesem Gebiet. Nach einem Bericht der Vereinten Nationen, der auf den Meldungen von 49 Mitgliedstaaten basiert, hatten 1994 gerade mal ein Viertel der Länder die Forderung nach einer getrennten Unterbringung umgesetzt[196].

2.3.4 Die Möglichkeit der Arbeitsaufnahme

Sowohl nach den *EPR* als auch nach den *MBG (UN)* soll Untersuchungsgefangenen grundsätzlich die Möglichkeit gegeben werden zu arbeiten - sie sollen jedoch nicht dazu verpflichtet sein[197].

Auffällig ist in diesem Zusammenhang der Unterschied in der Formulierung: Während die *MBG (UN)* davon ausgehen, dass eine Pflicht der Verwaltung besteht, dem Untersuchungsgefangenen eine Arbeit zur Verfügung zu stellen, wenn er dies möchte, relativieren die *European Prison Rules* diese Verpflichtung. Danach haben die Vollzugsanstalten diese Obligation nur im Rahmen ihrer Möglichkeiten[198], womit gleichzeitig ein geringerer Druck zur Arbeitsbeschaffung einhergeht.

---

191 Wie im Übrigen auch § 119 I der StPO.

192 Regel 94 *EPR* „*...shall be given the opportunity...*".

193 Regel 94 *EPR* „*Except where there are circumstances that make it undesirable...*" Die erläuternden Kommentare des Europarates dazu nennen als einen solchen Umstand insbesondere die *Suizidgefahr* (European Prison Rules „Explanatory memorandum", S. 68).

194 So Regel 86 *MBG (UN)* a.E.

195 So auch *Lemke* in HK § 119 I RN 7.

196 *Neudek* in „Waiting for trial", S. 837 (840).

197 Regel 96 S.1 *EPR* „*...shall, whenever possible, be offered the opportunity to work but shall not be required to work.*" bzw. Regel 89 S.1 *MBG (UN)* „*An untried prisoner shall always be offered opportunity to work, but shall not be required to work.*"

198 Regel 96 S.1 *EPR* „*... whenever possible...*"

2.3.5 Die übrigen Rechtspositionen

Über die bereits angesprochene Besserstellung bei der Unterbringung und der Arbeitsmöglichkeit hinaus garantieren die *Minima* dem Untersuchungsgefangenen gewisse weitere Rechtspositionen, die ihm im Rahmen der Sicherheit und Ordnung in der Anstalt zustehen.
Diese Positionen sollen dazu beitragen, ihn gegenüber den übrigen Insassen in den Haftanstalten besser zu stellen und somit den Anforderungen der Unschuldsvermutung gerecht zu werden[199].

So hat er beispielsweise das Recht, sich aus seinen finanziellen Mitteln selbst zu verpflegen[200], also nicht auf die Gemeinschaftsverköstigung angewiesen zu sein. Ebenso verhält es sich mit seinem Recht auf freie Arztwahl, demzufolge er innerhalb gewisser Grenzen seinen privaten Arzt bzw. Zahnarzt konsultieren darf[201] und somit der anstaltseigenen Gesundheitsfürsorge grundsätzlich fernbleiben kann.

Weiterhin soll es dem Untersuchungsgefangenen innerhalb bestimmter Grenzen möglich sein, weiterhin seine eigene Kleidung zu tragen[202], um auch auf diese Weise äußerlich zum Ausdruck zu bringen, dass es sich bei ihm nicht um einen verurteilten Strafgefangenen handelt, sondern um einen als unschuldig Geltenden.

Letztlich sollen Untersuchungsgefangene auch bezüglich ihrer Freizeitgestaltung besser gestellt werden als Strafgefangene: Ihnen ist grundsätzlich zu gestatten, sich auf eigene Kosten oder auf Kosten Dritter Bücher, Zeitungen, Schreibmaterial und andere der Beschäftigung dienende Mittel zu beschaffen[203], um den Aufenthalt in der Haft erträglicher zu gestalten.

Sowohl in den *European Prison Rules* als auch in den Mindestgrundsätzen der UNO wird dem Untersuchungshäftling ein umfassendes Recht zugestanden, Besuch zu empfangen[204]. Dieses Recht kann sowohl in seinem Umfang (Häufigkeit) als auch in der Möglichkeit der Überwachung nur eingeschränkt werden durch den Zweck der Untersuchungshaft als strafverfahrenssichernde Maßnah-

---

199 So auch *Triffterer* in „Untersuchungshaft“, S. 885 (894) für die *MBG (UN)*.
200 Jedoch nur nach den *MBG (UN)* Regel 87.
201 Regel 98 S. 1 *EPR* bzw. Regel 91 *MBG (UN)*.
202 Regel 95 I *EPR* bzw. Regel 88 I *MBG (UN)*.
203 Regel 97 *EPR* bzw. Regel 90 *MBG (UN)*.
204 Regel 92 II *EPR* bzw. Regel 92 *MBG (UN)*.

me[205] oder zum Zweck der Aufrechterhaltung der Sicherheit und Ordnung in der Anstalt selbst.

Damit ist das Besuchsrecht zugunsten Untersuchungsgefangener grundsätzlich umfangreicher ausgestaltet als das von Strafgefangenen, welche beispielsweise auch aus pädagogischen Gründen eine Einschränkung ihrer Besuchsrechte erfahren können[206].
Die weitreichenderen Besuchsbefugnisse scheinen dabei nicht nur durch die Unschuldsvermutung geboten sondern sind auch deswegen gerechtfertigt, weil dem Untersuchungshäftling im Gegensatz zum Strafhäftling etwa kein Hafturlaub gewährt werden kann, bei dem dieser seine Kontakte zur Außenwelt pflegen kann.

2.3.6 Fazit

Die *Minima* räumen den Untersuchungsgefangenen neben den allgemeinen Rechten, die jedem Gefangenen zustehen, eine Reihe von Sonderbefugnissen ein, die ihre Rechtsstellung im Vergleich zu den anderen Insassen von Justizvollzugsanstalten stärken sollen.

Über die nochmalige Klarstellung, dass es sich bei diesen Häftlingen um Unschuldige handelt, legen sie fest, welche Grundsätze für die Behandlung von Unschuldigen zu gelten haben.
Dabei ist insbesondere darauf zu achten, dass ihre Grundrechte nur so weit beschnitten werden dürfen, wie es die Sicherung des Strafverfahrens und die Sicherheit und Ordnung in der Vollzugsanstalt erfordern.

Um dies für einige der wichtigsten Bereiche des Untersuchungshaftvollzuges anschaulich klarzustellen, greifen die *Minima* z.B. die Besuchsregeln, die Unterbringung sowie ausgewählte Bereiche der Daseins- und Fürsorge in Einzelbestimmungen auf.

Da es bei den ausgewählten Bereichen nur um grobe Grundsatzdarstellungen geht[207], kann der Bundesgesetzgeber, möchte er bei der Schaffung eines U-VollzG den Anforderungen der *Minima* genügen, nicht einfach diese überneh-

---

205 So ist wohl der Passus „*...in the interest of the administration of justice...*" in Regel 92 II *EPR* bzw. Regel 92 *MBG (UN)* verstehen.

206 Siehe Regel 43 II *EPR* „*...subject to the needs of treatment...*" bzw. für die *MBG (UN)* folgt dies aus Regel 59, die der Vollzugsanstalt weitreichende Befugnisse mit dem Ziel der Behandlung einräumt.

207 *Triffterer* in „Untersuchungshaft", S. 885 (894 a.E.).

men, sondern muss - um dem rechtsstaatlichen Standard gerecht zu werden - darüber hinaus detaillierte Einzelregelungen schaffen, die sich vom Geist der oben dargestellten Eingriffsbeschränkung leiten lassen.

III. Verfassungsrechtliche Vorgaben

1. Allgemeines

Neben den völkerrechtlichen Vorgaben, die es bei der Schaffung eines Untersuchungshaftvollzugsgesetzes zu beachten gilt, werden auch durch die Verfassung selbst bestimmte Grenzen und Anforderungen aufgestellt, die nach Art. 20 III GG die Ausgestaltungsmöglichkeiten für den Vollzug der Untersuchungshaft einschränken. Besondere Beachtung soll dabei im Nachfolgenden den Grundrechten sowie den Staatsprinzipien des Art. 20 GG gewährt werden und innerhalb dieser hauptsächlich dem Sozialstaatsprinzip sowie dem Rechtsstaatsprinzip in seinen zahlreichen Facetten und Ausprägungen. Zum besseren Verständnis wird in diesem Zusammenhang zunächst kurz der gedankliche und historische Hintergrund der einzelnen Staatsprinzipien erläutert werden, um dann auf die für die Untersuchungshaft relevanten Facetten und deren Folgerungen im Einzelnen einzugehen.

2. Das Sozialstaatsprinzip

2.1 Historischer Hintergrund und gedankliche Grundlagen

Das Sozialstaatsprinzip als Verfassungsprinzip ist ein Novum in der deutschen Verfassungsgeschichte[208] und hat - auch bedingt durch seine erst relativ kurze geschichtliche Entwicklung seit 1949 - eine vergleichsweise unscharfe Struktur[209]. *Grewe* bezeichnete es deswegen sogar als „substanzlosen Blankettbegriff"[210].

Zuzugeben ist, dass die Verfasser des Grundgesetzes selbst keine weiteren Hinweise über die Natur dieses Prinzips im Gesetz kodifizierten. In Art. 20 III GG bzw. Art. 28 I GG wird der Begriff lediglich in adjektivischer Form benutzt, indem er Deutschland als *„sozialen Bundesstaat"* bzw. als *„sozialen Rechtsstaat"* bezeichnet, ohne diesen weiter zu definieren.

Trotz dieser nur spärlichen Erwähnung in der Verfassung bedeutet die Sozialstaatlichkeit zweifelsohne mehr als eine bloße Blankettbezeichnung[211], wurde sie

---

208 *Stern* in „Staatsrecht I" § 21, S. 878; *Schnapp* in v.Münch/Kunig Art. 20 RN 16.

209 *Schnapp* in v.Münch/Kunig Art. 20 RN 16; *Stern* in „Staatsrecht I" § 21, S. 881; *Herzog* in Maunz/Dürig/Herzog Art. 20 VIII RN 3.

210 *Grewe* in DRZ 1949, S. 349 (351).

211 Wie dies etwa im Sinne der WRV anerkannt war (*Herzog* in Maunz/Dürig/Herzog Art. 20 VIII RN 6).

doch vom Parlamentarischen Rat durch die Verknüpfung mit Art. 79 GG zu den auf ewig unabänderbaren Prinzipien unseres Staatswesens erhoben[212].
Es ist deshalb mit der mittlerweile einhelligen Auffassung davon auszugehen, dass das Sozialstaatsprinzip, ebenso wie das Rechtsstaats-, das Demokratie- und das Bundesstaatsprinzip als gleichwertiges Staatsstrukturprinzip anerkannt ist[213].

Um den schwer bestimmbaren Inhalt des Sozialstaatsprinzips, so wie ihn der Gesetzgeber verstanden haben wollte, einzugrenzen, ist es ratsam, ihn im Rahmen einer subjektiv-historischen Auslegungszielbestimmung im Kontext zu einem historischen Gegenmodell zu betrachten, nämlich dem des bürgerlich- liberalen Staates[214].
Dieser beschränkt sich darauf, die Rechte seiner Bürger zu wahren und zu garantieren. In einem liberalen Staat hat jeder (jedenfalls theoretisch) die gleichen Rechte, ohne Rücksicht darauf, ob er etwa wirtschaftlich oder tatsächlich in der Lage ist, sie auszuüben oder zu verwirklichen[215].

Der soziale Staat hingegen wirkt auf die wirtschaftliche Situation seiner Bürger aktiv ein. Er nimmt in gewissem Umfang eine Umverteilung zugunsten der sozial Benachteiligten vor, um diesen in jeder Beziehung die reale Chance zur Verwirklichung ihrer Rechte zu geben[216]. Der Verfassungsgeber wollte sich damit bewusst von der Idee verabschieden, nur formell allen Bürgern die gleichen Rechte zu garantieren, sondern er wollte diese Gleichheit auch materiell[217] in Ansätzen herbeiführen.
In diesem Sinne geht es damit bei einer so verstandenen Sozialstaatlichkeit nicht nur um den Abbau sozialer Unterschiede[218], sondern primär um die Verpflichtung des Staates, dem sozial Benachteiligten und Bedürftigen durch staatliche

---

212 So auch *Seebode* in „Untersuchungshaft", S. 11; *Herzog* in Maunz/Dürig/Herzog Art. 20 VIII RN 6; im Gegensatz etwa zu Art. 162 WRV, der auf eine wesentlich unverbindlichere Art formuliert: „*Das Reich tritt für eine zwischenstaatliche Regelung der Rechtsverhältnisse der Arbeiter ein, die für die gesamte arbeitende Klasse der Menschheit ein allgemeines Mindestmaß der sozialen Rechte erstrebt*".

213 Statt vieler *Stern* in „Staatsrecht I" § 21, S. 877.

214 *Schnapp* in v.Münch/Kunig Art. 20 RN 17; *Haverkate,* S. 37; Dies vor allem auch deswegen, weil die Verfassungsväter in den Gesetzgebungsprotokollen über die rechtliche Bedeutung des „Sozialen" keine konkreten Hinweise geben.

215 *Stein/Frank* § 21, S. 169.

216 *Schnapp* v.Münch/Kunig Art. 20 RN18; In diesem Sinne ist wohl auch *Heller,* S. 11 zu verstehen, wenn er von der „sozialen Demokratie des Proletariats" spricht, welche nichts Anderes sei, als die „Ausdehnung des materiellen Rechtsstaatsgedankens auf die Arbeits- und Güterordnung".

217 Wobei „materiell" nicht bedeutet, dass eine Beschränkung nur auf fiskalische Leistungen gemeint ist, sondern vielmehr auch immaterielle Güter wie Bildung und Kultur erfasst sind (*Stein/Frank* § 21, S. 170).

218 BVerfGE 5, S. 85 (198).

Leistungen Hilfe zu gewähren[219]. Er soll dadurch zur aktiven Wahrung seiner Rechte befähigt werden[220].

Zu beachten ist in diesem Zusammenhang, dass sich aus der Sozialstaatlichkeit bzw. aus dem Sozialstaatsgebot selbst nach dem Willen des Parlamentarischen Rates keine unmittelbaren Leistungsansprüche für den Einzelnen ergeben sollten[221]. Dies folgt vor allem auch daraus, dass die Staatsprinzipien, wie oben bereits erwähnt, im Grundgesetz ausdrücklich außerhalb des subjektiven Grundrechtsteils der Art. 1 - 19 GG angesiedelt wurden, nämlich in Art. 20 GG[222]. Dementsprechend verpflichtet das Sozialstaatsgebot grundsätzlich direkt nur den Staat und dabei insbesondere den Gesetzgeber, dem es im Wesentlichen frei steht, wie er es im Einzelnen ausgestaltet[223].

Im Folgenden wird deshalb zu untersuchen sein, ob den Staat für den Vollzug der Untersuchungshaft dem Grunde nach eine solche soziale Ausgleichspflicht trifft und, wenn dies der Fall sein sollte, was er diesbezüglich bei einer Fixierung in einem Vollzugsgesetz zu beachten hat.

2.2 Das Sozialstaatsprinzip im Untersuchungshaftvollzug

2.2.1 Grundsätzliche Leistungspflicht des Staates

Unter anderem durch das Postulat der Sozialstaatlichkeit hat sich für den Bereich der Strafhaft die Erkenntnis durchgesetzt, dass die Ausgestaltung des Vollzuges weniger repressiver, sondern primär resozialisierender Natur sein muss[224]. Die Sozialpflichtigkeit hat damit zur Folge, dass dem Häftling als sozial Bedürftigem durch staatliche Leistung in Form von Therapie und sonstigen Angeboten die Möglichkeit gegeben werden muss, sich wieder in die Gesellschaft zu integrieren.

---

[219] Auch sog. „Sozialpflichtigkeit des Staates" etwa *Stein/Frank* § 21, S. 170.

[220] *Karpen* in NJW 1988 S. 2512 (2515)

[221] Vgl. *Herzog* in Maunz/Dürig/Herzog Art. 20 VIII RN 28; *Schnapp* in v. Münch/Kunig Art. 20 RN 19; BSozGE 19, S. 88 (92) m.w.N; BVerfGE 27, S. 253 (283); BVerfGE 39, S. 302 (315); *Weber-Fas*, S. 291.

[222] So auch *Herzog* in Maunz/Dürig/Herzog Art. 20 VIII RN 28.

[223] *Schnapp* in v. Münch/Kunig Art. 20 RN 19; *Badura* in AöR 1992, S. 382 (385); *Karpen* in NJW 1988, S. 2512 (2515).

[224] *Seebode* in „Untersuchungshaft", S. 12 f.; *Würtenberger* in JZ 1967, S. 233 (237); *Müller-Emmert* in DRiZ 1976, S. 65 (66); BVerfGE 35, S. 202 (236); ausdrücklich auch 2 BVR 441/90 Absatz-Nr. 132 ff.

Das Bundsverfassungsgericht führt in diesem Zusammenhang in seinem sog. ersten *„Lebach Urteil*“[225] aus:

> *„Von der Gemeinschaft aus betrachtet verlangt das Sozialstaatsprinzip staatliche Vor- und Fürsorge für Gruppen der Gesellschaft, die auf Grund persönlicher Schwäche oder Schuld, Unfähigkeit oder gesellschaftlicher Benachteiligung in ihrer persönlichen und sozialen Entfaltung behindert sind; dazu gehören auch die Gefangenen ...* “[226]

Diese, obwohl auf dem Gebiet des Strafvollzuges erlassene Entscheidung, ist dabei in ihrer Aussage für den Vollzug der Untersuchungshaft und für die diesbezüglich dem Gesetzgeber obliegenden Verpflichtungen in doppelter Hinsicht relevant:

1. Zunächst leitet das Gericht die sozialstaatliche Notwendigkeit von staatlichen Hilfsangeboten nicht (nur) aus der Schuldfeststellung des Strafgefangenen und damit aus seiner Resozialisierungsbedürftigkeit ab[227].

2. Darüber hinaus spricht das Verfassungsgericht nicht von der Pflicht gegenüber Strafgefangenen sondern von Gefangenen allgemein, schließt also damit Untersuchungsgefangene zwar nicht ausdrücklich, aber nach dem unter 1. Festgestellten jedoch zumindest konkludent mit ein.

Da Untersuchungsgefangene auch Personen sind, die, bedingt durch ihre Unterbringung in einer Haftanstalt, in ihrer persönlichen und sozialen Entfaltung gehindert sind, ergibt sich demnach eine staatliche Leistungspflicht auch für diese Gruppe von Gefangenen[228].

2.2.2 Die sozialstaatliche Leistungspflicht im Lichte der Unschuldsvermutung

Nachdem oben festgestellt wurde, dass eine sozialstaatliche Leistungspflicht des Staates gegenüber dem Untersuchungshäftling grundsätzlich besteht, stellt sich nun die Frage nach ihrer konkreten Ausgestaltung in dieser besonderen Vollzugsform.

---

[225] BVerfGE 35, S. 202 ff.

[226] BVerfGE 35, S. 202 (236).

[227] Die *Schuld* ist ausdrücklich nur als ein Fürsorgekriterium unter vielen aufgeführt!

[228] *Müller-Dietz* in StrV 1984, S. 79 (85 a.E.); *ders.* in ZStW 1981, S. 1177 (1256); *Seebode* in „Untersuchungshaft“, S. 13; *Rotthaus* in NJW 1973, S. 2269 (2271); *Jung/Müller-Dietz u.a.* in „Reform“, S. 6 (12).

Aus der Tatsache, dass der noch nicht rechtskräftig Verurteilte als unschuldig zu gelten hat, folgt zunächst, dass die angebotenen Maßnahmen eben nur fakultative Angebote und nicht verpflichtend sein dürfen[229], da einem in Freiheit befindlichen Verdächtigen auch keine verpflichtenden sozialen Hilfestellungen aufoktroyiert werden können.
Darüber hinaus dürfen die Angebote nicht wie im Strafvollzug dem Ziel der Resozialisierung dienen, da Unschuldige eben nicht resozialisiert zu werden brauchen und auch rechtlich nicht resozialisiert werden dürfen.

Weiterhin folgt aus der Unschuldsvermutung, dass die soziale Leistungspflicht des Staates gegenüber Untersuchungsgefangenen zunächst primär die Aufgabe verfolgen muss, die nachteiligen Folgen der Haft zu lindern und ihnen entgegenzuwirken[230]:
Es geht demnach nicht wie bei der Strafhaft darum, den Gefangenen zum Leben in Freiheit zu befähigen, sondern vielmehr darum, dafür zu sorgen, dass er seine Fähigkeit, in Freiheit in geordneten Verhältnissen zu leben, nicht verliert.
Zieht man dabei zusätzlich in Betracht, dass der Staat dem als unschuldig geltenden Häftling ein Sonderopfer abverlangt, so wirkt sich die Unschuldsvermutung auch auf Ausmaß und Umfang der sozialstaatlichen Leistungspflicht aus: Diese muss so bemessen sein, dass sie die Beschränkungen der individuellen Freiheit so minimiert und - wo möglich - kompensiert, dass die Untersuchungshaft im Lichte dieses Sonderopfers als gerade noch zumutbare Beschränkung der Freiheit erscheint[231].
Der oben bereits festgestellte grundsätzliche freie Spielraum der Legislative bei der Ausgestaltung der sozialstaatlichen Leistungspflicht ist daher durch die Unschuldsvermutung in erheblichem Maße eingeschränkt[232].
Als adäquate Leistungen kommen angesichts dieser Vorgaben insbesondere Hilfen im persönlichen und familiären Bereich in Betracht, die meines Erachtens bis zur Gewährleistung materieller Hilfen gehen können[233].
Zu denken ist dabei aber beispielsweise auch an sozialstaatliche Verpflichtungen bei der baulichen Gestaltung von Vollzugsanstalten: Wenn der Gesetzgeber aufgrund der Unschuldsvermutung die Lebensweise des Verdächtigen in der

---

229 *Müller-Dietz* in StrV 1984, S. 86; *ders.* in ZStW 1981, S. 1256 f.; *Baumann* in JZ 1990, S. 107 (110); *Haberstroh* in Jura 1984, S. 225 (233); *Hetzer* in „Reform“, S. 47 (70) der darauf hinweist, dass die Vollzugsverwaltung den Häftling zur Teilnahme - etwa an sozialen Kursen – ermutigen soll; ebenso *Jung/Müller-Dietz u.a.* in „Reform“, S. 6 (12).

230 *Hetzer* in „Reform“, S. 47 (72).

231 Vgl. *Amelung* u.a., S. 32.

232 Vgl. *Müller-Dietz* in StrV 1984, S. 79 (82); *Hetzer* in „Reform“, S. 47 (72 f.).

233 Vgl. *Seebode* in „Untersuchungshaft“, S. 13; grds. auch *Müller-Dietz* in ZStW 1981, S. 1257, der dabei aber auch auf den dogmatischen Unterschied von Sozialhilfeleistungen nach dem BSHG und den speziellen Leistungen aufgrund des *Sonderopfers* hinweist.

Anstalt im Vergleich zum Leben in Freiheit so wenig wie möglich ändern und beschränken darf, so ergeben sich daraus zwangsläufig Folgen für die Ausgestaltung der Anstalt selbst.
Diese muss so großzügig gebaut sein, dass dem Häftling darin ein Maximum an eigenverantwortlicher Lebensgestaltung - innerhalb der anerkannten Grenzen der Untersuchungshaft - ermöglicht wird[234]. Zu denken ist dabei insbesondere an größere Hafträume mit eigenem Bad oder eigenen Kochgelegenheiten[235].

2.3 Fazit

Das Sozialstaatsgebot ist vollwertiges Verfassungsprinzip des Grundgesetzes und verpflichtet den Staat dazu, sozial Benachteiligte mit gezielten Leistungen zur Ausübung ihrer Rechte zu befähigen.
Nach der Entscheidung des Bundesverfassungsgerichts gehören auch Häftlinge ausdrücklich zu der Personengruppe der sozial Benachteiligten.
Eine Regelung der Untersuchungshaft, die dem Sozialstaatsprinzip genügen will, muss dem Häftling daher staatliche Leistungen in einem gewissen - nicht zu gering bemessenen Umfang - einräumen. In Anbetracht der Unschuldsvermutung dürfen jedoch alle Angebote nur fakultativer Natur sein.

Konkret trifft den Staat vor allem die soziale Verpflichtung, die schädlichen Folgen des Freiheitsentzuges durch therapeutische, aber im Hinblick auf das geleistete Sonderopfer auch durch finanzielle Hilfen auszugleichen oder zumindest zu lindern. Sie beschränken insoweit seine im Rahmen des Sozialstaatsgebots grundsätzlich bestehende legislative Gestaltungsfreiheit.
Daraus folgt auch, dass der Staat bei der baulichen Ausgestaltung von Untersuchungshaftvollzugsanstalten darauf achten muss, dass der Inhaftierte - im Rahmen der untersuchungshaftnotwendigen Beschränkungen seiner Freiheit - so gut wie möglich seine bisherige individuelle Lebensgestaltung weiterführen kann.

---

234 Vgl. *Seebode* in „Untersuchungshaft", S. 171.
235 Ausführlich dazu *Seebode* in „Untersuchungshaft", S. 171ff.

3. Das Rechtsstaatsprinzip

3.1 Historischer Hintergrund und gedankliche Grundlagen

Um den Kern einer rechtsstaatlichen Staatsauffassung zu verstehen, so wie ihn der Verfassungsgeber verstanden haben wollte, ist es auch hier ratsam, sich seine geschichtliche Entwicklung aus seinem Gegenmodell heraus, dem „Machtstaat[236]", vor Augen zu führen.

Der Träger der Staatsmacht im „Machtstaat" der Feudalzeit, also der großgrunbesitzende Adel, verlor mit beginnender Industrialisierung zunehmend an Macht an das aufsteigende Bürgertum. Ursache hierfür war die Verlagerung der staatlichen Wirtschaftsstruktur weg vom Agrarbereich hin zu Handel und Gewerbe[237].
Mit der stärker werdenden wirtschaftlichen Macht verwirklichte das Bürgertum schließlich auch den Wechsel der politischen Macht weg von den Ständevertretungen des Adels hin zu einem durch das Bürgertum dominierten Parlament[238].
Dessen Entscheidungen sollten für die gesamte Staatsverwaltung bindend sein, wofür die unabhängige Justiz die Gewähr leisten sollte[239].
Durch diese Bindung der Verwaltung an die Gesetze sollten ihre Handlungen berechenbarer gemacht werden, um dem Bürgertum die notwendige Rechtssicherheit für Investitionen und Geschäftsabschlüsse zu gewährleisten[240].
Parallel dazu entwickelte sich ein Grundrechtsschutz, der dem Bürger das Recht auf Eigentum und besondere Freiheitsrechte gegenüber der Verwaltung garantieren sollte, um ihm eine gewisse Freiheit von staatlichen Eingriffen zu schaffen[241]. Dabei ging die Entwicklung der Grundrechte im Laufe des letzten Jahrhunderts über die Bindung der Verwaltung hinaus, und die Grundrechte schränkten schließlich auch das Parlament in seiner gesetzgeberischen Tätigkeit ein.

Dieser kurze historische Abriss macht deutlich welche Intention der Verfassungsgeber durch eine Perpetuierung der Rechtsstaatlichkeit verfolgte:
Im Gegensatz zum „Machtstaat", in dem der Einzelne einer ungebundenen, teilweise willkürlich agierenden Staatsmacht gegenübersteht, sollte die öffentliche

---

236 *Diederichsen* in Der Staat 34 (1995), S. 33 (35).
237 *Stein/Frank* § 20 I, S. 155.
238 *Diederichsen* in Der Staat 34 (1995), S. 33 (35).
239 Eine Aufteilung, die notwendigerweise zu einer Aufteilung der Staatsgewalten führt; *Heller*, S. 5 spricht in diesem Zusammenhang auch von der „Herrschaft des Gesetzes".
240 *Diederichsen* in Der Staat 34 (1995), S. 35; so im Ergebnis auch *Heller*, S. 4.
241 *Maunz/Zippelius* § 13, S. 87; *Diederichsen* in Der Staat 34 (1995), S. 35.

Macht begrenzt[242] und ihre Handlungen für den Bürger berechenbar(er) und vorhersehbar(er) gemacht werden[243].

Die historische Entwicklung macht aber auch deutlich, dass es sich bei dem Prinzip des Rechtsstaates nicht um einen homogen erfassbaren Begriff handelt, sondern dass er vielmehr aus einzelnen Facetten besteht[244], wie z.B.

- der Gewaltenteilung,
- der Gewährung von grundrechtlich garantierten Freiräumen,
- dem Prinzip der Gesetzmäßigkeit der Verwaltung,
- dem Justizgewährungsanspruch sowie
- dem Bestimmtheitsgrundsatz (und damit der Vorhersehbarkeit staatlichen Handelns).

Deshalb hat der Verfassungsgeber sich nicht damit begnügt, den Begriff des Rechtsstaatsprinzips als solches im Grundgesetz zu erwähnen[245], sondern primär die für den deutschen Verfassungsgesetzgeber relevanten Facetten in zahlreichen Einzelbestimmungen normiert[246]. Dementsprechend ist im Folgenden, wenn vom Rechtsstaatsprinzip die Rede ist, nicht ein abstrakter staatsrechtlicher Grundsatz gemeint, sondern das Rechtsstaatsprinzip in der Gestalt, die es durch den Verfassungsgeber im Grundgesetz erfahren hat[247].

Für den hier untersuchten Bereich der Vorgaben an ein Untersuchungshaftvollzugsgesetz sind vor allem drei Aspekte dieses Prinzips maßgebend, nämlich der der Gesetzmäßigkeit der Verwaltung[248], der des Justizgewährungsanspruchs[249], sowie der des Bestimmtheitsgrundssatzes[250].

---

242 Vgl. *Stern* in „Staatsrecht I" §20, S. 765; *Diederichsen* in Der Staat 34 (1995), S. 35.

243 Vgl. *Stein/Frank* § 20 I, S. 155.

244 So auch *Schnapp* in v.Münch/Kunig Art. 20 RN 21.

245 Siehe etwa die Bezeichnung als „sozialer Rechtsstaat" in Art. 28 I GG.

246 So auch *Schnapp* in JuS 1983, S. 850 (852); etwa der Justizgewährungsanspruch in Art. 19 IV GG oder das Prinzip der Gesetzmäßigkeit der Verwaltung in Art. 20 III GG.

247 *Schnapp* in v.Münch/Kunig Art. 20 RN 21 geht ebenfalls davon aus, dass es *das* Rechtsstaatsprinzip nicht gibt, sondern für die deutsche Staatsrechtslehre nur das Rechtsstaatsprinzip relevant ist, wie es konkret nach den Normen des Grundgesetzes ausgestaltet ist.

248 Siehe unten unter 3.2.

249 Siehe unten unter 3.3.

250 Siehe unten unter 3.4.

3.2. Die Gesetzmäßigkeit der Verwaltung

Der Grundsatz der Gesetzmäßigkeit der Verwaltung setzt sich aus zwei Komponenten zusammen, der des Gesetzesvorrangs und der des Vorbehalts des Gesetzes[251].

Nach dem Grundsatz des Gesetzesvorrangs, der ausdrücklich in Art. 20 III GG normiert ist, geht der Staatswille, so wie er in den Gesetzen zum Ausdruck kommt, allen anderen staatlichen Willenserklärungen vor, insbesondere denen der Verwaltung[252]. Das bedeutet umgekehrt, dass die Verwaltung in ihren Handlungsmöglichkeiten an die Gesetze gebunden ist und durch sie beschränkt wird[253].

3.2.1 Der Vorbehalt des Gesetzes

Für die vorliegende Untersuchung wesentlich relevanter aber ist der zweite Aspekt der Gesetzmäßigkeit der Verwaltung, nämlich der des Vorbehalts des Gesetzes[254], der keine ausdrückliche Normierung im Grundgesetz gefunden hat, aber allgemein anerkannt ist[255]. Danach darf die Verwaltung nur tätig werden, wenn sie dazu durch eine gesetzliche Grundlage ermächtigt wurde[256].

3.2.1.1 Der Vorbehalt des Gesetzes bei der Eingriffsverwaltung

Zwar ist die Reichweite dieses Vorbehalts insbesondere im Bereich der Leistungsverwaltung umstritten[257], für den Bereich der Eingriffsverwaltung in Eigentums- und Freiheitsrechte jedoch ist bereits seit dem 19. Jahrhundert anerkannt[258], dass es für ein entsprechendes Tätigwerden der Verwaltung einer Ge-

---

251 *Schnapp* in v.Münch/Kunig Art. 20 RN 38; *Maurer* § 6 RN 1.

252 *Stein/Frank* § 20, S. 164; *Maurer* § 6 RN 2; *Schnapp* in v.Münch/Kunig Art. 20 RN 38.

253 *Maurer* § 6 RN 2.

254 Grundsätzlich nicht zu verwechseln mit dem „Gesetzesvorbehalt" der grundgesetzlich garantierten Grundrechte, auch wenn sich beide für den Bereich der Eingriffsverwaltung wohl im Wesentlichen decken (siehe dazu unten).

255 Statt vieler *Maurer* § 6 RN 4 f., der auch den Streitstand über die Begründung des Vorbehalts des Gesetzes anschaulich darstellt, welche aber für die hier folgenden Ausführungen irrelevant ist.

256 *Stein/Frank* § 20, S. 164; *Schnapp* in v. Münch/Kunig Art. 20 RN 38; BVerfGE 77, S.170 (230 f.); *Maurer* § 6 RN 3.

257 Einen Überblick vermittelt *Karpen* in NJW 1988 S. 2512 ff.

258 *Maurer* § 6 RN 9.

setzesermächtigung bedarf[259]. Dies ergibt sich nicht nur aus den oben dargelegten historischen Grundanliegen der Bürgerschaft, die Verwaltung an die Parlamentsentscheidungen zu binden[260]. Seit Inkrafttreten des Grundgesetzes folgt dies vor allem auch daraus, dass der Verfassungsgeber für die Beschränkung von Grundrechten spezielle Gesetzesvorbehalte in Art. 2 - 19 GG geschaffen hat, die auf das jeweilige Grundrecht zugeschnitten sind[261].

Für *den* Bereich des Untersuchungshaftvollzuges, bei dem es um die Normierung von Grundrechtsbeschränkungen geht, bedeutet dies nach dem oben Gesagten, dass dieser nach dem Willen des Parlamentarischen Rates grundsätzlich nur durch ein Gesetz geregelt werden kann.
Zu klären bleibt, ob es sich dabei um ein Parlamentsgesetz handeln muss, oder ob die Untersuchungshaft etwa per Rechtsverordnung, beispielsweise durch den Bundesinnenminister aufgrund einer parlamentarischen Ermächtigungsgrundlage regelbar wäre.

Bezüglich der Frage, wann Entscheidungen so bedeutsam sind, dass sie nur direkt vom unmittelbar demokratisch legitimierten Gesetzgeber entschieden werden dürfen, hat sich auf der Basis der Rechtssprechung des Bundesverfassungsgerichts die sogenannte *Wesentlichkeitstheorie* durchgesetzt[262]. Danach sind nach dem Willen der Verfassung alle diejenigen Entscheidungen direkt vom Parlament zu treffen, die wesentlich für den Bestand oder die Verwirklichung von Grundrechten der Betroffenen sind. Für die Beurteilung, wann eine Entscheidung wesentlich ist, kommt es für den hier untersuchten Fall der Eingriffsverwaltung nicht nur darauf an, ob die jeweilige Regelung die Merkmale des Grundrechtseingriffs erfüllt[263]. Maßstab ist vielmehr die Intensität der Grundrechtsbeschränkung. Danach ist ein formelles Parlamentsgesetz jedenfalls dann erforderlich, wenn die Grundrechte des Betroffenen in besonders intensivem Maße durch die Regelung betroffen sind[264].

Für den Vollzug der Strafhaft hat das Verfassungsgericht dabei anerkannt, dass die Grundrechtseingriffe so intensiv sind, dass von einem Totalvorbehalt des Parlaments auszugehen ist, mithin ein formelles Gesetz erforderlich ist[265].

---

259 *Maurer* § 6 RN 12.
260 So auch *Kloepfer* in JZ 1984, S. 685 (685).
261 Diese regeln die speziellen Voraussetzungen, unter denen der Staat in die jeweiligen Grundrechte eingreifen darf.
262 Vgl. BVerfGE 58, S. 257 (274); 40, S. 237 (248 ff.).
263 BVerfGE 49, S. 89 (126); 40, S. 237 (249); *Scholz* in Maunz/Dürig/Herzog Art. 12 RN 307.
264 BVerfGE 49, S. 89 (127); *Scholz* in Maunz/Dürig/Herzog Art. 12 RN 307.
265 BVerfGE 33, S. 1 (12 f.).

Beim Vollzug der Untersuchungshaft ist gerade in Anbetracht der Unschuldsvermutung erst recht davon auszugehen, dass es sich um besonders intensive Grundrechtseingriffe handelt und mithin nur ein Parlamentsgesetz dem Rechtsstaatsprinzip Rechnung trägt.

3.2.1.2 Der Vorbehalt des Gesetzes und die Einschränkung von Grundrechten im sog. „Sonderstatusverhältnis“

Fraglich ist, ob sich etwas Anderes ergeben könnte aus der Tatsache, dass Untersuchungsgefangene in einer besonderen „Nähe“ zum Staat und seiner Verwaltung stehen, bedingt durch die Tatsache, dass sie sich durch staatliche Anordnung (Haftbefehl) in einer staatlichen Vollzuganstalt befinden.

Seit dem Ende des 19. Jahrhunderts nahm man an, dass alle Personen, die sich bedingt durch ihre Nähe zur Staatsmacht in einem „besonderen Gewaltverhältnis[266]“ befanden[267], nicht Träger von Abwehrrechten gegen den Staat, also von Grundrechten sein konnten[268]. Innerhalb dieses „besonderen Gewaltverhältnisses“ habe die Exekutive kraft ihrer internen Regelungskompetenz die Befugnis, die Rechtsbeziehungen nur durch Verwaltungsvorschriften zu regeln[269]. Auch die Frage nach der Notwendigkeit einer parlamentarischen Eingriffsermächtigung wurde damit nicht relevant.

Diese Rechtsauffassung änderte sich nach Inkrafttreten des Grundgesetzes zunächst auch nicht grundlegend. Zwar ging man mittlerweile davon aus, dass auch derjenige, der sich in einem „besonderen Gewaltverhältnis“ befindet, Träger von Grundrechten ist. Allerdings ließen sich Eingriffe in subjektive Rechte dahingehend rechtfertigen, dass keine parlamentarische Ermächtigung als notwendig erachtet wurde, solange sie vom eigentlichen Zweck des „besonderen Gewaltverhältnisses“ gedeckt waren[270].

Diese Auffassung änderte sich erst, als das Bundesverfassungsgericht im sog. *Strafgefangenenurteil*[271] die Rechtsfigur des „besonderen Gewaltverhältnisses“

---

[266] Im Gegensatz zum „allgemeinen Gewaltverhältnis“, in dem sich alle übrigen Bürger im Verhältnis zum Staat befinden. (*Creifelds*, S. 557).

[267] So z.B. auch das Soldatenverhältnis, das Beamtenverhältnis oder das des Strafgefangenen.

[268] In diesem Sinne ist wohl *Otto Mayer*, S. 101 zu verstehen, wenn er davon ausgeht, dass mit dem Eintritt in das besondere Gewaltverhältnis der Bürger sich in die Abhängigkeit des Staates begibt; *Bull* § 6 RN 277 charakterisiert das „besondere Gewaltverhältnis“ sogar als für den Bürger „rechtsfreien Raum“.

[269] *Otto Mayer*, S. 101; *Jellinek*, S. 115.

[270] *Leisner* in DVBl. 1960, S. 617 (619).

[271] BVerfGE 33, S. 1 ff.

als grundrechtsbeschränkendes Institut aufgab[272]. Danach ist auch in den Fällen, in denen der Bürger in einer besonderen Nähebeziehung zum Staat steht, grundsätzlich ein Gesetz erforderlich, um in Grundrechte einzugreifen[273]. Folglich gilt nun auch in diesen sog. „Sonderstatusverhältnissen[274]" der Vorbehalt des Gesetzes in der oben dargestellten Form.

3.2.1.3 Der Vorbehalt des Gesetzes bei der Leistungsverwaltung

Wie die obigen Ausführungen zum Sozialstaatsprinzip gezeigt haben, geht es bei der Regelung des Untersuchungshaftvollzuges nicht nur um die Normierung von Eingriffsbefugnissen, sondern ebenfalls darum, den Inhaftierten bestimmte Rechtsansprüche im Bereich der Leistungsverwaltung zu garantieren.
Inwieweit der Vorbehalt des Gesetzes auch bei der Leistungsverwaltung gilt, inwiefern also auch ein UVollzG Einzelregelungen über die Gewährung staatlicher Hilfen enthalten muss, ist umstritten[275].

Ein Teil der Literatur[276] und auch die Rechtsprechung[277] gehen grundsätzlich davon aus, dass die Verteilung staatlicher Leistungen, sofern sie nicht in Grundrechte (anderer) eingreift, nicht unter den Vorbehalt des Gesetzes fällt. Ausreichend dafür sei vielmehr eine irgendwie geartete parlamentarische Willensäußerung, die sich auch in Form etwa eines Haushaltsbeschlusses dartun könne[278].

---

272 BVerfGE 33, S. 1 (12).

273 *„Eine Einschränkung kommt nur dann in Betracht, wenn sie zur Erreichung eines von der Wertordnung des Grundgesetzes gedeckten gemeinschaftsbezogenen Zweck unerlässlich ist und in den dafür verfassungsrechtlich vorgesehenen Formen geschieht. Die Grundrechte von Strafgefangenen können also nur durch oder aufgrund eines Gesetzes eingeschränkt werden, das allerdings auf – möglichst eng begrenzte – Generalklauseln nicht wird verzichten können."* BVerfGE 33, S. 1 (11).

274 Die Bezeichnung dieses besonderen Näheverhältnisses ist seit der zitierten Bundesverfassungsgerichtsentscheidung uneinheitlich geworden. Teilweise wird der von *Otto Mayer* geprägte Begriff „besonderes Gewaltverhältnis" weitergeführt (so etwa *Schwerdtfeger* RN 209 ff.), teilweise ersetzt etwa durch den hier gewählten Begriff des „Sonderstatusverhältnisses" (so etwa auch *Schmalz* RN 199). Die Wahl einer neuen Bezeichnung scheint meines Erachtens jedoch schon deswegen wichtig, weil trotz der Entscheidung des Bundesverfassungsgerichts es zeitweise Versuche gab, die klassische Figur des „besonderen Gewaltverhältnisses" in relativierter Form als verwaltungsrechtliches Rechtsinstitut wiederzubeleben (so wohl *Ronellenfitsch* in DÖV 1981, S. 933 (939)).

275 Siehe dazu ausführlich *Herzog* in Maunz/Dürig/Herzog Art. 20 VI RN 66 ff.

276 *Badura* in „Staatsrecht" RN I 79, S. 675; *Erichsen* § 15 RN 18; grds. auch *Jarass* in NVwZ 1984, S. 473 (478); *Maurer* § 6 RN 14.

277 Z.B. BVerwGE 6, S. 282 (287); BVerwGE 90, S. 112 (126).

278 So z.B. BVerwGE 90, S. 112 (126); *Jarass* in NVwZ 1984, S. 478 betont, dass kein Haushaltsbeschluss, sondern nur ein Haushaltsgesetz ausreicht.

Hauptargument ist dabei, dass der Verwaltung die nötige Flexibilität verloren ginge, wenn jede spontan erforderliche Leistungsgewährung das Einschreiten des Gesetzgebers erforderte[279].

Demgegenüber fordern andere mit unterschiedlichen Begründungen[280] einen Totalvorbehalt des Gesetzgebers auch für diesen Bereich staatlichen Handelns[281].

Zu beachten ist dabei aber, dass es sich bei jenen Entscheidungen und wissenschaftlichen Beiträgen, die den Gesetzesvorbehalt für die Leistungsverwaltung relativieren, im Wesentlichen um Entscheidungen auf dem Gebiet der staatlichen Subventionsvergabe handelt, mithin also nur um einen speziellen Teil der Leistungsverwaltung.
Der hier untersuchte Fall von sozialen Leistungen an Untersuchungshäftlinge gestaltet sich in vielerlei Hinsicht anders:

1. Zum Einen geht es in gewisser Hinsicht auch um einen grundrechtsrelevanten Bereich – zwar nicht um Leistungen, die in Grundrechte eingreifen, aber um solche, die die Ausübung von Grundrechten begünstigen, erst ermöglichen oder die im Rahmen der Eingriffsverwaltung erforderlichen Einschränkungen kompensieren sollen.

2. Zum Anderen geht es nicht, wie bei der Subventionsgewährung, um *fakultative* Leistungsverwaltung, sondern um soziale Fördermaßnahmen, die für den Staat verpflichtend sind.

Diese Pflichten ergeben sich – wie dargelegt – nicht aus einem direkten Leistungsanspruch des Häftlings, sondern aus einem obligatorischen Auftrag des Sozialstaatsprinzips und richten sich nach den Vorstellungen des Verfassungsgebers an den Gesetzgeber, der die Grenzen und den Umfang dieser Pflicht, jedenfalls grundsätzlich, ausgestalten darf[282].

Zusätzlich ist dabei zu beachten, dass es sich um Leistungen handelt, die wesentlich für die Ausübung von Grundrechten sind bzw. um solche, die die zum Wohle der Allgemeinheit notwendigerweise beschränkten Grundfreiheiten kompensieren sollen.
Gerade bei solchen Entscheidungen im grundrechtsrelevanten Bereich muss jedoch unter Beachtung des *Wesentlichkeitserfordernisses* der unmittelbar legiti-

---

279 So etwa *Degenhart* RN 287; *Sendler* in WiVerw 1978, S. 156 (159 f.).

280 Einen umfassenden Überblick gibt *Jarass* in NVwZ 1984, S. 473 f.

281 Etwa *Rupp*, S. 143; *Jesch*, S. 205.

282 Schnapp in v. Münch/Kunig Art. 20 RN 19; Badura in AöR (92), S. 382 (385); a.A. offenbar OVG Bremen in DöV 1991, S. 893 (894).

mierte Gesetzgeber - das Parlament - die erforderlichen Entscheidungen treffen bzw. zur Entscheidung legitimieren[283].

Insofern ist die aus dem Sozialstaatsgebot folgende Pflicht zur Leistungsgewährung bei Untersuchungshäftlingen vergleichbar mit der Leistungspflicht des Staates im Rahmen der allgemeinen Sozialhilfe, also im Bereich der Sozialverwaltung.
Dort bestimmt etwa § 31 SGB I, dass

> *„Rechte ... in den Sozialleistungsbereichen dieses Gesetzbuches ... nur begründet werden dürfen, soweit ein Gesetz es vorschreibt oder zulässt".*

Es ist deshalb auch für den Bereich der Gewährung sozialer Hilfen im Untersuchungshaftvollzug davon auszugehen, dass der Vorbehalt des Gesetzes in vollem Umfang gilt[284] und dementsprechend auch Teil eines UVollzG sein muss.

3.2.1.4 Umfang der erforderlichen Regelungen

Nachdem festgestellt wurde, dass die Bestimmungen zum Untersuchungshaftvollzug entsprechend den Vorgaben der Verfassung nur durch ein formelles Parlamentsgesetz getroffen werden können, stellt sich nun die Frage, wie umfassend und detailliert die Regelungen des Bundesgesetzgebers sein müssen und wie viel Entscheidungsspielraum sie der Verwaltung lassen dürfen.
Auch hierfür liefert die vom Bundesverfassungsgericht entwickelte *Wesentlichkeitslehre*[285] Hinweise, da diese nicht nur bestimmt, ob eine bestimmte Regelung dem Vorbehalt des Gesetzes unterliegt, sondern vielmehr auch, wie weit der eigenständige Entscheidungsspielraum der Exekutive reichen darf[286]: Danach muss der unmittelbar demokratisch legitimierte Gesetzgeber auch die wesentlichen Entscheidungen, die das Verwaltungshandeln bestimmen, selbst treffen[287].

---

283 Vgl. *Hill* in NJW 1986, S. 2602 (2604).

284 So wohl auch *Maurer* § 6 RN 15, wenn er ausführt, dass *„diejenigen Leistungen, die sozial...politisch motiviert sind, sowie für einen größeren Personenkreis und/oder für eine längere Zeit vergeben werden sollen"* grundsätzlich auch dem Vorbehalt des Gesetzes unterliegen sollten; *Herzog* in Maunz/Dürig/Herzog Art. 20 VI RN 74 für den Bereich der Sozialverwaltung allgemein.

285 Zur hier nicht weiter ausgeführten grundsätzlichen Kritik an der Wesentlichkeitstheorie siehe umfassend *Kloepfer* JZ 1984, S. 685 ff.

286 Statt vieler BVerfGE 83, S. 130 (152) m.w.N.

287 BVerfGE 34, S. 165 (192 f.); 49, S. 89 (126); 83, S. 130 (152).

Diese zunächst für die Operationalisierung wenig brauchbare Faustformel[288] ist durch die fortlaufende Rechtsprechung des Bundesverfassungsgerichts weiter konkretisiert worden:
Danach sind die Bereiche wesentlich und durch den Gesetzgeber in Grundzügen zu regeln, die den tragenden Prinzipien des Grundgesetzes, insbesondere den darin verbürgten Grundrechten zu entnehmen sind[289] bzw. die fundamental für die Frage der Grundrechtsausübung sind[290].
Das Bundesverfassungsgericht führt in diesem Zusammenhang aus:

> *„Die Bindung der vollziehenden Gewalt und der Rechtsprechung an Gesetz und Recht, der Vorrang des Gesetzes also, würde ihren Sinn verlieren, wenn nicht schon die Verfassung selbst verlangen würde, daß staatliches Handeln in bestimmten grundlegenden Bereichen nur rechtens ist, wenn es durch förmliches Gesetz legitimiert wird. Welche Bereiche dies im einzelnen sind, läßt sich indessen nicht ... unmittelbar erschließen. ... Die Grundrechte mit ihren speziellen Gesetzesvorbehalten und mit den ihnen enthaltenen objektiven Wertentscheidungen geben dabei konkretisierende, weiterführende Anhaltspunkte."* [291]

Für den Bereich der Eingriffsverwaltung, also den Bereich eines UVollzG, in dem es um die Einschränkung von Grundrechten geht, bedeutet dies meines Erachtens, dass das Regelungswerk zumindest so detailliert ausgestaltet werden muss, dass die einzelnen tangierten Grundrechtsbereiche differenziert voneinander Erwähnung finden und somit für die jeweiligen Grundrechte Eingriffsgrundlagen geschaffen werden[292], ähnlich wie dies auch im Strafvollzugsgesetz der Fall ist[293].

---

288 So auch *Oberbracht*, S. 60.

289 BVerfGE 49, S. 89 (127).

290 *Degenhart* RN 294; *Badura* in „Staatsrecht" RN D 56 (S. 277).

291 BVerfGE 40, S. 237 (249).

292 Ähnlich *Rotthaus* in NJW 1973, S. 269 (270) unter Hinweis auf *Müller-Dietz* in NJW 1972, S. 1161 (1165 f.); wohl auch *Hetzer* in „Reform", S. 47 (73), wenn er bezüglich des Umfangs eines UVollzG ausführt: *„Darin müssen nicht nur die Grenzen der Eingriffsbefugnisse in verfassungsrechtlich geschützte Rechtspositionen ... festgelegt werden."*

293 Das StVollzG hat Sonderregelungen für die einzelnen Grundrechtsbereiche wie z.B. die Religionsausübung (Art. 4 GG bzw. § 53 ff. StVollzG), die Informationsfreiheit (Art. 5 GG bzw. §§ 67 / 68 StVollzG) über die Einschränkungen des Briefgeheimnisses (Art. 10 GG bzw. § 29 StVollzG) sowie beispielweise die Berufsfreiheit (Art. 12 GG bzw. §§ 37 ff. StVollzG); auch *Baumann* möchte bezüglich der Regelungsdichte eines UVollzG sich an die Ausführungen im StVollzG anlehnen (UVollzG – E, S. 11); zur erforderlichen Regelungsdichte des StVollzG siehe ausführliche *Müller-Dietz* in NJW 1972, S. 1161 (1165 f.), der dafür zu ähnlichen Ergebnissen kommt wie der Verfasser.

Eine solche Differenzierung ist gerade auch deswegen geboten, weil die jeweiligen grundrechtsspezifischen Gesetzesvorbehalte unterschiedliche Anforderungen an die Möglichkeit der Schrankenziehung stellen, die jeweils bei der Kodifizierung einer konkreten Ermächtigungsregel beachtet werden müssen[294].
Es wäre demnach mit der Systematik unserer Verfassung und auch mit dem Willen des Grundgesetzgebers unvereinbar, wenn der Parlamentarische Rat die einzelnen, aus dem allgemeinen Freiheitsrecht des Art. 2 GG folgenden Rechtspositionen in einem ausdifferenzierten Grundrechtskatalog ausgestaltet[295] und man dann zuließe, dass bei der Beschränkung der Rechte diese Differenzierung wieder eingeebnet wird.

Dabei schließt das Erfordernis, die wesentlichen Entscheidungen differenziert und selbst zu treffen, nicht aus, dass bei der Normierung unbestimmte Rechtsbegriffe oder Generalklauseln benutzt werden. Das Verfassungsgericht hat in der oben angesprochenen *Strafgefangenenentscheidung*[296] ausdrücklich klargestellt, dass solche weiter gefassten Vorschriften, die der Vollzugsverwaltung einen gewissen Entscheidungsspielraum für den Einzelfall schaffen, auch zwingend notwendig sind[297]. Dem Gesetzgeber ist es schließlich unmöglich, jeden Einzelfall zu bedenken und zu regeln.
Zu beachten ist jedoch, dass die *Wesentlichkeitstheorie* gewisse Anforderungen an die Bestimmtheit solcher Klauseln und Rechtsbegriffe stellt[298]. Danach würde der Gesetzgeber diesem Konkretisierungserfordernis nicht gerecht werden, wenn er die Einschränkungsmöglichkeit von Grundrechten im Untersuchungshaftvollzug in einigen wenigen Generalklauseln regeln würde.

Ähnlich verhält es sich mit den leistungsbegründenden Teilen eines UVollzG, da die *Wesentlichkeitstheorie* auch für diesen Bereich den Parlamentsvorbehalt vorschreibt und dementsprechend der Gesetzgeber ausreichend differenzierte Regelungen schaffen muss[299]. Die vom Gesetzgeber im Sinne der *Wesentlichkeitstheorie* zu normierenden Bereiche sollten sich deshalb auch an der Ausdifferenzierung der Grundrechte des Grundgesetzes orientieren, so, wie sie der Verfassungsgeber geschaffen hat. Dabei leiten sich die Ansprüche zwar nicht direkt aus den Grundrechten selbst ab, da diese grundsätzlich als Abwehrrechte

[294] Vgl. BVerfGE 40, S. 237 (249).
[295] BVerfGE 6, S. 32 (37).
[296] BVerfGE 33, S. 1 (11).
[297] In diesem Sinne auch *Schachtschneider* in JA 1978, S. 185 (243); *Schöch* in Kaiser/Kerner/Schöch, S. 82 .
[298] *Kloepfer* in JZ 1984, S. 658 (691); nicht zu verwechseln ist die im Sinne der *Wesentlichkeitstheorie* erforderliche Bestimmtheit mit dem rechtsstaatlichen Bestimmtheitserfordernis, das für jedes staatliche Handeln relevant ist (siehe dazu unter III 3.4).
[299] *Stern* in „Staatsrecht I" § 20, S. 812; *Oberbracht*, S. 60.

ausgestaltet sind. Die jeweiligen Beeinträchtigungen der geschützten Positionen durch die Eingriffsmaßnahmen führen jedoch meines Erachtens in Verbindung mit dem Sozialstaatsgebot dazu, dass grundrechtsspezifische Leistungsansprüche entstehen:
Zu denken ist etwa an Leistungspflichten, die sich aus der Beeinträchtigung der Familie (Art. 6 GG), aus der Einschränkung der Berufsfreiheit (Art. 12 GG) oder aus der Beschränkung der allgemeinen Handlungsfreiheit (Art. 2 I GG) selbst ergeben.

Ebenso wie bei der Eingriffsverwaltung ist dabei auch in den Fällen der Leistungsverwaltung notwendig, dass der Gesetzgeber gewisse generalklauselartige Tatbestände schafft, die der Verwaltung Entscheidungsmöglichkeiten im Einzelfall eröffnen. Entscheidend ist aber, dass die Generalklauseln dabei so konkret sind, dass sie dem Häftling im Bedarfsfall einen subjektiven Rechtsanspruch auf die jeweiligen Leistungen einräumen und der Verwaltung nur noch die Möglichkeit der jeweiligen Ausgestaltung im Einzelfall erlauben.

3.2.2 Fazit

Das aus dem Rechtsstaatsprinzip abgeleitete Prinzip der Gesetzmäßigkeit der Verwaltung, insbesondere der diesem immanente Vorbehalt des Gesetzes für Eingriffe der Exekutive in Grundrechte des Bürgers, ebenso wie die Leistungspflicht der Verwaltung aufgrund des Sozialstaatsprinzips machen es erforderlich, dass der Vollzug der Untersuchungshaft durch ein formelles Bundesgesetz geregelt wird.

Dabei darf sich der Gesetzgeber nicht darauf beschränken, eine oder einige wenige Generalklauseln zu schaffen, die die Verwaltung zum Handeln ermächtigen. Vielmehr bedarf es, um dem vom Bundesverfassungsgericht aufgestellten *Wesentlichkeitserfordernis* zu entsprechen, eines Regelwerks, das der Verschiedenartigkeit der Grundrechte Rechnung trägt, sowohl bei der Einschränkung von Grundrechten als auch bei der Gewährung subjektiver Ansprüche.
Der Gesetzgeber kann dabei, möchte er auch dem konkreten Einzelfall gerecht werden, nicht auf Generalklauseln oder unbestimmte Rechtsbegriffe verzichten, die der Verwaltung innerhalb der gesteckten Grenzen einen eigenständigen Entscheidungsspielraum belassen. Sie sind deshalb in diesem Zusammenhang als zulässig und notwendig anzusehen.

3.3 Die Gewährung effektiven Rechtsschutzes

3.3.1 Allgemeines

Wie der oben dargestellte kurze historische Abriss gezeigt hat, war die Gewährung effektiven Rechtsschutzes neben der Gesetzmäßigkeit der Verwaltung eine der zentralen Forderungen der aufbegehrenden Bürgerschaft bei der Entwicklung zum modernen Rechtsstaat und für den Parlamentarischen Rat ein zentraler Aspekt des grundgesetzlichen Staatsverständnisses:

Die Verwaltung sollte dem demokratisch legitimierten Willen des Gesetzgebers unterworfen werden, um ihre Macht zu begrenzen und ihre Handlungen für den Bürger berechenbarer zu machen.
Die Proklamierung einer Bindung der Exekutive an die Vorgaben des Parlaments und damit des Volkes ist jedoch weitgehend wirkungslos, wenn sie nicht von einer unabhängigen Macht kontrolliert werden kann. Jeder Bürger, der sich durch das Verhalten der Exekutive in einem ihm von Gesetzes wegen verbrieften Recht verletzt sieht, muss die Möglichkeit haben, dieses von unabhängigen Gerichten überprüfen zu lassen. Die Gewährung von Rechtsschutz[300] ist damit die Kehrseite der Gesetzmäßigkeit der Verwaltung und integraler Bestandteil des Rechtsstaatsprinzips[301], dem das Grundgesetz durch die Schaffung von Art. 19 IV GG ausdrücklich Rechnung getragen hat[302].

3.3.2 Die Gewährung effektiven Rechtsschutzes in der Untersuchungshaft

Beim Vollzug der Untersuchungshaft sind in besonderem Maße die Grundrechte betroffen, die dem Bürger einen Freiheitsraum von staatlichen Beschränkungen garantieren.
Die grundsätzliche Ausgestaltung der Grundrechte in unserer Verfassung als subjektive Abwehrrechte gegen Eingriffe des Staates[303] ist dabei in besonderem Maße darauf angewiesen, dass die eingeräumten Rechtspositionen im Kollisionsfall gerichtlich gegen die Staatsmacht durchgesetzt werden können[304].
Ebenso verhält es sich mit den subjektiven Rechtspositionen die dem Häftling aufgrund des Sozialstaatsprinzips zustehen müssen. Eine Normierung in einem

---

[300] Oder nach der Terminologie des BVerfG der Justizgewährungsanspruch (etwa BVerfGE 80, S. 277 (291); 85, S. 337 (345).

[301] *Sommermann* in v.Mangoldt/Klein/Starck Art. 20 RN 229.

[302] BVerfGE 80, S. 103 (107).

[303] Eine Konstruktion, die in der deutschen Verfassungstradition im Übrigen ein Novum ist (*Kunig*, S. 442).

[304] *Kunig*, S. 442.

UVollzG wäre weitgehend wertlos, wenn der Betroffene im Verweigerungsfall eine ihm zustehende Leistung nicht gerichtlich einfordern könnte.

Die Möglichkeiten, eine gerichtliche Entscheidung über Vollzugsmaßnahmen im Bereich der Untersuchungshaft herbeizuführen, werden dem rechtsuchenden Häftling heute in Nr. 73 ff. UVollzO aufgezeigt. Danach steht ihm gegen Verfügungen des Richters die Beschwerdemöglichkeit nach §§ 304 ff. StPO zu sowie ein Recht auf richterliche Entscheidung bei Anordnungen des Anstaltsleiters nach § 119 VI StPO.
Darüber hinaus hat der Gefangene die Möglichkeit der Erhebung einer Dienstaufsichtsbeschwerde gegen Vollzugsbeamte und Anstaltsleiter (Nr. 75 II UVollzO) und einen allgemeinen Anspruch auf gerichtliche Entscheidung nach § 23 EGGVG (Nr. 75 III UVollzO).
Es kann insoweit grundsätzlich davon ausgegangen werden, dass durch diese umfassenden Rechtsschutzmöglichkeiten den Anforderungen des Justizgewährungsanspruches Genüge getan ist[305].

Was die dezidierte Beurteilung der vorhandenen Regeln angeht, so soll in diesem Zusammenhang zunächst auf den in Nr. 75 II UVollzO genannten Hinweis bezüglich einer möglichen Dienstaufsichtbeschwerde eingegangen werden[306]:
Bei grundrechtsrelevanten Anordnungen im Bereich der Untersuchungshaft handelt es sich meist um Maßnahmen, die den Einzelnen erheblich stärker belasten als Grundrechtseingriffe gegenüber sich in Freiheit befindlichen Personen. Berücksichtigt man darüber hinaus die Tatsache, dass der Rechtsfindungsprozess durch die Gerichte oft sehr zeitaufwendig ist, kann dies zur Folge haben, dass bei einer richterlichen Überprüfung von Vollzugsmaßnahmen der Häftling über längere Zeit hinweg unzulässigerweise einer einschneidenden widerrechtlichen Grundrechtsbeschränkung ausgesetzt ist.
Daher kann gerade die Möglichkeit einer formlosen behördlichen Selbstkontrolle schnell zu einem für den Häftling befriedigenden Ergebnis führen[307].
Ein derartiges „Vorverfahren“ ist zwar nicht Ausfluss des Anspruchs auf effektiven Rechtsschutz, ist aber nach den obigen Ausführungen als wünschenswert

---

[305] Zu beachten ist für den Bereich der Leistungsverwaltung jedoch, dass, wie oben beschrieben wurde, aus dem Sozialstaatsgebot unmittelbar keine Rechte für den Bürger abzuleiten sind, sondern nur die Legislative verpflichtet ist. Deshalb steht dem Untersuchungshäftling z.Z. nicht die Möglichkeit offen, aus dem Sozialstaatsprinzip folgende Leistungen über § 23 EGGVG geltend zu machen.

[306] Wobei der Begriff der Dienstaufsichtsbeschwerde i.S.d. UVollzO gerade auch die Beanstandung der getroffenen Maßnahme beinhaltet und nicht nur an das persönliche Verhalten des Beamten anknüpft (Vgl. *Grunau*, Nr. 75 RN 3).

[307] Zur vergleichbaren Regelung im StVollzG siehe *Callies/Müller-Dietz* § 108 RN 3.

anzusehen. Deshalb sollte auch in einem UVollzG auf die Möglichkeit einer Dienstaufsichtsbeschwerde ausdrücklich hingewiesen werden[308].

Bezüglich der darüber hinausgehenden Ansprüche des Häftlings auf gerichtliche Überprüfung gilt der in der UVollzO aufgezeigte Rechtsweg über Nr. 74 I UVollzO i.V.m. §§ 304 ff. StPO bzw. Nr. 75 I UVollzO i.V.m. mit § 119 VI StPO nur für Vollzugsmaßnahmen, die eine Verbindung zum Haftzweck oder zur Ordnung in der Vollzugsanstalt haben[309]. Dabei gelten diese Rechtsschutzmöglichkeiten trotz ihres missverständlichen Wortlauts für kassatorische Klagen genauso wie für Leistungsbegehren[310].

Alle darüber hinausgehenden Ansprüche bzw. Einwände können nur über § 23 EGGVG geltend gemacht werden[311], dessen Absatz 1 bestimmt:

> *„Über die Rechtmäßigkeit der Anordnungen, Verfügungen oder sonstigen Maßnahmen, die von den Justizbehörden zur Regelung einzelner Angelegenheiten ... getroffen werden, entscheiden auf Antrag die ordentlichen Gerichte."*

Aus der Formulierung von Absatz 2 des § 23 EGGVG ergibt sich für den rechtsuchenden Häftling erstmals ausdrücklich die Möglichkeit der Erhebung einer Leistungsklage, da dieser hinzufügt:

> *„Mit dem Antrag auf gerichtliche Entscheidung kann auch die Verpflichtung der Justiz- oder Vollzugsbehörde zum Erlaß eines abgelehnten oder unterlassenen Verwaltungsaktes begehrt werden."*

Im Rahmen des Versuchs, ein möglichst einfach zu handhabendes Gesetz zu schaffen, soll in diesem Zusammenhang darauf hingewiesen werden, dass sich die Möglichkeit, ein Leistungsbegehren gerichtlich geltend zu machen, für den Rechtssuchenden nicht erst durch den Verweis in ein anderes Gesetz[312] ergeben darf.
Der Häftling sollte durch einen Blick in das ihn betreffende Gesetz möglichst schnell erkennen können, welche Rechtsschutzmöglichkeiten ihm zur Verfügung stehen. Ist dies nicht gegeben, besteht die Gefahr, dass er aufgrund seiner Unkenntnis auf eine ihm zustehende Rechtsschutzmöglichkeit verzichtet.

---

308 Ähnlich *Rotthaus* in „Festschrift für Rebmann", S. 401 (415).
309 *Grunau,* Nr. 75 RN 5.
310 *Grunau*, Nr. 74.
311 Ausdrücklicher Hinweis in Nr. 75 III UVollzO.
312 Welches darüber hinaus im Wesentlichen fachfremd ist.

Ähnliche Überlegungen haben wahrscheinlich auch den Gesetzgeber bei der Kodifizierung des Strafvollzugsgesetzes dazu veranlasst, in § 109 I S.2 StVollzG die Möglichkeit einer Leistungsklage ausdrücklich zu erwähnen.

Kritikwürdig ist die gegenwärtige Regelung der Rechtschutzmöglichkeiten auch deshalb, weil sie vom Häftling in unzumutbarer Weise verlangt, vor einer gerichtlichen Geltendmachung zu eruieren, welche Vollzugsmaßnahmen mit dem Haftzweck oder der Ordnung in der Vollzugsverwaltung so weit verknüpft sind, dass sie im Sinne von Nr. 74, 75 UVollzO über die Strafprozessordnung direkt bei einem Haftrichter geltend zu machen sind oder nach §§ 23, 25 EGGVG beim Oberlandesgericht.
Wird eine Klage i.S.d. § 23 EGGVG bei einem Oberlandesgericht erhoben und kommt das Gericht zu dem Ergebnis, dass der Rechtsweg über § 304 StPO der richtige gewesen wäre, so bleibt dem Häftling zwar die Möglichkeit, das Beschwerdeverfahren über §§ 304 ff. StPO weiter zu betreiben[313]. Dies führt jedoch angesichts der oben beschriebenen schwierigen Situation, in der sich der Gefangene befindet, zu einer unzumutbaren Verzögerung der Sachentscheidung.

Sinnvoller scheint es daher, ähnlich, wie dies für den Strafvollzug seit 1976 der Fall ist, sämtliche Rechtsbehelfe einheitlich demselben Gericht zuzuweisen[314], um insofern die Zeit bis zur Sachentscheidung nicht länger als unbedingt notwendig hinauszuzögern.

3.3.3 Fazit

Zur Wahrung seiner verfassungsrechtlich verbrieften Grundrechte bzw. der Ansprüche, die aus dem Sozialstaatsprinzip folgen, muss dem Untersuchungshäftling ein Instrumentarium im Sinne des Rechtsstaatsprinzips an die Hand gegeben werden, um Handlungen der Vollzugsverwaltung durch unabhängige Instanzen (Gerichte) überprüfen zu lassen. Die vorhandene Regelung der §§ 304 ff., 119 VI StPO bzw. § 23 EGGVG sind dabei in diesem Sinne als ausreichend zu betrachten.

Unter Berücksichtigung der speziellen Situation des Untersuchungshäftlings und in Anbetracht der erfahrungsgemäßen Länge von Gerichtsverfahren ist es sinnvoll, dass der Gesetzgeber bei der Schaffung eines Untersuchungshaftvollzugsgesetzes, ähnlich wie in Nr. 75 II UVollzO, auf die Möglichkeit hinweist, dass

[313] Die Beschwerde nach §§ 304 ff. StPO ist nicht fristgebunden.
[314] Für das StVollzG nach § 110 die Strafvollstreckungskammer am Landgericht.

dem Häftling die Option einer Dienstaufsichtsbeschwerde zur Verfügung steht, um schnell und ohne bürokratische Hürden an sein Recht zu kommen.
Dadurch erhält auch die Verwaltung selbst die Möglichkeit einer erneuten Sachprüfung unter Beachtung der Argumentation des Häftlings.

Des Weiteren wäre es im Sinne einer möglichst effizienten Rechtsanwendung für den betroffenen Haftinsassen sinnvoll - ähnlich wie im StVollzG - die Rechtschutzmöglichkeiten gegen Vollzugsakte und die Möglichkeit, auf Erlass eines Vollzugsaktes zu klagen, vollständig in eine Regelung zum Vollzug der Untersuchungshaft zu integrieren. Diese sollte ebenso ausgestaltet sein wie die vergleichbaren Regelungen im StVollzG.
Dabei wäre es sinnvoll, wie in § 110 StVollzG die Zuständigkeiten bei einem Gericht zu konzentrieren, um mögliche Zeitverzögerungen durch fehlerhafte Rechtsmitteleinlegung zu verhindern[315].

3.4 Der Bestimmtheitsgrundsatz (Grundsatz der Normenklarheit)

3.4.1 Allgemeines

Inhaltlich eng mit der *Wesentlichkeitstheorie* beim Vorbehalt des Gesetzes hängt das sogenannte Bestimmtheitsgebot zusammen, wonach staatliche Normierungen präzise und klar zu fassen sind, so dass die Rechtslage für den Betroffenen derart deutlich erkennbar ist, dass er sein Verhalten danach ausrichten kann bzw. weiß, welche Rechte ihm zustehen[316].

In Teilen der Rechtswissenschaft ist mittlerweile - insbesondere durch die „Wesentlichkeitsrechtsprechung" des Verfassungsgerichts - streitig, ob für den Bereich der grundrechtsbeschränkenden Maßnahmen dem Bestimmtheitsgrundsatz überhaupt noch eine eigene Bedeutung zukommt, oder ob dieser von dem *Wesentlichkeitserfordernis* für eingriffsermächtigende Gesetze quasi inkorporiert wurde[317].

So ähnlich sich diese beiden Rechtsinstitute auch inhaltlich sind, so unterscheiden sie sich doch fundamental hinsichtlich ihrer dogmatischen Grundlage:

---

315 Siehe dazu auch unten unter IV.2.

316 BVerfGE 78, S. 205 (212); *Schunk/De Clerck/Guthardt*, S. 242; *Badura* in „Staatsrecht" RN D 53.

317 So jedenfalls *Schunk/De Clerck/Guthardt* , S. 242; BVerfGE 49, S. 89 (129); 80, S. 137 (161) die ausdrücklich die Bestimmtheit der Norm nur im Zusammenhang mit dem Vorbehalt des Gesetzes prüfen.

1. Während es bei der *Wesentlichkeitstheorie* primär darum geht, dass das unmittelbar vom Staatsvolk legitimierte Verfassungsorgan die wesentlichen Entscheidungen[318] im Bereich der grundrechtsrelevanten Staatsverwaltung in einem formellen Ermächtigungsgesetz regelt[319], geht es bei dem Bestimmtheitsgrundsatz um die Berechenbarkeit und die Vorhersehbarkeit staatlichen Handelns für den Bürger[320].

2. Des Weiteren unterscheidet sich der Bestimmtheitsgrundsatz von der erforderlichen Regelungsdichte im Sinne der *Wesentlichkeitstheorie* auch in der Weise, dass er sich an alle normemittierenden Staatsorgane[321] wendet und nicht nur an die Legislative[322].

Dementsprechend ist davon auszugehen, dass der Bestimmtheitsgrundsatz im hier verstandenen Sinne und die *Wesentlichkeitstheorie* zwei unterschiedliche Rechtsinstitute sind[323], wenngleich beide in der praktischen Überprüfung in den meisten Fällen wohl zum gleichen Ergebnis führen werden.

Darüber hinaus ist zu beachten, dass ein Untersuchungshaftvollzugsgesetz nicht nur Eingriffsbestimmungen enthalten wird, sondern dem Häftling auch bestimmte klar normierte Rechtspositionen einräumen muss. Für solche Leistungselemente eines Gesetzes ist die eigenständige Bedeutung des Bestimmtheitsgrundsatzes, soweit ersichtlich, bisher nicht bestritten worden.

---

318 Womit naturgemäß nach dem oben Gesagten ein gewisser Grad an Bestimmtheit und Konkretheit einhergeht.

319 Es geht also unmittelbar nur um die richtige Machtverteilung zwischen Legislative und Exekutive (*Bäumler* in JR 1984, S. 361 (362 a.E.)).

320 *Kunig*, S. 200; *Lehner* in NJW 1991, S. 890 (892 / 893); *Kloepfer* in JZ 1984, S. 691, der auch ausführlich darlegt, dass das BVerfG die Grenzen zwischen Bestimmtheitsgrundsatz und der Wesentlichkeitsproblematik zu verwischen beginnt; in diesem Sinne ebenfalls *Wilke* in JZ 1982, S. 758 (759).

321 Damit etwa auch an die Verwaltung selbst, die Normen in Form von Verwaltungsakten und Allgemeinverfügungen erlassen kann.

322 Das Bestimmtheitsgebot wird deshalb auch als Gebot der „Normenklarheit" bezeichnet (BVerwG 17, S. 322 (325)); *Kunig*, S. 200.

323 *Lehner* in NJW 1991, S. 891 (892 f.); *Kloepfer* in JZ 1984, S. 685 (691); so offensichtlich auch *Stein/Frank* § 20, S. 159 ff. der den Bestimmtheitsgrundsatz im hier verstandenen Sinne getrennt von den Ausführungen zur *Wesentlichkeitstheorie* behandelt; im Übrigen geht das Bundesverfassungsgericht in BVerfGE 56, S. 1 (13) ebenfalls davon aus, dass sich Bestimmtheitsgrundsatz und Wesentlichkeitstheorie zwar tangieren, aber nicht identisch sind; ähnlich BVerfGE 13, S. 153 (160).

3.4.2 Die im Lichte des Bestimmtheitsgrundsatzes zu stellenden Anforderungen an ein Untersuchungshaftvollzugsgesetz

Ist nun die Notwendigkeit einer ausreichenden Bestimmtheit für ein Gesetz unabhängig von der *Wesentlichkeitstheorie* grundsätzlich festgestellt, so sind im Folgenden die konkreten Anforderungen an diese Normklarheit für den Vollzug der Untersuchungshaft zu untersuchen.

Es bedarf dabei zunächst der Feststellung, dass ebenso wie im Falle des *Wesentlichkeitserfordernisses* grundsätzlich die Möglichkeit besteht und bestehen muss, unbestimmte Rechtsbegriffe und Generalklauseln in die Formulierung mit einzubeziehen, um den Umständen des Einzelfalles gerecht zu werden[324].
Dabei ist eine eher „tolerante" Einstellung des Bundesverfassungsgerichts in Bezug auf das Bestimmtheitserfordernis festzustellen, wenn es davon ausgeht, dass die Verfassungswidrigkeit eines Gesetzes ausschließlich aufgrund seiner Unbestimmtheit nur ausnahmsweise in Betracht kommt[325].

Zur Bestimmung der erforderlichen Klarheit der Norm ist dabei die konkrete Gesetzesmaterie, also der mögliche Inhalt des Gesetzes wohl der geeigneteste Ausgangspunkt, da sich die Anforderungen an die Bestimmtheit einer Norm aus der Intensität der gesetzlichen Einwirkungen auf den Betroffenen ergeben[326]:

Bei der Regelung des Untersuchungshaftvollzuges geht es darum, dem Häftling Rechtssicherheit darüber zu geben, wie weit die Einschränkungen in seine Rechte gehen dürfen und was er vom Staat für die Erbringung seines Sonderopfers fordern kann. Dies muss er möglichst schnell und möglichst konkret herausfinden können, da er sich, bedingt durch seinen Aufenthalt in einer geschlossen Vollzugsanstalt, in einer Situation befindet, in der Eingriffsmaßnahmen sowie die Versagung von Sozialleistungen ihn besonders intensiv treffen.
Es ist einem in Haft Befindlichen deshalb nicht zuzumuten, dass er erst nach einer zeitaufwendigen Auslegung von Paragrafen erkennen kann, welche Rechte ihm eigentlich zustehen. Dies mindert nicht nur seine Verteidigungsmöglichkeiten gegenüber konkreten Eingriffen, sondern schließt ihn schlimmstenfalls sogar mangels diesbezüglicher Kenntnis von ihm zustehenden Sozialleistungen aus.

Das Bundesverfassungsgericht bejaht zwar die Bestimmtheit einer Norm noch, wenn ihr Inhalt mit den gängigen Auslegungsmethoden ermittelt werden kann[327].

---

324 *Degenhart* RN 302; *Schunk/De Clerck/Guthardt*, S. 242; *Lehner* in NJW 1991, S. 891 (891).

325 BVerfGE 17, S.67 (82).

326 *Weber-Fas*, S. 47.

327 So z.B. BVerfGE 21, S. 72 (79).

Die besondere Situation des Untersuchungshäftlings verlangt aber nach dem oben Ausgeführten diesbezüglich eine eher restriktive Handhabung.
In einem UVollzG sollte deshalb die unbestreitbar notwendige Verwendung von Generalklauseln und unbestimmten Rechtbegriffen auf ein Minimum beschränkt und diese so eng und verständlich wie möglich gestaltet werden.
Darüber hinaus sollten die für den Untersuchungshaftvollzug relevanten Einzelfragen so weit wie möglich in Sonderbestimmungen und Einzelparagrafen gefasst werden, die, bedingt durch ihre Fallbezogenheit, einfacher zu verstehen sind.

Insoweit kann auch hier wieder das Strafvollzugsgesetz als Modell dienen, das die in der Strafhaft üblicherweise auftretenden Fragen in konkreten Einzelbestimmungen regelt[328], aber für die außergewöhnlichen, nicht vorhersehbaren Fälle eine Generalklausel in § 4 II StVollzG enthält.

3.4.3 Notwendige Verteidigung

Zu denken ist im Zusammenhang mit einer möglichst leicht zu handhabenden Regelung auch an die Option einer notwendigen Verteidigung für Untersuchungshäftlinge[329]. Die Beiordnung eines rechtskundigen Beistandes kann nämlich nicht nur dazu führen, dass die Haftzeiten verkürzt werden[330]. Auch etwaig notwendig abstrakte Formulierungen in einem Untersuchungshaftvollzugsgesetz wären einer Auslegung durch den Rechtsanwalt schneller zugänglich. Eine darauf folgende fachkundige Betreuung führte meiner Ansicht nach sowohl zu geringeren Einschränkungen der Häftlingsrechte im Vollzug als auch zu einer Nutzungsoptimierung möglicher Anstaltsleistungen.

Die Bereitstellung und Finanzierung eines derartigen „Vollzugsbeistandes" muss dabei in den Aufgabenbereich der Vollzugsverwaltung fallen[331]. Wenn der Staat aufgrund von Unschuldsvermutung und Sozialstaatsgebot dazu verpflichtet ist, nicht nur die Beschränkungen von Grundrechten so gering wie möglich zu halten, sondern ebenfalls die Leistungen an den Untersuchungshäftling so zu optimieren, dass das erbrachte Sonderopfer gerade noch zumutbar ist, wird auch

---

[328] Die dabei auf gewisse unbestimmte Rechtsbegriffe bzw. Ermessensvorschriften als abstrakt-generelle Normen nicht verzichten können.

[329] *Dünkel*, S. 334 (343) schlägt eine Pflichtverteidigung beispielsweise vor für Jugendliche und Heranwachsende.

[330] Zu dem entsprechenden Feldversuch im Raum Frankfurt: *Schöch* in „vergessene Reform", S. 43 (51).

[331] Sofern dies der Häftling wünscht.

die Bezahlung eines Rechtsanwaltes als erforderliche Ausgleichsmaßnahme anzusehen sein.

In diesem Zusammenhang soll darauf hingewiesen werden, dass die Organisation einer notwendigen Verteidigung nicht zwangsnotwendig einen höheren Kostenaufwand zu Lasten der Vollzugsverwaltung darstellen muss. Ein im Großraum Frankfurt durchgeführter Modellversuch mit anschließender Begleitstudie hat ergeben, dass sich letztendlich durch die mit der Verteidigung erreichte Verkürzung der Gesamthaftzeit sogar eine Kostenersparnis von ca. 2.000,- DM (€ 1022,58) pro Projektfall beziffern ließ[332].

3.4.4 Fazit

Der Bestimmtheitsgrundsatz bzw. das Gebot der Normenklarheit hat auch für die Fälle der Eingriffsverwaltung neben der *Wesentlichkeitstheorie* eine eigenständige Bedeutung.
Danach muss ein Gesetz grundsätzlich so klar und verständlich sein, dass der Betroffene - im vorliegenden Fall der Untersuchungsgefangene - weiß, welche Einschränkungen auf ihn zukommen und welche Rechte ihm zustehen.
Die besondere Situation der Untersuchungshaft stellt dabei verschärfte Anforderungen an die erforderliche Bestimmtheit, die es etwa verbietet, zu unbestimmte Rechtsbegriffe zu verwenden, die dem Betroffenen erst nach längerer Auslegung zugänglich sind.

Für das erforderliche Maß an Konkretisierung kann dabei die Ausgestaltung des Strafvollzugsgesetzes als anschaulicher Anhaltspunkt herangezogen werden:
Zu denken ist dabei an die Einzelnormierung der in der Untersuchungshaft erfahrungsgemäß auftretenden Problemkreise und an eine Generalklausel, die die unvorhersehbaren Fälle einer Regelung zuführt.

Um die Rechtssicherheit für Untersuchungshäftlinge zu maximieren, wäre es darüber hinaus sinnvoll, ihnen einen notwendigen Verteidiger auf Kosten der Vollzugsverwaltung zur Seite zu stellen.

[332] *Schöch* in „vergessene Reform“, S. 43 (56).

4. Das Übermaßverbot (Verhältnismäßigkeitsgrundsatz)

4.1 Allgemeines

Das Staatsrechtsprinzip des Übermaßverbotes[333], welches sich an alle Staatsgewalten[334] richtet und damit jedwedes Staatshandeln erfasst[335], dient dazu, die Aktionsmöglichkeiten der öffentlichen Hand auf ein absolut notwendiges und den Zielen gegenüber angemessenes Maß zu beschränken[336].

Wenn auch als Rechtsinstitut mit Verfassungsrang mittlerweile wohl *uni sono* anerkannt[337], ist seine dogmatische Herleitung Gegenstand vielfältiger Auseinandersetzungen:
Geht das Bundesverfassungsgericht in ständiger Rechtsprechung davon aus, dass das Übermaßverbot aus dem Rechtsstaatsprinzip[338] folgt, so leiten es andere Stimmen, vor allem in der Literatur, aus dem Wesen der Grundrechte selbst ab[339].
Zwar spricht meines Erachtens die oben angesprochene Problematik, dass man grundsätzlich keine Rechtsfolgen aus dem Rechtsstaatsprinzip an sich ableiten kann sondern nur aus der konkreten Ausformulierung im Grundgesetz, für eine Herleitung aus den Grundrechten; jedoch kann dies für die Untersuchung des Untersuchungshaftvollzuges dahingestellt bleiben, da über den hier relevanten Inhalt des Übermaßverbotes weitestgehend Einigkeit herrscht[340].

Danach muss sich jeder staatliche Akt an drei Kriterien messen lassen, die als die Einzelelemente des Übermaßverbots bezeichnet werden können[341]:

---

333 Die Terminologie ist in Rechtsprechung und Lehre uneinheitlich. Teilweise wird vom Prinzip der Verhältnismäßigkeit gesprochen, teilweise vom Übermaßverbot. Im Folgenden wird der letzteren Bezeichnung der Vorzug gegeben, weil auf diese Weise eine klarere Abgrenzung zum Teilprinzip der Verhältnismäßigkeit im engeren Sinne möglich ist.

334 Und damit auch an den hier relevanten Bereich der Bundesgesetzgebung (*Kluth* in JA 1999, S. 606 (608).

335 Statt vieler *Ossenbühl* in Jura 1997, S. 617 (617).

336 *Kluth* in JA 1999, S. 606 (606); *Haverkate,* S. 13.

337 Wohl seit der Entscheidung des BVerfG aus dem Jahre 1968 (BVerfGE 23, S. 127 (133)); ebenso z.B. *Kluth* in JA 1999, S. 606 (606); *Ossenbühl* in Jura 1997, S. 617 (617).

338 So etwa BVerfGE 19, S. 342 (348 f.); 23, S. 127 (133); 55, S. 249 (258); 56, S. 298 (313); 58, S. 283 (290).

339 Z.B. *Schnapp* in JuS 1983, S. 850 (852 f.); *Bleckmann* in JuS 1994, S. 177 (178); *Dechsling*, S. 83 ff.; aber auch BVerfGE 19, S. 342 (349); differenzierter *Kluth* in JA 1999, S. 606 (607).

340 Im Ergebnis *Stern* in „Staatsrecht I" § 20, S. 861 f.

341 Statt vieler *Kluth* in JA 1999, S. 60 ff.

1. Der staatliche Akt muss **geeignet** sein, den mit ihm erstrebten Zweck zu erreichen.

2. Der staatliche Akt muss **erforderlich** sein, was bedeutet, dass unter mehreren zur Verfügung stehenden Mitteln das am wenigsten einschneidende gewählt werden muss.

3. Schließlich müssen der staatliche Akt und der mit ihm erstrebte Zweck in einem „gerechten Verhältnis" zueinander stehen, d.h. die staatliche Handlung muss gemessen an ihrem Zweck **angemessen** sein[342].
damit im Kern um eine wertende Zweck-Mittel-Relation zwischen der

Handlung des Staates und seinem mit der Handlung angestrebten Ziel[343].
Dabei ist zu bemerken, dass, obwohl der Grundsatz des Übermaßverbots ursprünglich aus dem Bereich der Eingriffsverwaltung[344] - genauer aus dem Bereich des Polizeirechts kommt[345] - doch mittlerweile allgemein anerkannt ist, dass er für jedwedes staatliche Handeln, also auch im Bereich der Leistungsverwaltung, Geltung erlangt hat[346]. Deshalb sind im Folgenden zunächst die Anforderungen des Übermaßverbots im Bereich des grundrechtsbeschränkenden Teils eines UVollzG und anschließend die Anforderungen an den leistenden Teil der Regelung zu untersuchen.

4.2 Das Übermaßverbot bei Grundrechtsbeschränkungen aufgrund des Zweckes des Untersuchungshaftvollzuges

4.2.1 Allgemeines

Das Übermaßverbot stellt an den Gesetzgeber die Anforderung, die eingriffsermächtigenden Regelungen eines Untersuchungshaftvollzugsgesetzes so auszugestalten, dass sich die konkreten Grundrechtsbeschränkungen für den Einzelfall im Rahmen der Zweck-Mittel-Relation halten[347].

342 Man spricht dabei auch von „Verhältnismäßigkeit im engeren Sinne" bzw. von der Proportionalität des Aktes (etwa *Dechsling*, S. 7).
343 *Haverkate*, S. 16; *Ossenbühl* in Jura 1997, S. 617 (617); *Wieacker* in „Festschrift für Robert Fischer", S. 866 (875).
344 Grundlegend zur historischen Herleitung *Wieacker* in „Festschrift für Robert Fischer", S. 866 ff.
345 Dabei insbesondere § 10 II, 17 des Allgemeinen Preußischen Landrechts von 1791.
346 Statt vieler *Haverkate,* S. 12.
347 Vgl. *Seibert* in „Untersuchungshaft: Stiefkind der Justiz", S. 165 (167).

Dazu ist es zunächst erforderlich, den Zweck, dem ein UVollzG dient, zu erfassen, um daraus Rückschlüsse für eine geeignete, erforderliche und angemessene Durchführung des Vollzuges ziehen zu können.

4.2.2 Der Zweck des Untersuchungshaftvollzuges

Der Vollzug der Untersuchungshaft ist das Mittel zur Durchsetzung des Zwecks der Untersuchungshaft[348]. Für die Frage, welchem Zweck der Untersuchungshaftvollzug dient, kommt es mithin entscheidend darauf an, welchem Zweck das Rechtsinstitut der Untersuchungshaft selbst dient.
Problematisch ist insofern, dass die Analyse des Zwecks der Untersuchungshaft auf den ersten Blick zunächst nicht zu einem einheitlichen Ergebnis führt, da wohl nicht von einem Zweck der Untersuchungshaft gesprochen werden kann, sondern von einer Vielzahl von Zwecken primärer und sekundärer Natur.

Zunächst ist davon auszugehen, dass die Untersuchungshaft als strafprozessuale Maßnahme der Wahrheitsfindung und der Verwirklichung des materiellen Strafrechts dient[349]. In diesem Rahmen bezweckt sie auf einer enger gefassten Ebene die Sicherung des Strafverfahrens, indem sie zu verhindern sucht, dass der Verdächtige sich den Strafverfolgungsorganen entzieht oder Beweise manipuliert. Weiterhin soll durch eine Verbringung in eine Vollzugsanstalt einem Verdächtigen die Möglichkeit genommen werden, weitere Straftaten zu begehen.

Angesichts der Vielzahl von möglichen allgemeinen und engeren Haftzwecken ist jedoch zu beachten, dass gerade das Postulat des Übermaßverbots selbst besondere Anforderungen an *den* Zweck der Untersuchungshaft stellt, der zur Operationalisierung in einer Verhältnismäßigkeitsprüfung brauchbar gemacht werden kann. Man kann in diesem Zusammenhang von einer Art Wechselwirkung zwischen Übermaßverbot und Untersuchungshaftzweck sprechen:
Grundsätzlich kann nämlich nur dann eine vernünftige Zweck-Mittel-Analyse erfolgen, wenn der Zweck hinreichend klar und eindeutig bestimmt ist[350]. Eine Zielvorgabe des Gesetzgebers, die zu allgemein und unbestimmt gefasst ist, rechtfertigt mithin „zu viele“ Mittel[351] und macht eine Überprüfung, ob das erforderliche Maß überschritten wurde, praktisch unmöglich.

Dementsprechend scheiden die zuerst genannten grundsätzlichen Zwecke der Wahrheitsfindung und der Verwirklichung materiellen Strafrechts wohl als zu

---

348 *Jung/Müller-Dietz u.a.* in „Reform“, S. 6 (11).
349 *Seebode* in „Untersuchungshaft“, S. 114 ; *Veith*, S. 43.
350 *Haverkate*, S. 24; *Ossenbühl* in Jura 1997, S. 617 (618).
351 *Luhmann*, S. 145 ff.; *Haverkate*, S. 29; *Veith*, S. 44.

allgemein und auch für den konkreten Fall als zu wenig operationalisierbare Ziele aus.

Es ist deshalb zunächst davon auszugehen, dass die Untersuchungshaft primär dem konkreteren Zweck dient, das Strafverfahrens zu sichern[352] - wenn man von der Untersuchungshaft aus Gründen der „Wiederholungsgefahr" einmal absieht, die allein das Ziel verfolgt, weitere Straftaten zu verhindern.
Der Gesetzgeber hat sich in diesem Zusammenhang in § 112 StPO für zwei besondere Facetten des Verfahrensschutzes entschieden, nämlich für die Verhinderung einer Flucht, durch die sich der Beschuldigte dem Verfahren entziehen könnte, und für den Ausschluss der Beeinträchtigung der Beweisführung durch Störungen bzw. Verdunklungshandlungen des Betroffenen.
Damit steht auch für den Bereich des Untersuchungshaftvollzuges fest, dass die Zwecke eines entsprechenden Gesetzes nur die Verhinderung von Fluchtgefahr und die Abwehr von Verdunklungshandlungen des Verdächtigen bzw. von Wiederholungsgefahren sein können[353] [354].

Ob das Untersuchungshaftvollzugsgesetz dabei grundsätzlich allen Zwecken gleichermaßen entsprechen muss oder ob es einer differenzierteren Ausgestaltung bedarf, ist dabei eine Frage der Zweck-Mittel-Relation.

4.2.3 Zweck-Mittel-Relation

Losgelöst von der konkreten Vollzugsausgestaltung in den einzelnen Teilbereichen ist hier die Frage zu untersuchen, welche Mittel der Bundesgesetzgeber der Verwaltung an die Hand geben darf und soll, um die Zwecke, die ein Untersuchungshaftvollzugsgesetz verfolgt, zu verwirklichen, also wie weit die Eingriffsermächtigungen grundsätzlich gehen dürfen. Dabei kann zunächst unter-

---

[352] So auch schon die Begründung der Bundesregierung zum Regierungsentwurf eines U-VollzG, S. 49; *Amelung* u.a., S. 32.

[353] An diese Zwecke ist der Gesetzgeber im Übrigen nach dem unter II. Gesagten auch völkerrechtlich gebunden. Eine Ausweitung der Untersuchungshaftzwecke würde folglich gegen verbindliches Völkerrecht im Sinne der *EMRK* verstoßen. So ist wohl auch das Urteil des BVerfG zu § 112 IV StPO zu verstehen; nach BVerfGE 19, S. 342 (347 f.) ist diese neue Regelung - welche eine Ausweitung der Untersuchungshaftzwecke bewirkte - im Lichte der *EMRK*, insbesondere von Art. 5 und 6 *EMRK*, stark einschränkend auszulegen.

[354] So auch die überwiegende Meinung z.B. *Seebode* in „Untersuchungshaft", S. 70; *ders.* in StrV 1990, S. 118 (120); Baumann in JZ 1990, S. 107 (111); *Eisenberg/Toth* in GA 1993, S. 293 (310); *Amelung* u.a., S. 32 ff.; *Veith*, S. 44; im Übrigen auch die Begründung der Bundesregierung zum Regierungsentwurf eines UVollzG, S. 49.

stellt werden, dass die Legislative keine gänzlich ungeeigneten oder willkürlichen Maßnahmen ergreift.
Problematischer ist hingegen die Frage, wie ein erforderliches und angemessenes Mittel für die oben herausgearbeitete Zweckerreichung aussehen darf.
Dabei müssen nach dem oben Festgestellten Mittel und Zweck in einem ausgewogenen Verhältnis stehen[355], dessen Kern eine verfassungsgemäße Abwägung der verschiedenen Interessen ist[356].

Im Falle des Untersuchungshaftvollzuges stehen sich auf der einen Seite die Freiheitsrechte des Bürgers, die durch die Verbringung in eine Vollzugsanstalt empfindlich eingeschränkt werden und auf der anderen Seite das mit Verfassungsrang[357] ausgestatte Interesse des Staates an einer funktionierenden Strafrechtspflege gegenüber [358].
Dabei ist zu beachten, dass es nicht um eine Abwägung in der Art gehen darf, die einem Verfassungsgut den Vorrang vor einem anderen geben soll. Eine derartig einseitige Präferierung des Einen zu Lasten des Anderen liefe dem Gedanken der Einheit der Verfassung zuwider[359].
Vielmehr geht es darum, die kollidierenden Positionen in der Weise zueinander in ein Verhältnis zu setzen, dass keine von ihnen vollständig entwertet wird, sondern in gegenseitiger Einschränkung beiden die maximale Gültigkeit in Bezug auf ihre Relevanz verschafft werden kann (sog. praktische Konkordanz)[360].

Für die Frage der Wertigkeit bzw. der Relevanz der hier in Konflikt stehenden Rechtsgüter zueinander ist zunächst anzumerken, dass es sich bei der funktionsfähigen Strafrechtspflege um ein Prinzip handelt, welches zu den tragenden Voraussetzungen eines Rechtsstaates gehört:
Ohne funktionsfähige Strafrechtspflege und das damit einhergehende Gewaltmonopol des Staates besteht die Gefahr einer Entwicklung in Richtung Selbstjustiz der Bürger, welche zwangsläufig in die Anarchie führt und letztendlich die Selbstauflösung des Staates zu Folge hat[361].

---

355 Siehe auch *Kluth* in JA 1999, S. 607 (610); *Ossenbühl* in Jura 1997, S. 617 (619).

356 *Ossenbühl* in Jura 1997, S. 617 (619).

357 *Stern* in „Staatsrecht III/2" § 82, S. 672; BVerfGE 19, S. 342 (347); 20, S. 45 (49); 20, 144 (147); 35, S. 185 (190).

358 *Seebode* in „Untersuchungshaft", S. 2; BVerfGE 19, S. 342 (348); 20, S. 45 (49); 20, S. 144 (147).

359 *Hesse* RN 72; im Ergebnis *Stein/Frank* § 31 III, S. 261.

360 *Kluth* in JA 1999, S. 607, (610); *Hesse* RN 72; *Stern* in „Staatsrecht III/2" § 82, S. 671 ff.; *Stein/Frank* § 31 III, S. 262.

361 Vgl. *Hetzer* in „Reform", S. 47 (69), der insoweit von einem unverzichtbaren Verfassungswert spricht.

Aber auch die Wertigkeit der eingeschränkten Individualrechtsgüter des Häftlings sind nicht von untergeordneter Bedeutung, geht es doch um die Einschränkung vitaler Freiheitsrechte wie dem Recht auf freie Fortbewegung oder dem Recht auf freie Information.
Grundsätzlich ist aber zu beachten, dass die funktionierende Strafrechtspflege und der damit verbundene funktionierende Rechtsstaat Grundvoraussetzung dafür sind, dass der Einzelne überhaupt individuelle subjektive Rechtspositionen im Sinne der Grundrechte innehaben kann. Die theoretische Freiheit des Einzelnen hat keinen Wert, wenn sie nicht vom Staat garantiert und gesichert wird[362].
Deshalb kann auch davon ausgegangen werden, dass es sich bei dem Erfordernis der funktionierenden Strafrechtspflege um ein grundsätzlich höherwertiges Rechtsprinzip im Vergleich zu den Individualrechtsgütern des einzelnen Häftlings handelt.

Ein ausschließlich an den Bedürfnissen der funktionierenden Strafrechtspflege angelehnter Untersuchungshaftvollzug stellt sich demnach als ein solcher dar, der alle drei verschiedenen Haftgründe gleichermaßen bedenkt, unabhängig davon, welcher der Haftgründe den konkreten Anlass für die Untersuchungshaft gesetzt hat[363].
Grundsätzlich ist nicht unwahrscheinlich, dass ein Häftling, der aufgrund von Fluchtgefahr in die Haft eingewiesen wird, auch geneigt sein wird, durch Verdunklungshandlungen aus der Anstalt hinaus das Verfahren zu beeinflussen, damit er aus der Haft entlassen wird[364].
Deshalb wäre der allein an der Effektivität der Strafrechtpflege ausgerichtete Vollzug auch ein möglichst abgeschlossener Verwahrvollzug mit maximal begrenzten und eng kontrollierten Kontakten zur Außenwelt.

Einer derartigen Gestaltung steht die getroffene Feststellung entgegen, dass bei der Abwägung der Verfassungsgüter nicht dem Vorrangigen unter Verdrängung des Nachrangigen der Vorzug gegeben wird. Vielmehr muss im Wege einer praktischen Konkordanz beiden Verfassungsgütern so weit wie möglich Geltung verschafft werden. Das Bundesverfassungsgericht geht dabei davon aus, dass den

> *„vom Standpunkt der Strafverfolgung erforderlich und zweckmäßig erscheinenden Freiheitsbeschränkungen ständig der Freiheitsanspruch*

---

362 So auch BVerwG in NJW 1976, S. 490.

363 In dieser Form etwa Nr.1 der UVollzO, der als Zweck der Untersuchungshaft die Vorbeugung und die Verfahrenssicherung sieht.

364 So offenbar auch *Haberstroh* in Jura 1984, S. 225 (234).

des noch nicht verurteilten Beschuldigten als Korrektiv entgegengehalten“ werden muss[365].

Dies bedeutet, dass die Belange der Strafrechtspflege so weit zugunsten der individuellen Freiheitsrechte zurück gedrängt werden müssen, bis eine optimale Geltung beider Rechtsgüter geschaffen wird - vor allem auch unter Beachtung der Tatsache, dass der Staat einen grundgesetzlichen Auftrag zu erfüllen hat, die Freiheitsrechte des Bürgers so weit wie möglich zu verwirklichen[366].

Stellt man dann angesichts dieser Vorgaben in Rechnung, dass die Verhängung der Untersuchungshaft wegen des Vorliegens einer konkreten Gefahr für das Verfahren angeordnet wird (ein im Haftbefehl[367] genannter Haftgrund des § 112 StPO), können die Belange der Strafrechtspflege nur so weit reichen, wie unbedingt erforderlich, um dieser konkreten Gefahr effektiv zu begegnen[368].
Eine andere Sichtweise wäre auch nicht mit dem Erforderlichkeitsgebot vereinbar; jede Beschränkung die weiter reicht als die konkret festgestellte Gefahr für den Verfahrensverlauf, ist grundsätzlich vielleicht noch als hilfreich einzustufen[369], keinesfalls aber als erforderlich.
Ein der Fluchtgefahr Verdächtiger ist demnach zunächst nur konkret verdächtig, sich durch Flucht dem Verfahren zu entziehen. Dass er in der Anstalt auch geneigt sein könnte, durch Kontakte zur Außenwelt die Beweisführung im Verfahren zu beeinträchtigen, ist zunächst nur eine abstrakte, eventuell mögliche Gefahr, an die sich im Sinne einer gerechten Zweck-Mittel-Relation keine Rechtsfolgen knüpfen dürfen.

---

365 BVerfGE 19, S. 342 (347 a.E.).

366 *Herzog* in Maunz/Dürig/Herzog Art. 20 VII RN 52.

367 § 114 II Nr. 3 StPO.

368 Davon ist man offensichtlich sogar schon bei der Kodifizierung der StPO ausgegangen, heißt es doch bei der Begründung der Untersuchungshaftregeln: Untersuchungshaft ist eine Maßnahme „*welche lediglich die Sicherung der Person des Beschuldigten oder die Verhütung von Kollusionen bezweckt*“ und „*Die Rücksicht auf die Erreichung des letzteren Zweckes kann es nöthig machen, dem Beschuldigten den Verkehr mit der Außenwelt entweder gänzlich zu untersagen, oder nur in beschränkter Weise zu gestatten*“ (*Hahn/Stegemann*, S. 132); *Eisenberg/Toth* in GA 1993, S. 291 (310); *Seebode* in StrV 1989, S. 118 (120); SK - *Paeffgen* § 119 RN 11; a.A. *Haberstroh* in Jura 1984, S. 225 (234); *Wendisch* in Löwe - Rosenberg § 119 RN 29, der die Grundthese eines konkreten Haftgrundes teilt, jedoch daraus nicht die Schlussfolgerung einer Eingriffsbeschränkung zieht; ähnlich HansOLG Bremen in MDR 1951, S. 120 (121).

369 Im Sinne einer abstrakten Gefahr, dass der Beschuldigte seine Störungshandlungen evtl. ausdehnen könnte.

4.2.4 Fazit

Für die Frage, welche Grundrechtsbeschränkungen in einem Untersuchungshaftvollzugsgesetz noch durch das Übermaßverbot gedeckt sind, bedarf es zunächst einer genauen Analyse des Gesetzeszwecks, der nach dem hier Erörterten identisch ist mit dem Zweck der Untersuchungshaft an sich.
Danach dient das UVollzG dazu, den eingewiesenen Häftling daran zu hindern, sich durch Flucht dem Verfahren zu entziehen, durch Verdunklungshandlungen die Beweisführung zu beeinträchtigen oder den Verdächtigen davon abzuhalten, weitere Straftaten zu begehen.

Im Sinne einer angemessenen Zweck-Mittel-Relation und in Anbetracht des Gebotes, die Vollzugsbeeinträchtigungen auf das Notwendige zu beschränken, kann es dabei jedoch nur auf den konkret im Haftbefehl festgestellten Haftgrund ankommen[370].
Die Grundrechtsbeschränkungen im Rahmen des Vollzuges dürfen demnach nicht weiter gehen als es notwendig ist, um der jeweils konkreten Gefahr zu begegnen, so wie sie im Haftbefehl festgestellt wurde. Diesem Erfordernis wird ein Untersuchungshaftvollzugsgesetz durch eine differenzierte Eingriffsgestaltung Rechnung tragen müssen.

4.3 Grundrechtsbeschränkungen aufgrund der Eingliederung in ein geschlossenes Anstaltssystem

4.3.1 Allgemeines

Neben den Einschränkungen, die ein Häftling aufgrund des Zwecks der Untersuchungshaft erdulden muss, unterliegt er weiteren Beschränkungen die sich daraus ergeben, dass er Teil eines geschlossenen Anstaltssystems ist.
Auch diesen Bereich muss ein Untersuchungshaftvollzugsgesetz ausreichend klar regeln, vor allem auch deswegen, weil gerade das Ausmaß dieser Beschränkungen ein häufiger Kritikpunkt im Rahmen des gegenwärtigen Untersuchungshaftvollzuges darstellt[371].

Fraglich ist, wie weit solche Beschränkungen im Rahmen des Verhältnismäßigkeitsgrundsatzes gehen dürfen, wie also für diese Grundrechtsbeschränkungen eine verfassungsmäßige Zweck-Mittel-Relation aussehen müsste.

---

[370] *Eisenberg/Toth* in GA 1993, S. 291 (310); *Seebode* in StrV 1989, S. 118 (120); a.A. *Haberstroh* in Jura 1984, S. 225 (234); SK - *Paeffgen* § 119 RN 11.
[371] *Baumann* in JZ 1990, S. 107 (111).

4.3.2 Der Zweck der „anstaltsbedingten" Grundrechtsbeschränkungen

Genau wie für den Fall des Zweckes der Untersuchungshaft gilt es, zunächst möglichst präzise festzulegen, welchem Zweck die hier untersuchten Grundrechtsbeschränkungen zu dienen bestimmt sind.

Es geht dabei um Einschränkungen, die zunächst nicht verfahrenstechnisch geboten sind, sich aber aus den Umständen einer Anstaltsunterbringung ergeben. Wie alle menschlichen Gemeinschaften kann eine Haftanstalt nur funktionieren, wenn jeder Anstaltsinsasse auch die Rechte des Anderen bedenkt und beachtet. Zu der Kategorie der „Anderen" gehören für den Vollzug der Untersuchungshaft nicht nur die Mithäftlinge und das Anstaltspersonal. Vielmehr muss auch die Schutzwürdigkeit der Anstalt selbst beachtet werden, also z.B. die bauliche Integrität der Gebäude und Einrichtungen sowie die Aufrechterhaltung des Anstaltsbetriebes an sich.

Zweck der über den Haftzweck hinausgehenden Beschränkungen der Freiheit ist es also, ein geordnetes Zusammenleben aller am Leben in einer Untersuchungshaftvollzugsanstalt Beteiligten zu ermöglichen und einen geordneten Tages- und Vollzugsablauf zu gewährleisten[372]. Es geht damit um die Grundlage des Untersuchungshaftvollzuges, ohne die ein nach dem Haftzweck ausgerichteter Vollzug nicht möglich wäre[373].

4.3.3 Zweck-Mittel-Relation

Fraglich bleibt, wie weit die durch ein UVollzG erlaubten Grundrechtsbeschränkungen zur Erreichung dieses Zwecks gehen dürfen, um noch mit dem Übermaßverbot bzw. einer verfassungsmäßigen Zweck-Mittel-Relation vereinbar zu sein.
Dabei kann zunächst, wie auch im Fall des Untersuchungshaftzwecks, davon ausgegangen werden, dass der Gesetzgeber keine ungeeigneten bzw. willkürlichen Mittel zur Verfügung stellen wird.

Für die Frage, welche staatlichen Eingriffe noch verhältnismäßig sind und damit einer gerechten Zweck-Mittel-Relation entsprechen, muss auch im Rahmen dieser Untersuchung eine Abwägung der kollidierenden Rechtsgüter erfolgen:

---

372 Im Ergebnis auch *Veith*, S. 55; *Seebode* in „Untersuchungshaft", S. 234; *Baumann* in JZ 1990, S. 107 (111).

373 *Veith*, S. 53.

Auf Seiten des Häftlings geht es dabei wiederum um die Beeinträchtigung seiner Freiheitsrechte.
Damit kollidiert auf staatlicher Seite zunächst nicht die Funktionsfähigkeit der Strafrechtspflege, die hier nur mittelbar betroffen ist; Zweck der hier untersuchten Grundrechtseingriffe ist vielmehr, unmittelbar die Funktionsfähigkeit der Haftanstalten sicherzustellen und die Rechte der anderen Insassen zu sichern.
Es kann dabei als allgemein anerkannt gelten, dass die Funktionsfähigkeit von verfassungsrechtlich garantierten Institutionen als eigenes grundrechtlich geschütztes Prinzip gilt[374]. Die Haftanstalten selbst finden ihre verfassungsrechtliche Rechtfertigung in Art. 104 I GG[375]; ihr Bestand und ihre Funktionsfähigkeit haben demnach Verfassungsrang.

Fraglich ist, wie im vorliegenden Fall die Wertigkeitsprüfung ausfallen muss. Die Funktionsfähigkeit von Haftanstalten ist eine der Grundvoraussetzungen der funktionierende Strafrechtspflege, welche nach den vorhergehenden Untersuchungen als besonders hochrangiges Verfassungsgut einzustufen ist. Ohne die Existenz von Haftanstalten, insbesondere auch Untersuchungshaftanstalten, ist weder eine wirkungsvolle Strafrechtspflege noch demzufolge die Garantie der Freiheitsrechte des Bürgers möglich.
Es ist daher davon auszugehen, dass die Aufrechterhaltung der Funktionsfähigkeit der Vollzugsanstalt grundsätzlich höherrangig ist als das Freiheitsrecht des einzelnen Häftlings.
Das aus dem Erforderlichkeitsgrundsatz folgende Gebot, die Grundrechtsbeschränkungen so gering wie möglich zu halten, bewirkt aber, dass dieses höherrangige Prinzip nur so weit reichen kann, wie unbedingt notwendig, um den Anstaltsbetrieb in Gang zu halten und ein geordnetes Zusammenleben zu ermöglichen.
Im Sinne der praktischen Konkordanz erfolgen Eingriffe in Grundrechte demnach dann in einer angemessenen Zweck-Mittel-Relation, wenn sie diese Minimalordnung (wieder-) herstellen[376].
Alles was darüber hinaus etwa die Vollzugsgestaltung für die Verwaltung möglichst einfach und bequem machen soll, ist demnach nicht mehr mit dem Über-

---

374 So etwa für die Bundeswehr BVerfGE 28, S. 243 (261); 32, S. 40 (46); 48, S. 120 (159 f.); 69, S. 1 (21 ff.) oder das Berufsbeamtentum BVerwGE 30, S. 29 (31); differenzierter *Schnapp* in JuS 1978, S. 729 (735).

375 So auch *Schnapp* in JuS 1978, S. 729 (735).

376 Im Ergebnis: *Seebode* in „Untersuchungshaft“, S. 236; Baumann in JZ 1990, S. 107 (111); SK - *Paeffgen* § 119 RN 109; *Veith*, S. 53; *Müller-Dietz* in StrV 1984, S. 79 (81) (83); *Jung/Müller-Dietz u.a.* in „Reform“, S. 6 (11).

maßverbot vereinbar[377] und würde ein Untersuchungshaftvollzugsgesetz in diesem Bereich verfassungswidrig machen.

4.3.4 Fazit

Auch die Tatsache, dass der Untersuchungsgefangene seine Haft in einer geschlossenen Anstalt verbringt, in der er Rücksicht auf Mithäftlinge, das Anstaltspersonal und die Funktionsfähigkeit der Anstalt nehmen muss, ist zur Rechtfertigung von Grundrechtseingriffen seitens der Vollzugsverwaltung heranzuziehen.

Der Bundesgesetzgeber muss bei der Ausgestaltung der dafür notwendigen Eingriffsmöglichkeiten aber beachten, dass er nur zu solchen Beschränkungen ermächtigen darf, die unbedingt notwendig sind, um die Funktionsfähigkeit der Anstalt in ihrem Kern zu sichern und ein menschenwürdiges Zusammenleben zu ermöglichen. Alle darüber hinausreichenden Ermächtigungen sind nicht mit dem mit Verfassungsrang ausgestatteten Übermaßverbot vereinbar.

4.4 Das Übermaßverbot in der Leistungsverwaltung

4.4.1 Allgemeines

Da das Übermaßverbot nach herrschender Meinung auch für den leistenden Teil der Verwaltung gilt, erlangt es auch Bedeutung für die vom Staat im Rahmen des Sozialstaatsprinzips zu erbringenden Ausgleichsleistungen.

Ähnlich wie im Falle der Eingriffsverwaltung verfolgt das Übermaßverbot bei den hier untersuchten Konstellationen primär das Ziel, den erlaubten Umfang staatlicher Aktionen (hier Leistungen) abzustecken, wenngleich sich dies für die Leistungsverwaltung meist (aber nicht ausschließlich) in Form eines „Wirtschaftlichkeitsgebots" darstellt[378].

4.4.2 Zweck der sozialen Leistungen

Auch für die Fälle der Leistungsverwaltung kann eine Untersuchung der verfassungsmäßig gebotenen Zweck-Mittel-Relation nur erfolgen, wenn das ihnen

---

377 So auch *Baumann* in JZ 1990, S. 107 (111); *Jung/Müller-Dietz u.a.* in „Reform", S. 6 (11).

378 *Mußgnug* in VVDStL Bd. 47, S. 113 (126).

zugrunde liegende Ziel möglichst genau und konkret eruiert wird. Deshalb soll im Folgenden der genaue Zweck der im Untersuchungshaftvollzug zu gewährenden Leistungen bestimmt werden:

Bereits im Rahmen der Sozialstaatlichkeit wurde ausgeführt, dass dem Staat die Pflicht obliegt, durch Leistung(en) die nachteiligen Folgen der Haft abzumildern[379].
Der Zweck der untersuchungshaftbedingten Leistungen kann demnach nur darin liegen, die verpflichtende Abmilderung durchzusetzen.

4.4.3 Zweck-Mittel-Relation

Die Verfolgung dieses Zwecks muss der Gesetzgeber, um seiner verfassungsgemäßen Pflicht gerecht zu werden, mit angemessenen Mitteln verfolgen.
Dabei kann erneut davon ausgegangen werden, dass der Gesetzgeber keine ungeeigneten oder willkürlichen Mittel zur Verfügung stellt.

Der Staat muss in einem Untersuchungshaftvollzugsgesetz die Voraussetzungen dafür schaffen, dass Leistungen dann vergeben werden, wenn sie erforderlich, also notwendig sind. Es geht damit beim Tatbestandsmerkmal der Erforderlichkeit in der Leistungsverwaltung im Kern um eine „conditio-sine-qua-non-Formel“[380]: Muss der Staat zur Erreichung des herausgearbeiteten Zweckes überhaupt eine Leistung erbringen, oder hat die Freiheitsentziehung im Rahmen der Untersuchungshaft überhaupt keine nachteiligen Folgen, die es auszugleichen gilt?

Untersuchungshäftlinge sind - bedingt durch ihre Unterbringung in einem geschlossenen Anstaltssystem - zumindest in ihrer sozialen Entfaltung eingeschränkt[381].
Insofern ist die grundsätzliche Verpflichtung des Staates, im Rahmen des Vollzugs der Untersuchungshaft soziale Leistungen anzubieten, auch gegeben[382].

Letztlich muss der Bundesgesetzgeber aber auch dafür sorgen, dass sich die Leistungen im Rahmen der Verhältnismäßigkeit bewegen, also angemessen

---

379 Siehe oben III. 2.2.2.
380 *Meyer-Blaser*, S. 74.
381 Vgl. *Döschl u.a.* Vorwort, S. 2.
382 Siehe oben unter III 2.2.1.

sind. Somit geht es dabei um die Frage, wie viel die Erreichung des verfolgten Zieles kosten darf und soll bzw. muss[383].
In der Beantwortung dieser Frage hat die Legislative nach den oben getroffenen Feststellungen zum Sozialstaatsprinzip zwar eine gewisse Gestaltungsfreiheit, allerdings darf dabei nicht die Tatsache außer Acht gelassen werden, dass der Untersuchungshäftling, bedingt durch das von ihm gebrachte Sonderopfer, einen Rechtsanspruch auf diese Maßnahmen hat[384].

Ein besonders hohes Maß an Aufopferung erfordert deshalb einen höheren Mitteleinsatz seitens des Staates[385]. Dabei ist zu berücksichtigen, dass der Häftling als unschuldig zu gelten hat, den Kernbereich seiner Freiheitsrechte zugunsten einer funktionierenden Strafrechtspflege opfert, was schon vom Ansatz her auf ein eher hohes Grundniveau schließen lässt.
In diesem Sinne herrscht also auch hier eine Wechselwirkung zwischen Eingriff und Ausgleichspflicht:
Je weiter die Aufopferung persönlicher Rechtspositionen des Häftlings geht, desto weniger kann der Gesetzgeber den Umfang der angemessenen Leistung selbst bestimmen und reduzieren.

In diesem Zusammenhang ist das immer wieder von Seiten des Staates angeführte Argument der finanziellen Überlastung der Verwaltung[386] zu erwähnen. Die gesetzliche Kodifizierung von Leistungsansprüchen soll nach richtiger Ansicht zwar verhindern, dass der Staat übermäßig finanziell belastet wird[387]. Das Sozialstaatsgebot begründet sich aber darauf, dass allen Bürgern grundsätzlich die gleiche Möglichkeit zur Ausübung ihrer Rechte gewährt wird[388]. Dieses Prinzip wäre wertlos, wenn sich der Staat mit einem Hinweis auf mangelnde Ressourcen seiner Leistungspflicht entziehen könnte. Dementsprechend kann eine geeignete, erforderliche und angemessene staatliche Leistung zur Minderung der desozialisierenden Wirkung der Freiheitsentziehung, auf die der Häftling einen Anspruch hat, nicht verwehrt werden mit dem Hinweis auf mangelnde finanzielle Mittel[389].

---

383 *Haverkate*, S. 30; a.A. *Mußgnug* in VVDStL Bd. 47, S. 126 ff. der davon ausgeht, dass der Gesetzgeber bei der Leistung nicht einem verfassungsmäßigen Übermaßverbot unterliegt, sondern dies nur reflexiv aus dem Verbot der übermäßigen Besteuerung folgt.

384 Siehe ausführlich oben unter III 2.2.1.

385 So im Ergebnis wohl *Haverkate*, S. 30.

386 So z.B. die Bedenken der Bundesländer gegen verpflichtende Leistungsbestimmungen des Regierungsentwurfs UVollzG - Stellungnahme des Bundesrates (BR-Drucksache 249/99) zu § 12 II Satz 1 und 2 UVollzG - RE.

387 *Mußgnug* in VVDStL Bd. 47, S. 113 (125).

388 Siehe ausführlich oben unter III 2.1.

389 *Korinek* in „Grundrechte“, S. 11 (21); vgl. auch *Baumann* in DRiZ 1959, S. 379 (380).

Wenn der Staat (in legitimer Weise) den Strafanspruch durch das Rechtsinstitut der Untersuchungshaft sichern möchte, muss er auch ausreichende Ressourcen zur Verfügung stellen, um die in diesem System erforderlichen Leistungen zu gewähren[390].

4.4.4 Fazit

Staatliche Leistungen an den Untersuchungsgefangenen bezwecken, der entsozialisierenden Wirkung, die vom Vollzug in einer geschlossenen Anstalt ausgeht, entgegenzuwirken sowie finanzielle Nachteile der Haft auszugleichen.
Mit welchen Mitteln der Gesetzgeber dieser Pflicht nachkommt, steht ihm grundsätzlich frei, solange diese geeignet und im Einzelfall notwendig sind.

Das Erfordernis der Verhältnismäßigkeit verlangt allerdings, dass die Leistungen gegenüber dem durch den Häftling erbrachten Sonderopfer angemessen sind. Damit bleibt ein gewisser Umfang der staatlichen Leistungen garantiert, der auch nicht mit dem Hinweis auf mangelnde finanzielle und personelle Ressourcen unterschritten werden darf.

Daraus folgt aber auch, dass, je intensiver das Sonderopfer ist, - etwa aufgrund der Kumulierung mehrerer Haftzwecke - desto mehr staatliche Leistungen angemessen sind.

Der Gesetzgeber sollte diese Kausalität zur Klarstellung meines Erachtens bereits im Rahmen der Kodifizierung eines UVollzG erwähnen, um der Verwaltung später für die konkrete Einzelfallentscheidung sowohl eine Hilfe als auch eine Verpflichtung an die Hand zu geben.

[390] Im Ergebnis *Müller-Dietz* in StrV 1984, S. 79 (86).

IV. Die gegenwärtige gesetzliche Regelung in § 119 StPO

1. Allgemeines

Anders als der Vollzug der Strafhaft, der erst nach ausdrücklicher Mahnung des Bundesverfassungsgerichts[391] eine gesetzliche Fixierung erfahren hat, hat der Vollzug der Untersuchungshaft seit Erlass der Reichsjustizgesetze am Ende des 19. Jahrhunderts eine direkte gesetzliche Erwähnung gefunden. Die heutige Regelung des § 119 StPO entspricht im Großen und Ganzen der des § 116 StPO (a.F.) und bestimmt damit seit über 120 Jahren den Vollzug der Untersuchungshaft in Deutschland[392].

Konkrete Vollzugsregelungen, die seitens des zuständigen Richters angeordnet werden können, finden sich in dieser Vorschrift, wie in der Einleitung dargelegt, nur in drei Teilbereichen:

1. Der Untersuchungsgefangene ist von anderen Gefangenen getrennt unterzubringen (Grundsatz der Einzelunterbringung (§ 119 I S. 1 StPO)).

2. Die Untersuchungsgefangenen sind von Strafgefangenen zu trennen (Trennungsgrundsatz § 119 I S. 2 StPO).

3. Dem Untersuchungsgefangenen sind unter besonderen Umständen Fesseln anzulegen (§ 119 V StPO).

Alle übrigen Regelungen in Vollzugsfragen trifft der Richter (§ 119 VI StPO) in Einzelfallentscheidungen, die jedoch nicht weiter reichen dürfen, als es der Zweck der Haft oder die Ordnung in der Vollzugsanstalt erfordern (§ 119 III StPO).
§ 119 IV StPO garantiert darüber hinaus dem Inhaftierten die Möglichkeit, Bequemlichkeiten auf eigene Kosten zu beziehen.

2. Zuständigkeitsverteilung nach § 119 VI StPO bzw. UVollzO

Gemäß § 119 VI StPO trifft grundsätzlich der Richter die im Einzelfall für den Vollzug notwendigen Anordnungen. Damit ist zunächst festgelegt, dass die Entscheidungsmacht immer bei einem Einzelrichter liegt: Bis zur Erhebung der öffentlichen Klage ist der Richter des Amtsgerichtes zuständig, der den Haftbe-

---

391 BVerfGE 33, S. 1 ff.

392 *Seibert* in „Untersuchungshaft: Stiefkind der Justiz“, S. 165 (165).

fehl erlassen hat oder dem die Zuständigkeit übertragen wurde (§ 126 I StPO) und danach der Vorsitzende des mit der konkreten Strafsache befassten Gerichts (§ 126 II S. 3 StPO)[393].
Die Befugnis des Richters ist dabei umfassend: Er darf alle für den Vollzug notwendigen Maßnahmen treffen, unabhängig davon, ob sie in der Vollzugsanstalt getroffen werden oder nicht. Es handelt sich mithin um eine sachbezogene Zuständigkeit und nicht um eine raumbezogene[394].

Hintergrund der richterlichen Kompetenz ist die primär verfahrenssichernde Natur der Untersuchungshaft. Der zuständige Richter kennt den konkreten Einzelfall und weiß damit, welche Beschränkungen oder Gewährungen den Fortgang des Verfahrens gefährden könnten und welche nicht[395]. So theoretisch sinnvoll diese Aufteilung zunächst auch scheinen mag, in der Praxis stößt sie in mehrfacher Hinsicht auf beinahe unüberwindliche Probleme[396]:

Zunächst kennt der Richter die konkreten Verhältnisse in den Vollzugsanstalten in der Regel nicht, was dazu führen kann, dass Anordnungen getroffen werden, die weder mit den finanziellen, den personellen, noch mit den baulichen Voraussetzungen der Vollzugsanstalt umsetzbar sind[397].
Erschwerend kommt hinzu, dass sich in einer Haftanstalt häufig mehrere Untersuchungshäftlinge befinden, für die jeweils unterschiedliche Richter zuständig sind, welche ihrerseits wiederum unterschiedliche Anordnungen erlassen können[398].
Für die großen Untersuchungshaftanstalten sind teilweise bis zu 80 verschiedene Richter zuständig[399].

Die Schaffung der UVollzO und die weitgehende Praxis der Haftrichter, sich an diesen Vorgaben zu orientieren, hat diese Probleme in weiten Teilen entschärft,

---

393 OLG Düsseldorf in NJW 1982, S. 1471, das ausdrücklich eine Auffangkompetenz des Kollegialgerichts in Form einer Kammer ablehnt; auch SK - *Paeffgen* § 119 RN 72.

394 *Veith*, S. 75; Diese Unterscheidung wird grundsätzlich immer dann relevant, wenn es zur Situation der sog. *Überhaft* kommt, etwa, wenn die Untersuchungshaft wegen einer Freiheitsstrafe ausgesetzt wird. In diesem Moment endet die Befugnis des Richters, auch wenn sich der Häftling weiterhin in der gleichen Vollzugsanstalt befindet.

395 Vgl. *Seibert* in „Untersuchungshaft: Stiefkind der Justiz", S. 165 (166).

396 *Baumann* in JZ 1990, S. 107 (112) spricht in diesem Zusammenhang von der „*Krux*" des Untersuchungshaftrechts; *v. Olshausen* in JZ 1969, S. 463 (464); *Kaiser* in „Festschrift", S. 299 (322); ähnlich auch die Begründung der Bundesregierung zum Regierungsentwurf eines UVollzG, S. 42 (BR-Drucksache 249/99).

397 *Baumann* in JZ 1990, S. 107 (112); *Seibert* in „Untersuchungshaft: Stiefkind der Justiz", S. 165 (172); *v. Olshausen* in JZ 1969, S. 463 (464).

398 So auch *Baumann* UVollzG – E, S. 14.

399 *Seibert* in „Untersuchungshaft: Stiefkind der Justiz", S. 165 (172).

wenn auch nur durch den in der Einleitung erwähnten, recht zweifelhaften „juristischen Kunstgriff" - was nach den vorstehend untersuchten Voraussetzungen für die Regelung des Untersuchungshaftvollzuges keinesfalls eine befriedigende Lösung sein kann.

Weitere Konsequenz dieses „Kunstgriffs" ist es, dass ein anderes Problem der gesetzlichen Kompetenzverteilung von § 119 VI StPO entschärft wird, nämlich das der potentiellen Arbeitsüberlastung der Haftrichter. Da deren Zuständigkeit für den Untersuchungshaftvollzug umfassend ist, d. h. sich auf alle gewährenden und eingreifenden Akte der täglichen Lebensgestaltung bezieht, käme man angesichts von 17.500 Häftlingen und einer Vielzahl notwendiger Entscheidungen zu dem Problem, dass dem Richter keine Zeit mehr bliebe, seinen weiteren Amtsgeschäften nachzugehen.

Die über 120 Jahre alte Regelung hat sich insoweit, so dogmatisch konsequent sie auch sein mag, mit steigender Bevölkerungs- und Häftlingspopulation überholt.
Allerdings ist der Lösungsversuch der UVollzO als das andere Extrem ebenfalls abzulehnen. Durch die richterliche Inkraftsetzung der UVollzO wird nämlich der Grundsatz des § 119 VI StPO in sein Gegenteil gewendet und die Gestaltung des Untersuchungshaftvollzuges weitgehend in die Hände der Vollzugsverwaltung gelegt[400]. Der Richter wird mit konkreten Vollzugsmaßnahmen meist nur noch konfrontiert, wenn der Häftling einen Antrag stellt oder sich beschwert[401].

Die Lösung dieses Problems kann nur in einem ausgeglichenen System von Zuständigkeitsverteilungen liegen, bei dem der Richter in allen für die Sicherung des Prozesses relevanten Fragen die Entscheidungskompetenz erhält und im Übrigen die Vollzugsverwaltung zuständig ist[402].
Eine derartige Aufteilung der Kompetenzen widerspricht auch nicht den Anforderungen des Grundgesetzes, welches keinesfalls die richterliche „Allzuständigkeit" vorschreibt[403]. Nach Art. 104 II GG ist lediglich erforderlich, dass der Richter über Zulässigkeit und Fortdauer der Freiheitsentziehung entscheidet. Die

---

400 Ebenso *Veit*, S. 78; erschwert wird dieser Zustand durch den in der Einleitung erwähnten Inhalt der UVollzO, der die von der StPO gewollte und verfassungsrechtlich wie völkerrechtlich gebotene Erlaubnis mit Verbotsvorbehalt umkehrt in ein Verbot mit Erlaubnisvorbehalt.

401 *Veith*, S. 78.

402 Dies betrifft insbesondere die Regelungen des täglichen Tagesablaufes; so im Ergebnis auch *Wendisch* in Löwe - Rosenberg § 119 RN 11; *Dünnebier* in Löwe - Rosenberg (23. Auflage) § 119 RN 15; *Baumann* in JZ 1990, S. 107 (112); a.A. *Kaiser* in „Festschrift", S. 299 (311), der davon ausgeht, dass der grundsätzlich zuständige Richter einzelne Befugnisse auf die Anstalt übertragen können soll.

403 *Dünnebier* in Löwe - Rosenberg (23. Auflage) § 119 RN 14.

Art und Weise des Vollzuges der angeordneten Haft steht damit nicht unter richterlichem Entscheidungsvorbehalt[404].

Wenn man für eine Abgrenzung der verschiedenen Zuständigkeitsbereiche die Terminologie des § 119 III StPO wählt, so könnte man die Entscheidungsbefugnisse für die „Ordnung in der Anstalt" auf den Anstaltsleiter delegieren, während die Beschränkungen aufgrund des „Zwecks der Untersuchungshaft" eher in den Tätigkeitsbereich des Haftrichters fielen; ähnlich wie dies auch *Baumann* und *Döschl u.a.* vorschlagen[405].
Zu denken wäre in diesem Zusammenhang auch an eine evtl. Eilzuständigkeit der Vollzugsverwaltung für haftzweckbedingte Maßnahmen.

Der ehemalige Regierungsentwurf des Untersuchungshaftvollzugsgesetzes griff dieses zweigleisige Zuständigkeitssystem nach diesem Vorbild im Grundsatz ebenfalls auf[406], und es wäre meines Erachtens sinnvoll, dies auch so zu übernehmen[407].

Problematisch ist bei einer solchen Aufgliederung die Frage der Rechtsschutzmöglichkeiten gegen die jeweiligen Anordnungen: Sollen etwa Einwände gegen Maßnahmen der Anstaltsleitung beim Haftrichter geltend gemacht werden können (§ 126 StPO) oder - analog zu §§ 109 ff. StVollzG – wie bei dem Vorschlag der Anstaltsleiter[408], bei der örtlichen Vollstreckungskammer?
Für eine Delegation auf die Vollstreckungskammer könnte insoweit sprechen, dass dort ein umfassender Überblick über die tatsächlichen Verhältnisse in den Anstalten herrscht, welcher eine sachgerechte Beurteilung der Lage erlaubt[409].
Jung/Müller-Dietz u.a. weisen jedoch zu Recht darauf hin, dass sich aus diesem Überblick, insbesondere auch über die Verhältnisse in den Strafanstalten, die

---

404 *Baumann*, UVollzG- E, S. 15; *Döschl u.a.* Vorwort, S. 3; *Jung* in „Reform", S. 79 (92 f.) geht sogar so weit, dass er die Übernahme der kompletten Vollzugsgestaltung durch die Anstalt – vorbehaltlich der richterlichen Kontrolle – theoretisch für durchführbar hält.

405 Vgl. *Baumann*, UVollzG – E, S. 15; *Döschl u.a.* § 6.

406 Begründung der Bundesregierung zu § 5 UVollzG – RE, S. 49 (BR-Drucksache, S. 249/99).

407 Vgl. grundsätzlich auch der Entwurf von *Baumann*, der dieses System bis auf kleinere Abweichungen übernimmt; *Fey* in „vergessene Reform", S. 3 (5) ; nicht ganz so weit wollen offensichtlich *Jung/Müller-Dietz* u.a. in „Reform", S. 6 (30) gehen, die zunächst nur eine begrenzte Anstaltszuständigkeit für die Haftgestaltung von Fluchthäftlingen zulassen wollen; ausführlich zur Richterzuständigkeit für die Briefkontrolle: *v. Olshausen* in JZ 1969, S. 463 ff.

408 *Döschl u.a.* § 87.

409 Vgl. *Baumann*, UVollzG – E, S. 119.

latente Gefahr von nivellierenden Vergleichsentscheidungen ergibt, die der besonderen Stellung des Untersuchungshäftlings nicht zuträglich sind[410].
Im Übrigen besteht darüber hinaus die Gefahr, dass es zu Widersprüchen zwischen haftrichterlichen Anordnungen und vollzugsbehördlichen Maßnahme kommt.

Sinnvoller ist es daher, die Entscheidung bei Rechtsstreitigkeiten über anstaltsbedingte Anordnungen dem jeweils zuständigen Haftrichter zu übertragen. Auf diese Weise erübrigt sich nicht nur die Gefahr gegenläufiger Entscheidungen. Da sich als Rechtsmittel gegen originäre Maßnahmen des Haftrichters wie bisher die Beschwerde nach § 304 StPO anbietet, wäre durch den hier vorgeschlagenen Instanzenzug auch das Problem der Rechtswegaufspaltung gelöst[411], da beide Zuständigkeitsbereiche letztlich in der dem Haftrichter übergeordneten Beschwerdeinstanz zusammenliefen[412].

---

410 *Jung/Müller-Dietz* u.a. in „Reform“, S. 6 (30).

411 Siehe hierzu unter III 3.3.2.

412 So auch Begründung der ehemaligen Bundesregierung zu § 30 UVollzG – RE, S. 91 (BR – Drucksache 249/99).

3. Generalklausel des § 119 III und § 119 IV StPO

3.1 Allgemeines

Die Regelung des § 119 III StPO, die, wie noch zu zeigen sein wird, im Laufe der letzten 120 Jahre weit über das hinausgewachsen ist, was der historische Gesetzgeber ursprünglich beabsichtigte, beschreibt den schon mehrmals erwähnten Grundsatz, dass der Untersuchungshäftling alles darf, was nicht dem Zweck der Untersuchungshaft oder der Ordnung in der Anstalt zuwiderläuft.
Da er damit einen Freiheitsraum für den betroffenen Gefangenen absteckt, hat *Dallinger*[413] ihn auch als „*Magna Carta*" des Untersuchungshaftvollzuges bezeichnet.

3.2 Beschränkung auf den Zweck der Untersuchungshaft

Das Gesetz legt sich zwar insoweit fest, als dass Eingriffe nur so weit gehen dürfen, wie es der Zweck der Haft erfordert. Problematischerweise definiert § 119 III StPO aber nicht, was unter dem „Zweck der Untersuchungshaft" im Sinne der Strafprozessordnung zu verstehen ist[414]. Die Formulierung ist dementsprechend missverständlich und ihre Auslegung seit nunmehr 120 Jahren umstritten.

Einigkeit besteht darüber, dass der Gesetzgeber mit dem „Zweck der Haft" nur die strafprozessual normierten Haftzwecke gemeint haben kann, so wie sie in den §§ 112, 112a StPO ihren Ausdruck gefunden haben. Uneinigkeit herrscht hingegen darüber, ob § 119 III StPO alternativ oder additiv auf die Haftzwecke der §§ 112, 112a StPO Bezug nimmt.

Die heutige Vollzugspraxis[415] und Teile der Literatur[416] gehen wohl davon aus, dass die Strafprozessordnung durch den „Zweck der Haft" kumulativ auf alle Haftzwecke der §§ 112, 112a StPO Bezug nimmt und daher eine umfassende Beschränkung des Inhaftierten notwendig ist. Danach ist der konkret im Haftbefehl angeordnete Haftgrund für den Vollzug irrelevant, da sich etwa eine Flucht- oder Verdunklungsgefahr zwangsläufig ergebe, da es menschlich sei,

---

[413] *Dallinger* in MDR 1951, S. 120 (121) zu § 116 II a.F. StPO.

[414] Dass die Untersuchungshaft nicht nur einem einzigen Zweck dient, wie die Gesetzesformulierung vielleicht nahe legt, wurde unter III 4.2.2 bereits dargelegt.

[415] So wird etwa bei den Vorschriften der UVollzO für alle Gefangenen, auch für solche, die nicht wegen Verdunklungsgefahr inhaftiert sind, Briefkontrolle angeordnet (Nr. 30) oder bei allen Häftlingen der Besuch überwacht (Nr. 27).

[416] *Haberstroh* in Jura 1984, S. 225 (234); *Böhm*, S. 255.

alles zu unternehmen, um sich der Gefangenschaft zu entziehen[417]. Deshalb seien beispielsweise auch Maßnahmen wie Brief- und Besuchskontrollen nicht nur bei Kollisionsverdächtigen vonnöten, sondern auch bei Fluchtverdächtigen, da auch auf diesem Wege eine Flucht geplant werden könne[418].

Im Ergebnis führt ein so verstandener Haftzweck zwar zu einer maximalen Absicherung des Verfahrens und der Anstalt, er missachtet jedoch nicht nur den Verhältnismäßigkeitsgrundsatz sondern ebenfalls die Unschuldsvermutung. Die Freiheitsrechte des betroffenen Häftlings werden faktisch ignoriert und er wird im Verhältnis zu einem nicht verhafteten Beschuldigten grundlos schlechter gestellt[419].
Eine derart weite Auslegung, welche alle Haftgründe der §§ 112, 112a StPO als Haftzweck berücksichtigt, setzt sich darüber hinaus über den Willen des historischen Gesetzgebers hinweg, welcher ausweislich der Gesetzesbegründung zu § 116 II StPO a.F. davon ausging, dass Untersuchungshaft eine Maßregel sei,

> *„welche lediglich die Sicherung der Person des Beschuldigten oder die Verhütung von Kollusionen bezweckt. Die Rücksicht auf die Erreichung des letzteren Zweckes kann es nöthig machen, dem Beschuldigten den Verkehr mit der Außenwelt entweder gänzlich zu untersagen, oder nur in beschränkter Weise zu gestatten.“*[420]

Diesem Differenzierungsgebot trägt scheinbar die zurzeit wohl herrschende Meinung[421] Rechnung, will sie für das Ausmaß der Beschränkungen nach § 119 III StPO zunächst doch nur auf den konkreten Haftgrund des richterlichen Haftbefehls abstellen. Sobald sich jedoch im Zuge der Haft konkrete Hinweise auf

[417] So im Ergebnis wohl *Haberstroh* in Jura 1984, S. 225 (234).

[418] *Böhm*, S. 255; aber auch z.B. *Wendisch* in Löwe - Rosenberg § 119 RN 29, obwohl er grundsätzlich der Ansicht ist, dass der „Zweck der Haft“ i.S. von § 119 III StPO nur der konkret im Haftbefehl niedergelegte Haftgrund ist; ebenso *Dünnebier* in Löwe - Rosenberg (23. Auflage) § 119 RN 38.

[419] Siehe ausführlich zu den zulässigen Einschränkungen im Rahmen der Unschuldsvermutung oben II 1.4.2 bzw. für den Verhältnismäßigkeitsgrundsatz III 4.2.3.

[420] Aus *Hahn/Stegemann*, S. 132.

[421] So schon RGSt 56, S. 86 (86); BVerfG in NStZ 1996, S. 613 (614); in diese Richtung ist wohl auch das unveröffentlichte Urteil des Bundesgerichtshof vom 03.09.1975 zu verstehen, welcher in diesem Zusammenhang ausführt: *„Der Umstand, daß der Haftbefehl gegen den Beschuldigten nicht auch auf Verdunklungsgefahr gestützt ist, hat mit dem Umfang der nach § 119 III zulässigen Maßnahmen nichts zu tun.“* Zitiert nach *Kleinknecht/Janischowsky* RN 354 FN 39; *ders.* RN 354; *Kleinknecht/Meyer-Goßner* § 119 RN12; *Dallinger* in MDR 1951, S. 120 (121); *Pfeiffer* § 119 RN 5; *Boujong* in KK § 119 RN 12; i.d.S. auch die Begründung der Bundesregierung zu § 1 des Regierungsentwurfes eines UVollzG.

weitere verfahrensgefährdende Handlungen im Sinne des § 112 StPO ergeben, seien dahingehende Einschränkungen ebenfalls möglich und nötig.

Aber auch dieser Deutung des § 119 III StPO müssen einige Zweifel dogmatischer sowie praktischer Art entgegengebracht werden:
Um zu erfassen, wovon der historische Gesetzgeber tatsächlich ausgegangen ist, muss man festhalten, dass er nicht ohne Grund zur Feststellung einer konkreten Gefahr für das Strafverfahren mit § 114 StPO eine umfangreiche Prüfungs- und Begründungspflicht geschaffen hat. Bevor die Rechte eines unschuldigen Bürgers eingeschränkt werden können, soll das Gericht die Umstände des Einzelfalles sorgfältig prüfen und dann dem Beschuldigten anhand von Gründen erläutern, warum es die jeweilige Gefahr für gegeben hält. Dies hat nicht nur den Vorteil, dass die Entscheidungen des Staates für den Bürger nachvollziehbar und verständlich werden. Durch die Benennung eines konkreten Haftzweckes soll sich der Beschuldigte auch darauf einstellen können, welche Beschränkungen seitens der Vollzugsverwaltung auf ihn zukommen.
Ein derart transparentes Verfahren ist dabei auch das einzige, das dem Rechtsstaatsgebot im Sinne des Bestimmtheitserfordernisses genügt, da es ausreichende Rechtssicherheit schafft[422].
Es sind keine Gründe ersichtlich, warum ab dem Zeitpunkt, da sich der Häftling im Vollzug befindet, dieses rechtsstaatliche Erfordernis für die Feststellung einer konkreten Gefahr obsolet sein sollte[423].

Diese Problematik zeigt sich umso deutlicher, wenn nach § 119 VI S. 2 StPO in besonderen Eilfällen auch Staatsanwaltschaft und Anstaltsleiter Anordnungen im Untersuchungshaftvollzug treffen können. Die Grundrechtsbeschränkungen des Häftlings hängen damit allein von der Situationseinschätzung dieser Stellen ab, ohne dass ihr jeweiliger Entscheidungsprozess für den betroffenen Häftling offen gelegt wird und ohne nähere Begründung der Maßnahme. Die Folge ist für den Häftling eine unvorhersehbare und unberechenbare Situation, die mangels Kenntnis der Umstände auch seine Rechtsschutzmöglichkeiten einschränkt[424].

Aber auch für die Fälle, in denen der Richter die jeweiligen Vollzugsmaßnahmen anordnet, ist nicht erklärbar, warum ihm für die Feststellung des haftbegründenden Haftzwecks nach § 114 StPO eine umfangreiche Darlegungs- und

---

422 *Veith*, S. 48.

423 *Seebode* in „Untersuchungshaft", S. 130.

424 Nur wenn der Häftling weiß, welcher Haftgrund bei ihm aufgrund welcher Umstände festgestellt wurde, kann er wissen, welche Vollzugsmaßnahmen ihm rechtmäßig auferlegt werden dürfen und welche nicht.

Begründungspflicht obliegt, wenn er von einer derartigen Pflicht bei § 116 VI StPO entbunden worden sein sollte[425].
Eine dahingehende willkürlich unterschiedliche Behandlung zweier dem Grunde nach ähnlicher Fälle durch den Gesetzgeber ist weder nachvollziehbar noch begründbar.

Zu den grundsätzlichen Bedenken tritt in diesem Zusammenhang die offensichtliche Tendenz der Verantwortlichen, das Erfordernis der „konkreten Gefahr" unnötig weit auszulegen, wenn keine öffentliche Begründungspflicht vorliegt. Diese Einschätzung legt meines Erachtens jedenfalls die Fülle von stattgebenden Verfassungsgerichtsentscheidungen nahe[426].

Es besteht letztendlich, wie *Seebode* zutreffend nachgewiesen hat, auch keine Notwendigkeit, das Vorliegen neuer Gefahren für die Verfahrenssicherung im Sinne von §§ 112, 112a StPO durch ein solches „formloses" Verfahren feststellen zu lassen[427].
Vielmehr ist es jederzeit möglich, den Haftbefehl über das förmliche Verfahren des § 114 StPO zu ergänzen und ihn zu erweitern, sollten im konkreten Einzelfall neue Tatsachen dies erforderlich machen[428].
Durch Beschreiten dieses Weges wäre dann auch das Rechtsstaatsprinzip gewahrt und der einzelne Häftling könnte die Entscheidung nachvollziehen und sich auf ihre Rechtsfolgen einstellen[429].

Die einzige unbedenkliche Interpretation des „Zweckes der Untersuchungshaft" im Sinne des § 119 III StPO kann deshalb nur sein, auf den konkreten, im Haftbefehl genannten Haftgrund zurückzugreifen für die Frage, wie weit Beschränkungen im Einzelnen gehen dürfen[430]. Nur eine solche Auslegung kann dem Willen des historischen Gesetzgebers entsprechen und nur bei einem solchen Verständnis wird auf rechtsstaatlich einwandfreie Weise festgestellt, dass die jeweilige Gefahr für das Verfahren bzw. die Wiederholungsgefahr konkret ge-

---

425 *Seebode* in „Untersuchungshaft", S. 129; *Veit*, S. 48.
426 Statt vieler BVerfG in NStZ 1996, S. 613 (614).
427 *Seebode* in „Untersuchungshaft", S. 130.
428 Dafür, dass ein solcher möglich und notwendig sein kann: *Wendisch* in Löwe - Rosenberg § 114 RN 58; *Pfeiffer* § 114 RN 8; *Kleinknecht* in MDR 1965, S. 781 (784); *Berndt* in NStZ 1996, S. 115 (118).
429 *Veith*, S.48.
430 So z.B. schon *Rosenberg* in JW 1925, S. 1446 (1447); *Seebode* in StrV 1989, S. 119 (120); *ders.* in „Untersuchungshaft", S. 117 ff.; *ders.* in „vergessene Reform", S. 14 (26); *Baumann* in JZ 1990, S. 107 (111); *ders.* UVollzG –E, S. 21 (Begr. zu § 3); *Callies/Müller-Dietz*, § 122 RN 3; *Seibert* in „Untersuchungshaft: Stiefkind der Justiz", S. 165 (168).

nug geworden ist, dass die Freiheiten eines als unschuldig geltenden Tatverdächtigen eingeschränkt werden können[431].

3.3 Beschränkungen aufgrund der Ordnung in der Vollzugsanstalt

Noch problematischer als das Tatbestandsmerkmal des „Zweckes der Untersuchungshaft“ ist das der „Ordnung in der Vollzugsanstalt“, werden doch die meisten Beschränkungen der Häftlinge als zwingend von der Ordnung in der Anstalt geboten gerechtfertigt[432].

Problematisch ist dieser Begriff vor allem deshalb, weil er sehr vielschichtig und noch stärker konkretisierungsbedürftig[433] ist als der des „Zwecks der Untersuchungshaft“ im ersten Teil des § 119 III StPO, dessen Reichweite zumindest gesetzesimmanent durch die §§ 112, 112 a StPO eingeschränkt wird.
So vielschichtig sich der Begriff der „Ordnung in der Vollzugsanstalt“ darstellt, so divergierend sind auch die jeweiligen Interpretationsversuche.

Einigkeit scheint dabei insoweit zu herrschen, als dass mit „Ordnung in der Vollzugsanstalt“ nicht die konkrete (formelle) Anstaltsordnung[434] gemeint ist[435].
Diese Sichtweise geht schon aus den Beratungen zu § 116 StPO a.F. hervor, nach welchen man sich aus diesem Grunde ausdrücklich gegen den Begriff der „Gefängnisordnung“ entschieden hat, der noch in dem Regierungsentwurf zu § 116 StPO a.F. zu finden war[436].
Im Übrigen wäre es auch nicht mit dem Prinzip der Unabhängigkeit des Richters vereinbar, wenn er an eine einfache Verwaltungsvorschrift wie die Gefängnisordnung gebunden wäre.
Weitergehende konkrete Hinweise über die Vorstellungen des historischen Gesetzgebers finden sich indes nicht.

---

431 Umgekehrt weiß dann auch der Häftling, in welche Richtung Einschränkungen seiner Freiheitsrechte notwendig sind.

432 *Veith*, S. 50; *Seebode* in „Untersuchungshaft“, S. 230; über das Ausmaß der damit einhergehenden Beschränkungen beklagt sich auch *Baumann* UVollzG – E, S. 10; *ders.* in JZ 1990, S. 107 (111).

433 Ausführlich zu den verschiedenen Nuancierungsmöglichkeiten des Ordnungsbegriffs (anhand der Strafvollzugsvorschriften) *Baumann* in „Festschrift für Maurach“, S. 561 ff.

434 Eine solche sehr formalistische Auffassung des Ordnungsbegriffs wurde hauptsächlich im nationalsozialistischen Schrifttum vertreten (So z.B. Generalstaatsanwalt *Hagemann* in Deutsches Strafrecht Bd. 9 1942, S. 46 (50))

435 *Arndt* in MDR 1950, S. 121 (122); *Wendisch* in Löwe – Rosenberg § 119 RN 30; *Veith*, S. 50.

436 *Hahn/Stegemann*, S. 670 ff.

Jenseits des genannten Konsenses spielt vor allem in der täglichen Vollzugspraxis ein der h.M. entsprechender[437], eher weit verstandener Ordnungsbegriff[438] eine entscheidende Rolle, der sich dabei auch - zumindest teilweise - auf verfassungsgerichtliche Rückendeckung[439] berufen kann. Demnach bewegen sich nicht nur die Einschränkungen in den Grenzen der so verstandenen Ordnung, die unbedingt erforderlich sind, um den Anstaltsbetrieb aufrecht zu erhalten, sondern auch solche, die in einem extensiven Maße etwa den Verkehr des Gefangenen mit der Außenwelt[440] sowie beispielsweise seine Freizeitgestaltung reglementieren. Einer so verstandenen Ordnung folgt insbesondere auch die UVollzO, wenn sie etwa zusätzliche Nahrungs- und Genussmittel nur im Rahmen einer „vernünftigen Lebensweise" zulässt[441], oder den Bezug von Schreibmaterialien nur auf einen „angemessenem Umfang" begrenzt[442].
Die Folgen einer Bewertung der „Ordnung" in diesem Sinne manifestieren sich bei der täglichen Lebensgestaltung der Untersuchungsgefangenen in zweierlei Hinsicht:
Zunächst wird die „Ordnung in der Vollzugsanstalt" zum Einfallstor für eine nicht mit der Unschuldsvermutung und dem Übermaßverbot zu vereinbarenden Erziehung des Gefangenen[443]. Einer „vernünftigen Lebensweise" entspricht dann nur die Menge an Genussmitteln, die pädagogisch als sinnvoll zu erachten ist und nach den moralischen und sittlichen Vorstellungen des Vollzugsbeamten als wünschenswert gilt[444].
Die Beschränkung durch das gesellschaftlich Wünschenswerte zeigt sich vor allem in den immer wieder zu Rechtsstreitigkeiten[445] führenden Fällen des Anhaltens beleidigender Briefe aus der Vollzugsanstalt[446]. Bei keinem dieser Sachverhalte konnte je eine konkrete Gefahr für die Ordnung in der Anstalt nachgewiesen werden[447].

---

437 *Boujong* in KK § 119 RN 13; *Grunau* Nr. 1 RN 5; *Kleinknecht/Meyer-Goßner* § 119 RN 13; *Lemke* in HK § 119 RN 19.

438 *„Es besteht kein Grund, den Rechtsbegriff „Ordnung in der Vollzugsanstalt" eng auszulegen*" BVerfG in NJW, S. 26 (27).

439 So z.B. BVerfG in NJW 1974, S. 26 (27).

440 So wurde in Bayern beispielsweise die Rechtsberatung von Gefangenen als Ordnungsstörung im Sinne dieser Vorschrift verstanden (*Isola* in BewHi 1987, S. 32 (34)).

441 Nr. 51 I UvollzO.

442 Nr. 29 I UvollzO.

443 *Müller-Dietz* in JZ 1973, S. 129 (130); *Seebode* in „Untersuchungshaft", S. 239.

444 Ähnliche Bedenken äußert *Veith*, S. 53.

445 Statt vieler BGHSt in JZ 1973, S. 128 f.

446 *Müller-Dietz* in JZ 1973, S. 129 (130) (Anmerkung zur zuvor zitierten BGH-Entscheidung).

447 So wohl auch SK – *Paeffgen* § 119 RN 12; ausführlich zu diesem Thema *Veith*, S. 153 ff. der zutreffend darauf hinweist, dass durch beleidigende Briefe höchstens die „öffentliche Ordnung" gefährdet werden könnte; ähnlich *Müller-Dietz* in JZ 1973, S. 129 (132).

Die weitere Auswirkung eines zu generalisierenden Ordnungsbegriffes, die in der praktischen Relevanz wohl eine gravierendere darstellt, ist die Orientierung der Vollzugsgestaltung an dem, was für die Überwachung der Gefangenen den geringsten Arbeitsaufwand bedeutet[448]. Im Ergebnis kommt es damit zu einer Nivellierung der unterschiedlichen Verhältnisse und sozialen Schichten, aus denen die Gefangenen kommen, da es für die tägliche Betreuung und den sozialen Frieden in der Anstalt zweifellos am Unproblematischsten ist, wenn alle unter den selben Umständen leben. Die Ordnung in der Vollzugsanstalt wird damit zur „Bequemlichkeitsgarantie" für die Verwaltung[449].

Ein derart weit gefasster Ordnungsbegriff ist jedoch weder mit der Unschuldsvermutung noch mit dem verfassungsrechtlichen Übermaßverbot vereinbar, mit deren eingriffsbeschränkender Natur nur eine eng begrenzte Bedeutung von „Ordnung" vereinbar ist[450].

Als zusätzlicher Faktor in dieser Minimalordnung spielt selbstverständlich auch die Tatsache eine Rolle, dass es sich um einen Vollzug in einer geschlossenen Anstalt handelt, womit besondere Sicherheitsaspekte beachtet werden müssen und man an gewisse personelle und materielle Vorraussetzungen gebunden ist. Dies bedeutet aber nicht, dass die Möglichkeit der Grundrechtspraktizierung in der Haftanstalt von der finanziellen Ausstattung der Anstalt abhängig gemacht werden kann[451].
Es gilt auch hierbei grundsätzlich zu beachten, dass im Lichte der Unschuldsvermutung und des Verhältnismäßigkeitsgrundsatzes die Rechte des Verhafteten so wenig wie möglich beschnitten werden dürfen.
Der Ordnungsbegriff ist in diesem Bereich daher so zu sehen, dass die Einschränkungen nur so weit gehen dürfen, wie es für die Aufrechterhaltung des Anstaltsbetriebes – insbesondere auch unter dem Aspekt einer ausreichenden Sicherheit – unbedingt notwendig ist[452]. Bloße Belästigungen oder unwesentliche Störungen sind grundsätzlich hinzunehmen[453] [454].

---

448 *Baumann* in JZ 1990, S. 107 (111).

449 Vgl. *Arndt* in MDR 1950, S. 121 (122); diplomatischer formuliert es *Callies* § 4 (S. 190), der darauf hinweist, dass hierüber Rechtsbeschränkungen gerechtfertigt werden, die *„keinesfalls notwendig sind*".

450 Ähnlich *Dünnebier* in Löwe - Rosenberg (23. Auflage) § 119 RN 31, der darauf hinweist, dass der „glatte, routinemäßige Vollzugsablauf" kein Gesichtspunkt sein kann für Rechtsbeschränkungen am Häftling; vgl. *Isola* in BewHi 1987, S. 32 (34); SK – *Paeffgen* § 119 RN 12; *Veith*, S. 53; *Müller-Dietz* in JZ 1973, S. 129 (132); *Baumann* in StrV 1985, S. 38 (39).

451 *Seebode* in „Untersuchungshaft", S. 233; *Hetzer* in „Reform", S. 47 (70).

452 *Seebode* in „Untersuchungshaft", S. 237.

453 SK – *Paeffgen* § 119 RN 12; BVerfGE 15, S. 288 (296); *Dünnebier* in Löwe - Rosenberg (23. Auflage) § 119 RN 35; *Kleinknecht/Janischowsky* RN 370.

3.3 Fazit

Eine Auslegung der Schranken-Schranken des § 119 III StPO anhand der verfassungsrechtlichen und völkerrechtlichen Vorgaben kann nach dem Vorstehenden nur zu einer einschränkenden Auslegungspraxis führen:

Die Einschränkungen aufgrund des Zweckes der Untersuchungshaft können demnach nur so weit gehen, wie es erforderlich ist, um den Gefahren des jeweils im Haftbefehl genannten Haftgrundes zu begegnen.
Ähnlich einschränkend ist der Begriff der Ordnung in der Vollzugsanstalt auszulegen. Es handelt sich dabei zunächst um eine Minimalordnung, die erforderlich ist, damit Menschen auf engem Raum gut miteinander leben können.
Als zweite Komponente des Ordnungsbegriffes ist auf die Sicherheit und Funktionsfähigkeit der Vollzugsanstalt selbst abzustellen.
Einschränkungen können demnach nur so weit gehen, wie es unbedingt erforderlich ist, um den Anstaltsbetrieb unter Wahrung der für eine Haftanstalt notwendigen Sicherheitsaspekte aufrecht zu halten.

3.4 Die Bequemlichkeitsgarantie (§ 119 IV StPO)

Zusätzlich zu den zentralen Aussagen des § 119 III StPO über die Haftgestaltung erwähnt § 119 IV StPO, dass sich der Untersuchungshäftling *„Bequemlichkeiten"* auf eigene Kosten selbst besorgen kann.

Klärungsbedürftig ist dabei zunächst der vom Gesetzgeber verwendete Begriff an sich. Zutreffend weist *Wendisch*[455] darauf hin, dass unter „Bequemlichkeit" nach dem heutigem Sprachgebrauch ein Zustand verstanden wird, der mit Behaglichkeit und Mühelosigkeit im Wesentlichen gleichzusetzen ist[456].
Da diese Definition aber offensichtlich wenig hilfreich für das Verständnis des § 119 IV StPO ist, ist es wiederum sinnvoll, im Wege einer subjektiv-historischen Auslegungszielbestimmung die Bedeutung des Begriffes „Bequemlichkeit" aus ihrem zeitlichen Umfeld heraus zu erschließen, um zu ergründen, was der historische Gesetzgeber damit ausdrücken wollte[457]:

---

454 Dies folgt vor allem auch daraus, dass bei Strafgefangenen nur eine *„schwerwiegende Störung der Ordnung"* dazu führen kann, dass Grundrechte eingeschränkt werden (vgl. § 4 II StVollzG).

455 *Wendisch* in Löwe - Rosenberg § 119 RN 102; *Dünnebier* in Löwe - Rosenberg (23. Auflage) § 119 RN 117.

456 So auch *Büntig* in Deutsches Wörterbuch, S. 161.

457 Ebenso *Wendisch* in Löwe - Rosenberg § 119 RN 102.

Heyne definiert ihn in seinem 1890 erschienen Wörterbuch als eine Sache, die ohne Beschwer, mit Behagen zu benutzen ist[458]. Diese ihrer Natur nach sächliche Definition legt auch die Formulierung des Gesetzgebers nahe, der sich in § 119 IV StPO des Begriffes „Bequemlichkeiten", also des Plurals bedient, was eindeutig gegen eine Zustandsbeschreibung spricht[459]. Diese Sichtweise entspricht dann auch dem heute wohl herrschenden Verständnis der sogenannten Bequemlichkeitsgarantie[460], wonach es sich bei Bequemlichkeiten im Sinne dieser Vorschrift um Sachen handelt, die sich der Gefangene beschaffen kann, weil es ihm *behagt* und die das Leben in der Untersuchungshaft für ihn angenehmer machen sollen.
Obwohl offensichtlich über die oben genannte Definition weitgehend Einigkeit besteht, so ist doch ihre genaue Einordnung innerhalb des Normgefüges von § 119 StPO nicht unumstritten:

Teilweise wird angenommen, dass es sich dabei um eine eigenständig postulierte Facette der Einschränkungsmöglichkeiten des § 119 III StPO handelt. Demnach muss bei Beschränkungen im Rahmen von Haftzweck und Ordnung in der Anstalt als quasi „Schranken-Schranke" beachtet werden, dass dem Untersuchungshäftling ein gesetzlich verbrieftes Recht auf „Bequemlichkeit" zusteht[461] – der Begriff der Bequemlichkeitsgarantie wird nach dieser Ansicht zu einer wirklichen Garantie im zivilrechtlichen Sinne.
Meines Erachtens besteht jedoch keine Notwendigkeit für ein derartiges Korrektiv bei der Beurteilung erforderlicher Schrankenziehungen, da im Lichte der Unschuldsvermutung und des Übermaßverbotes die Einschränkungen, wie oben dargelegt, sowieso nur auf ein absolutes Minimum beschränkt werden dürfen. Eine geeignete, erforderliche und angemessene Beschränkung von Freiheitsrechten ist daher immer möglich und zulässig, unabhängig vom Bestehen einer Bequemlichkeitsgarantie.

Richtig ist zwar das in diesem Zusammenhang immer wieder angeführte Argument, dass die Versagung von Bequemlichkeiten eine Beschränkung im Sinne von § 119 III StPO darstellt[462] - § 119 IV 2. HS StPO nimmt insoweit ausdrücklich auf den vorgehenden Absatz Bezug. Daraus jedoch den Schluss zu ziehen,

---

458 *Heyne* in Deutsches Wörterbuch.

459 Vgl. *Wendisch* in Löwe - Rosenberg § 119 RN 102; *Dünnebier* in Löwe - Rosenberg (23. Auflage) § 119 RN 117.

460 Statt vieler *Seebode* in „Untersuchungshaft", S. 143.

461 So ist wohl *Wendischs* Definition von der *Bequemlichkeitsgarantie* zu verstehen (*Wendisch* in Löwe - Rosenberg § 119 RN 105, 33); *Dünnebier* in Löwe - Rosenberg (23. Auflage) § 119 RN 41.

462 *Wendisch* in Löwe - Rosenberg § 119 RN 103; *Veith*, S. 68 ; *Seebode* in „Untersuchungshaft", S. 142.

bei Absatz 4 handele es sich um einen inhaltlichen Aspekt der „Schranken-Schranke", geht nach dem Dargelegten fehl, da eine richtige Auslegung von § 119 III StPO keiner weiteren Einschränkung mehr zugänglich ist[463].

Die zutreffende Bedeutung des § 119 IV StPO ergibt sich vielmehr direkt aus seinem Wortlaut: *„Bequemlichkeiten und Beschäftigungen darf er* (der Untersuchungshäftling[464]) *sich auf eigene Kosten verschaffen*[465]*."*
Es geht damit bei der Bequemlichkeitsgarantie in der Hauptsache um eine Kostentragungsregelung[466]: Danach trägt die Anstalt grundsätzlich alle Kosten des täglichen Lebensunterhaltes[467] ausschließlich jener Gegenstände, die für den Gefangenen eine bloße Bequemlichkeit darstellen.

Welche Kosten solche des täglichen Lebensunterhaltes sind oder was als Bequemlichkeit durch den Inhaftierten selbst zu tragen ist, kann dabei nicht pauschal beantwortet werden. Abzustellen ist vielmehr auf die Umstände des Einzelfalles, wobei grundsätzlich festzuhalten ist, dass die Grenze zwischen allgemeinen Lebensumständen und darüber hinausgehenden Bequemlichkeiten - bedingt durch die sich stetig ändernden sozialen Umstände der Gesellschaft als Ganzes - dem kontinuierlichen zeitlichen Wandel unterliegen[468].
Bei der Festlegung des von der Anstalt zu finanzierenden Teiles bedarf es dabei in besonderem Maße der Beachtung des Sozialstaatsgebotes[469] unter Berücksichtigung des durch den Gefangenen erbrachten Sonderopfers[470].
Dies bedeutet, dass die staatliche Finanzierungsleistung nicht zu gering sein darf und sich daher nicht auf die bloße Darbietung des absolut Notwendigen beschränken kann[471]. Vielmehr muss sie in jedem Fall umfassender sein als das, was zur Herstellung „normaler" Umstände im Rahmen einer modernen, menschenwürdigen Lebensführung[472] als erforderlich bezeichnet werden kann.
Da aber letztendlich die Grenze, ab der die soziale Verpflichtung des Staates endet und damit eine Eigenverantwortlichkeit des Häftlings beginnt, schwer zu bestimmen ist, findet sich in § 119 IV StPO zumindest die Festlegung einer O-

463 Vgl. *Veith*, S. 70.
464 Anmerkung des Verfassers.
465 Hervorhebung durch den Verfasser.
466 *Veith*, S. 69.
467 Dies folgt aus dem Umkehrschluss dieser Regelung.
468 Vgl. *Grunau* Nr. 18 RN 3; *Seebode* in „Untersuchungshaft", S. 143.
469 Siehe dazu ausführlich oben III 2 ff., insbesondere unter III 4.4.3.
470 Im Ergebnis *Seebode* in „Untersuchungshaft", S. 143.
471 Vgl. *Dünnebier* in Löwe - Rosenberg (23. Auflage) § 119 RN 44.
472 Insoweit wohl zu eng: *Veit*, S. 69.

bergrenze. Danach trifft den Inhaftieren auf jeden Fall die Finanzierungspflicht für solche Umstände, die bloß noch seiner Behaglichkeit dienen[473].

3.5 Fazit

Die Bequemlichkeitsgarantie des § 119 IV StPO ist eine von § 119 III StPO grundsätzlich unabhängige Regelung.
Hauptsächlich aus dem aus Absatz 4 zu ziehenden Umkehrschluss ergibt sich, dass es bei dieser Bestimmung um die Verteilung der Finanzierungspflichten und Lasten im Rahmen der Anstaltsunterbringung geht.
Danach trifft das Gemeinwesen nicht nur eine Leistungspflicht für das, was der Gefangene täglich braucht, sondern ebenfalls für solche Güter, die über das allgemeine Existenzminimum hinausgehen.
Wie hoch dieser Standard im Einzelnen tatsächlich anzusetzen ist, unterliegt zeitlichen sowie gesellschaftlichen Schwankungen und ist nicht pauschal bestimmbar.
Das den Staat verpflichtende Sozialstaatsgebot sorgt dabei für ein adäquat hohes Niveau dieser Finanzierungspflicht, die ihre Grenzen erst dort findet, wo es nur noch um die Leistung bloßer Bequemlichkeitsgüter geht. Oberhalb dieser Beschränkung kann sich der Gefangene nach § 119 IV StPO nur auf seine eigenen Kosten innerhalb der Anforderungen des § 119 III StPO versorgen.

3.6 § 119 III StPO als Generalklausel

Wurde im Vorhergehenden noch die verfassungs- und völkerrechtskonforme Auslegung des § 119 III StPO untersucht, so soll im Folgenden der Wesensgehalt dieser Vorschrift analysiert werden.

Sowohl die Literatur[474] als auch die Rechtsprechung inklusive der des Bundesverfassungsgerichts[475] gehen mehr oder weniger *unisono* davon aus, dass es sich bei § 119 III StPO um eine Generalklausel für den Eingriff in die Grundrechte des Untersuchungsgefangenen handelt. Insoweit befassen sich Streitigkeiten zu diesem Thema, wie die obigen Ausführungen gezeigt haben, hauptsächlich mit

---

[473] Wobei durch die hier vertretene entsprechend weite Auslegung der Leistungspflicht des Staates der Punkt, ab welchem „Bequemlichkeit" beginnt, auf ein höheres Niveau verschoben wird. Insoweit ist die von *Grunau* Nr. 18 RN 3 vorgeschlagene Definition, wonach „Bequemlichkeiten" solche Dinge sind, die *„die Kargheit und Eintönigkeit der Zelle und ihres Inventars mildern"* als absolut unzureichend abzulehnen.

[474] Statt vieler *Baumann* UVollzG – E, S. 8.

[475] Statt vieler BVerfGE 57, S. 170 (177), mit Verweis auf die ständige Rechtsprechung.

der Frage, wie weit die einzelnen Tatbestandsmerkmale des § 119 III StPO auszulegen sind und wie weit Einschränkungen in den grundrechtlichen Freiraum gehen dürfen.

Fast völlig ausgegrenzt wurde dabei die Frage, inwiefern die sog. Generalklausel überhaupt den verfassungs- und völkerrechtlichen Anforderungen an grundrechtsbeschränkende Bestimmungen entspricht[476].
In diesem Zusammenhang sind vor allem zwei Aspekte dieser Norm genauer zu untersuchen:

1. Die Natur des § 119 III StPO als Eingriffsermächtigungsgrundlage im Lichte des allgemeinen Gesetzesvorbehaltes für die Einschränkung von Grundrechten.

2. Die Reichweite des § 119 III, IV StPO im Lichte der übrigen Anforderungen des Völker- und Verfassungsrechts.

3.6.1 Das Wesen des § 119 III StPO als Eingriffsermächtigungsgrundlage

Die normgenetische Untersuchung der Generalklausel soll im Folgenden anhand einer subjektiv-historischen Auslegungszielbestimmung erfolgen, die durch eine Analyse der Entstehungsgeschichte den Zweck der ursprünglichen Kodifizierung aufdeckt:
Als der historische Gesetzgeber die Regelung des § 116 II StPO a.F. schuf, war der Grundsatz, dass in die Rechte des Bürgers nur aufgrund eines Gesetzes eingegriffen werden darf, bereits bekannt[477]. Ebenso ging man aber von Anfang an[478] davon aus, dass die Personen, die in einer umfassenden rechtlichen Abhängigkeit zum Staate stehen, wie etwa die Insassen einer staatlichen Haftanstalt, diesem Gesetzesvorbehalt nicht unterfallen sollten.
Grund dafür war, dass innerhalb dieses, nach *Otto Mayer* benannten sog. „besonderen Gewaltverhältnisses“ die Exekutive kraft ihrer internen Regelungskompetenz die Befugnis hatte, die Rechtsbeziehungen nur durch einfache Verwaltungsvorschriften zu regeln[479]. Die Regelungskompetenz hatte sich dabei

---

[476] Eine Ausnahme bildet etwa die Stellungnahme des Landes Baden - Württemberg zu § 119 III StPO, welche darauf hinweist, dass die sog. Generalklausel keineswegs so konkret gefasst sei, dass sie taugliche Eingriffsgrundlage für Grundrechtsbeschränkungen sein könne (zitiert nach *Baumann* in UVollzG – E, S. 8).

[477] *Leisner* in DVBl 1960, S. 617 (617).

[478] *Leisner* in DVBl 1960, S. 617 (617).

[479] *Otto Mayer*, S.101; *Jellinek*, S. 115.

aber an dem zu orientieren, was als Zweck der jeweiligen staatlichen Einrichtung anerkannt war[480].
Angesichts dieser Ausgangssituation ist verständlich, dass mit § 116 II StPO a.F. keine gesetzliche Eingriffsgrundlage geschaffen werden sollte, um in die Rechte von Untersuchungsgefangenen einzugreifen – eine solche wäre nicht notwendig gewesen.

Der historische Gesetzgeber wollte mit dieser Regelung vielmehr den Zweck festlegen, dem der Vollzug der Untersuchungshaft in einer abgeschlossenen Vollzugsanstalt dienen[481] sollte. Wie oben bereits festgestellt, dient die Untersuchungshaft grundsätzlich einer Vielzahl von möglichen Zwecken, von der Verwirklichung materiellen Strafrechts bis hin etwa zur Bekämpfung einer konkreten Kollusionsgefahr. Die Weite der hier aufgeführten Zweckbestimmungen zeigt auf, welches Ausmaß die Regelungsbefugnis der Verwaltung im Extremfall hätte annehmen können. Durch die Kodifizierung eines bestimmten Anstaltszwecks, nämlich der Bekämpfung der im Haftbefehl genannten Haftgründe, wurden daher die Regelbefugnis und die Regelungsmöglichkeiten der Vollzugsverwaltung erheblich eingeschränkt – womit auch der Sinn des § 116 II StPO a.F. offensichtlich wird:
Es ging dem Gesetzgeber darum, die rechtlichen Grenzen für Eingriffe der Vollzugsverwaltung in die Rechtspositionen von Untersuchungsgefangenen festzuschreiben und gerade nicht darum, Eingriffsmöglichkeiten zu eröffnen[482].

Auch nach Inkrafttreten des Grundgesetzes, als das Rechtsstaatsprinzip und der Grundsatz der Verhältnismäßigkeit verfassungsrechtlich anerkannt waren, blieb die Regelung des § 116 II StPO a.F. weitgehend unverändert, obwohl die in ihr festgelegten Grenzen für Grundrechtseingriffe sich – wie die obigen Ausführungen gezeigt haben – nun direkt aus der Verfassung selbst ergaben.

Das Bundesverfassungsgericht hat in seiner Entscheidung vom 19.02.1963[483] anlässlich eines Rechtsstreites über den Rundfunkempfang in der Untersuchungshaft festgestellt:

> *„§ 116 Abs.2 StPO umreißt auch die Gesichtspunkte* (verfassungsrechtlich[484]) *zutreffend, unter denen die Natur dieses besonderen Gewaltverhältnisses Beschränkungen rechtfertigt."*

---

[480] Vgl. *Otto Mayer*, S. 102.
[481] *„§ 116 bezeichnet Untersuchungshaft als eine Maßregel, welche lediglich die Sicherung der Person des Beschuldigten oder die Verhütung von Kollusionen bezweckt"* - so die gesetzgeberischen Motive zu § 116 StPO a.F. (zit. nach *Hahn/Stegemann*, S. 132).
[482] Ebenso *Hirsch* in BVerfGE 57, S. 182 (183).
[483] BVerfGE 15, S. 288 (293).

Der ursprüngliche Charakter einer Eingriffsbeschränkungsnorm ging jedoch verloren, als das Bundesverfassungsgericht durch seine Entscheidung zum Strafgefangenenvollzug[485] Anfang der 70er Jahre das Rechtsinstitut des „besonderen Gewaltverhältnisses“ aufgab und auch in den staatlichen Näheverhältnissen den uneingeschränkten Vorbehalt des Gesetzes postulierte[486].
Im Gegensatz zum Strafvollzug blieb hingegen die Forderung nach einer gesetzlichen Eingriffsgrundlage für den Vollzug der Untersuchungshaft aus. Stattdessen wird in den folgenden verfassungsgerichtlichen Entscheidungen[487] von diesem Zeitpunkt an § 116 II StPO a.F. bzw. § 119 III StPO selbst als grundrechtsbeschränkendes Gesetz mit der Formel präsentiert:

> *„Gegen § 119 Abs. 3 StPO sind durchgreifende verfassungsrechtliche Bedenken nicht zu erheben“*[488].

Die Erklärung, warum und auf welche Weise eine eingriffsbeschränkende Norm selbst zu einer Eingriffsnorm umgedeutet wurde, ist das Bundesverfassungsgericht indes bis heute schuldig geblieben.
Das Verfassungsgericht konnte einen derartigen Bedeutungswandel durch eine geänderte Auslegung auch nicht begründen, da dies grundsätzlich nur möglich ist, wenn die veränderte Bedeutung mit dem Wortlaut der Norm in Einklang zu bringen ist[489]. Davon ist aber im Falle des § 119 III StPO wegen seiner unbestimmten Formulierung gerade nicht auszugehen, wie im nachfolgenden Abschnitt noch zu zeigen sein wird.

Tatsächlich entspricht das Verständnis des § 119 III StPO als Eingriffsermächtigung jedoch der heute herrschenden Auffassung in Rechtsprechung und Literatur[490], wenngleich der Gesetzeswortlaut wegen seiner Generalität immer wieder kritisiert wird[491].

---

484 Zusatz durch den Verfasser.
485 BVerfGE 33, S. 1 ff.
486 Dazu im Detail oben III 3.2.1.2.
487 Z.B. BVerfGE 35, S. 311 (316); 57, S. 170 (177).
488 Vgl. die Kritik von *Hirsch* in BVerfGE 57, S. 182 (183/184), der dem BVerfG unterstellt, durch diese Formulierung zum Ausdruck zu bringen, selber nicht an die gewandelte Bedeutung von § 119 StPO zu glauben.
489 *Loos* in AK – StPO, Einl. III RN 12.
490 Statt vieler *Wendisch* in Löwe - Rosenberg § 119 RN 22.
491 Dazu genauer unten IV 3.6.2; *Rössner* in JZ 1988, S. 116 (117) spricht insoweit auch von *„rechtsstaatlichen Krücken“*; *Hetzer* in „Reform“, S. 47 (67).

3.6.2 Die Generalität von § 119 III StPO im Lichte der Anforderungen des Völker- und Verfassungsrechts.

Neben den oben genannten Bedenken bezüglich der Natur des § 119 III StPO als Eingriffsrechtfertigung sprechen auch inhaltliche Gesichtspunkte gegen eine diesbezügliche Einordnung – wobei die inhaltlichen Bedenken aus der normgenetischen Ungeeignetheit dieser Bestimmung resultieren.

Eine Generalklausel, die der Vollzugsverwaltung alle Eingriffsmöglichkeiten einräumt, die nicht durch den Haftzweck oder die Ordnung in der Anstalt verboten sind, ist dabei in mehrerlei Hinsicht verfassungsrechtlich und völkerrechtlich bedenklich.

Zunächst bleibt fraglich, ob gegen die Umdeutung des § 119 III StPO nicht das durch das Bundesverfassungsgericht selbst aufgestellte *Wesentlichkeitserfordernis*[492] spricht, welches nach der Verfassungsrechtsprechung einen Kernbereich des grundgesetzlichen Rechtsstaatsverständnisses darstellt. Zweifellos ist davon auszugehen, dass die Beschränkung von Befugnissen auf zweck- und ordnungsrelevante Eingriffe eine wesentliche Entscheidung des Gesetzgebers ist[493].

Ob damit der Gesetzgeber jedoch in ausreichend konkreter Weise die Richtlinien für das Verwaltungshandeln vorgegeben hat, scheint meines Erachtens hingegen fraglich:

Aus der ausdrücklichen Bezugnahme der *Wesentlichkeitstheorie* auf die Grundrechte[494] folgt, dass der Gesetzgeber für jedes einzelne betroffene Freiheitsrecht für den Verwaltungsvollzug eine Leitentscheidung treffen muss. Diese Leitentscheidungen können dabei aber angesichts der Differenziertheit der Grundrechte nicht in einer einzigen Generalklausel getroffen werden[495].

Das Bundesverfassungsgericht hat in Bezug auf das Gesetz zum Vollzug von Strafhaft in diesem Zusammenhang ausdrücklich ausgeführt:

> *„Die Grundrechte von Strafgefangenen können also nur durch oder aufgrund eines Gesetzes eingeschränkt werden, das allerdings auf – möglichst engbegrenzte – Generalklauseln*[496] *nicht wird verzichten können.*[497]*"*

---

[492] BVerfGE 83, S. 130 (152); siehe zum *Wesentlichkeitserfordernis* im Detail oben unter III 3.2.1.4.

[493] Wobei der Gesetzgeber klarstellend nur das wiederholt hat, was sich schon aus der Verfassung ergibt.

[494] *Degenhart,* RN 294; *Badura* in „Staatsrecht" RN D56 (S. 227).

[495] Vgl. *Berndt* in NStZ 1996, S. 115 (116).

[496] Das Verfassungsgericht benutzt ausdrücklich den Plural.

[497] BVerfGE 33, S. 1 (11).

Eine Umdeutung des § 119 III StPO als generelle Eingriffsermächtigung für Eingriffe in Grundrechte würde angesichts dieser Anforderungen nicht dem *Wesentlichkeitserfordernis* als Teil des grundgesetzlichen Rechtsstaatsverständnisses gerecht[498]. Nicht nur, dass das Verfassungsgericht den Begriff „Generalklausel" im Plural benutzt. Eine einzige Bestimmung als umfassende legislative Festlegung für die Gestaltung des Haftalltages kann daher nicht ausreichen.
Keinesfalls wird man darüber hinaus davon ausgehen können, dass es sich bei § 119 III StPO um eine möglichst eng begrenzte Generalklausel handeln könnte, aus der die wesentlichen gesetzgeberischen Vorgaben für das Verwaltungshandeln ersichtlich sind. Allein die Existenz der UVollzO als normkonkretisierende Verwaltungsvorschrift macht die Regelungsweite und den durch sie bedingten Interpretationsspielraum deutlich.

Ähnlich negativ muss die Bewertung der Generalklausel ausfallen, wenn man sie am rechtsstaatlichen Bestimmtheitserfordernis[499] und an den Anforderungen der *EMRK* bezüglich der Normenklarheit[500] misst:
Dem betroffenen Häftling soll durch die Gesetzesanforderung des Bestimmtheitsgrundsatzes ein ausreichendes Maß an Rechtssicherheit verschafft werden, damit das Verhalten der Vollzugsverwaltung für ihn berechenbar wird.
Zwar kommt nach der Rechtsprechung des Bundesverfassungsgerichts die Verfassungswidrigkeit eines Gesetzes wegen Verstoßes gegen das Bestimmtheitsgebot des Grundgesetzes nur ausnahmsweise in Betracht[501]; allerdings zeigen die o.g. vielfältigen Interpretationsmöglichkeiten des § 119 III StPO, dass er eine schwer zu durchschauende Regelung darstellt.
Zieht man dazu die besonderen Umstände in Betracht, unter denen Untersuchungsgefangene leben, so ist meines Erachtens die Anforderung an die Normenklarheit und die Bestimmtheit, wie bereits dargelegt, sehr hoch anzusetzen[502].
Ein Häftling muss, soweit möglich, ausreichend schnell aus den Vorschriften erkennen können, welche Rechte ihm zustehen bzw. welche Einschränkungen er durch die Vollzugsverwaltung zu erdulden hat. Unklare Formulierungen wie die des § 119 III StPO schmälern die Rechtsschutzmöglichkeiten des Betroffenen in unerträglichem Maße und sind deshalb nicht hinnehmbar, selbst wenn ihr Inhalt durch verfassungskonforme Auslegung zu ermitteln ist.

---

498 Ähnlich auch *v. Olshausen* in JZ 1969, S. 463 (464), der von einer *„rechtsstaatswidrigen Unbestimmtheit"* spricht.
499 Dazu im Detail oben unter III 3.4.2.
500 Dazu EGHMR in EuGRZ 1979, S. 386 (387); EuGRZ 1984, S. 147 (150).
501 BVerfGE 17, S. 67 (82).
502 Siehe oben III 3.4.

Auch das unter II.1.6.2 dargelegte völkerrechtliche Gebot der Normenklarheit verlangt eine Regelungsdichte, welche dem Betroffenen zumindest in Ansätzen vor Augen führt, welche Einschränkungen auf ihn zukommen können. Wie bereits dargelegt, kann § 119 III wegen seiner vagen Formulierungen und der Reichweite der verwendeten unbestimmten Rechtsbegriffe diesem Erfordernis aber nicht gerecht werden.

Insofern muss davon ausgegangen werden, dass die sogenannte Generalklausel weder mit dem rechtsstaatlichen Bestimmtheitserfordernis noch mit den verbindlichen Vorgaben der *Europäischen Menschenrechtskonvention* in Bezug auf die Normenklarheit einer Beschränkungsnorm vereinbar ist.

3.6.3 Fazit

Die normgenetische Untersuchung der sog. Generalklausel des § 119 III StPO sowie deren Überprüfung anhand bindender verfassungsrechtlicher und völkerrechtlicher Vorgaben muss bei objektiver Betrachtung zu dem Ergebnis führen, dass diese Norm zur Beschränkung von Grundrechten (noch) unschuldig Inhaftierter ungeeignet ist.
Sie erfüllt nicht die durch das Bundesverfassungsgericht im Rahmen des Vorbehaltes des Gesetzes aufgestellten Anforderungen der *Wesentlichkeitstheorie*, da sie die in der Vollzugspraxis relevanten grundrechtsbeschränkenden Entscheidungen im Wesentlichen der Verwaltung überlässt.
Darüber hinaus ist sie als grundrechtsbeschränkendes Gesetz zu unbestimmt und allgemein gefasst, um dem in einer „Extremsituation“ befindlichen Häftling schnell und klar vor Augen zu führen, welche Rechte er hat und welche Leistungen er fordern kann. Damit erfüllt er nicht nur unzureichend das verfassungsrechtlich verbindliche Bestimmtheitsgebot, sondern bleibt auch hinter der völkerrechtlich durch die *EMRK* gebotenen Normenklarheit zurück.

Damit bleibt zunächst festzustellen, dass die Rechte von Untersuchungsgefangenen im Untersuchungshaftvollzug derzeit ohne taugliche Ermächtigungsgrundlage eingeschränkt werden.

V. Konkrete Gesetzesvorschläge

1. Allgemeines

Nachdem im Vorherigen sowohl die völkerrechtlichen als auch die verfassungsrechtlichen Vorgaben für den Vollzug der Untersuchungshaft ausführlich dargelegt sowie die Insuffizienz der gegenwärtigen Regelung im Rahmen des § 119 StPO erläutert wurden, sollen im nun folgenden letzten Teil die praktischen Konsequenzen aus den aufgezeigten Vorgaben gezogen werden. Das Ergebnis kann selbstverständlich keine detaillierte und umfassende Regelung sein. Vielmehr geht es darum, für ausgesuchte, in der Vollzugspraxis relevante Regelungsgebiete die Richtung vorzugeben, in die eine verfassungs- und völkerrechtskonforme Bestimmung gehen muss. Eingegangen werden soll in diesem Zusammenhang aber auch auf die Stärken und Schwächen des ehemaligen Regierungsentwurfes zum Untersuchungshaftvollzugsgesetz vom 30.04.1999, um aufzuzeigen, in welchen Bereichen der Entwurf noch defizitär war und somit verbesserungswürdig für einen neuen Regelungsversuch erscheint.

Zunächst sollen dabei in einem „Allgemeinen Teil" die Regelungsgebiete angesprochen werden, die als Klarstellungs- und Auslegungshilfen bzw. Grundsatzentscheidungen den einzelnen Spezialbereichen vorangestellt werden sollten.
In einem zweiten, „Besonderen Teil" werden dann die einzelnen relevanten Teilbereiche der täglichen Vollzugspraxis durchleuchtet, um auch für diese sachgerechte Regelungsgrundsätze aufzuzeigen.

2. Allgemeiner Teil

Wie in den meisten Gesetzen sollte auch in einem Untersuchungshaftvollzugsgesetz dem „Besonderen Teil" ein „Allgemeiner Teil" vorangestellt werden, in dem Grundsätze niedergelegt werden, die den Geist und die Zielsetzung des Gesetzeswerkes an sich festlegen. Damit sollen nicht nur Hilfen für die Auslegung der besonderen Regelungen gegeben werden, sondern es soll in diesem Zusammenhang auch und gerade sichergestellt werden, dass von den nachfolgend eingeräumten Eingriffsbefugnissen auch nur in der vom Gesetzgeber gewollten Art und Weise Gebrauch gemacht wird. Sie füllen damit den Anspruch der verfassungsgerichtlichen *Wesentlichkeitstheorie* in der praktischen Vollzugsgestaltung aus.

2.1 Der abschließende Charakter eines UVollzG

Deshalb ist es sinnvoll und aufgrund noch darzulegender Gründe absolut notwendig, am Anfang eines Untersuchungshaftvollzugsgesetzes unmissverständlich klarzustellen, dass der Häftling nur den Beschränkungen unterliegt, die in diesem Gesetz ausdrücklich geregelt sind.

Ausgangspunkt einer dahingehenden Notwendigkeit sind grundsätzlich zwei Überlegungen:

1. Zunächst gebietet der im Rechtsstaatsprinzip wurzelnde Bestimmtheitsgrundsatz, dass der Bürger möglichst schnell und einfach erkennen muss, welches Verhalten das Gesetz von ihm erwartet und welche Einschränkungen er hinnehmen muss. Angesichts der „Extremsituation", in der sich der Untersuchungshäftling befindet, kann diesem Bestimmtheitsgrundsatz aber nur dann Genüge getan werden, wenn der Häftling durch einen einfachen Blick in das UVollzG erkennen kann, welchen Beschränkungen er unterworfen ist und welche Rechte ihm während des Vollzugs der Untersuchungshaft zustehen. Umfangreiche Verweisungen in andere Gesetze sind insoweit als nicht ausreichend zu betrachten und dem Häftling nicht zuzumuten.

2. Darüber hinaus ist der Gefangene grundsätzlich als unschuldig zu betrachten – seine Rechtsstellung kann sich durch die Inhaftierung folglich auch nur insoweit ändern, als dies durch das UVollzG zum Ausdruck kommt, welches speziell auf die Erfüllung der Haftzwecke zugeschnitten ist und die Verwaltung ausdrücklich zu Eingriffen ermächtigt[503].

Diesem Klarstellungsbedürfnis zu Beginn eines Gesetzes zum Vollzug der Untersuchungshaft trug der damalige Regierungsentwurf in seiner Formulierung nur unzureichend Rechnung.
In § 2 II S. 1 UVollzG - RE fand sich lediglich die Formulierung:

> „*Die Gefangenen unterliegen den gesetzlich vorgesehenen Beschränkungen ihrer Freiheit.*"

Diese Bestimmung war nach dem oben Festgestellten jedoch zu allgemein: Zunächst fehlte der klarstellende Hinweis, dass für die Grundrechtsbeeinträchtigung nicht irgendwelche gesetzlichen Bestimmungen in Frage kommen sondern nur die gesetzlichen Regelungen des Untersuchungshaftvollzugsgesetzes. Um

---

[503] Ebenso *Seebode* in „vergessene Reform", S. 13 (17).

dies zu verdeutlichen, wäre ähnlich wie es *Baumann* in seinem Gesetzesentwurf vorgeschlagen hat, der Zusatz „nur“ erfreulich gewesen[504].
Das dahingehende Defizit dieser Regelung ist jedoch nicht etwa zufälliger Natur, sondern die weite Formulierung wurde von der damaligen Bundesregierung bewusst gewählt[505]. Der Grund hierfür war im System dieses Gesetzesentwurfes selbst zu finden. Um es möglichst „schlank“ zu halten, bediente er sich nämlich zahlreicher Verweisungen in das StVollzG und in das GVG, eine Technik, die angesichts der herausgearbeiteten Vorgaben zumindest als zweifelhaft zu bezeichnen ist[506].

2.2 Die Unschuldsvermutung

Eng mit dieser Problematik hängt eine zweite sinnvolle Kodifizierung zu Beginn eines UVollzG zusammen, nämlich die ausdrückliche Klarstellung, dass der Untersuchungshäftling als unschuldig gilt und als solcher zu behandeln ist.
Zwar ergibt sich dies mit bindender Wirkung bereits aus der *Europäischen Menschenrechtskonvention*[507]; da ein Untersuchungshaftvollzugsgesetz jedoch für die Praxis und den alltäglichen Gebrauch durch nicht juristisch vorgebildete Personen bestimmt ist, ist eine dahingehende Klarstellung unmittelbar in das Gesetz aufzunehmen[508] - ähnlich wie dies bereits in den *European Prison Rules* und in den *Mindestgrundsätzen für die Behandlung Gefangener* zum Ausdruck kommt[509]. Dadurch wird die zentrale Bedeutung der Unschuldsvermutung für den Umgang mit Untersuchungshäftlingen sichergestellt[510].

Der ehemalige Regierungsentwurf erkannte diese Notwendigkeit ebenfalls und führte in § 2 I S. 1 UVollzG - RE aus: „*Die Gefangenen gelten als unschuldig*“. Der Entwurf beschränkte sich jedoch nicht darauf, die Unschuldsvermutung zu wiederholen, sondern stellte die daraus folgende Konsequenz ausdrücklich in einem zweiten Satz klar:

---

504 *Baumann* UVollzG – E § 4 I, S. 2: „*Im übrigen werden seine Rechte nur so weit beschränkt, wie dieses Gesetz es vorsieht*“; ähnlich *Isola* u.a., § 3 I; *Döschl* u.a. § 4, S.1.

505 Begründung der Bundesregierung zu § 2 UVollzG – RE, S. 50 (BR-Drucksache 249/99).

506 Zur Problematik der Verweisungen ins StVollzG siehe auch den folgenden Abschnitt V 2.2.

507 Siehe dazu ausführlich oben II 1.2.3.

508 Vgl. *Seebode* in „vergessene Reform“, S. 14 (18); *Baumann* UVollzG – E § 3 II; ebenso die Begründung der Bundesregierung zu § 2 UVollzG – RE, S. 50 (BR-Drucksache 249/99); *Isola* u.a. § 2.

509 Regel 91 1 HS. *EPR* bzw. Regel 84 II *MBG (UN)*.

510 Vgl. *Fey* in „vergessene Reform“, S. 3 (8).

„Sie sind zu behandeln, dass nicht der Anschein entsteht, sie würden zur Verbüßung einer Strafe festgehalten.“

Um die Praxistauglichkeit eines Vollzugsgesetzes zu erhöhen, ist an einer vergleichbaren Formulierung auch in Zukunft festzuhalten[511].

Fragwürdig ist in diesem Zusammenhang dann allerdings die bereits erwähnte Praxis des Regierungsentwurfes, für große Bereiche des Vollzuges – etwa für die Durchführung sogenannter „Hausstrafen“ – über § 37 UVollzG - RE auf das Strafvollzugsgesetz zu verweisen. Abgesehen von der angesprochenen Problematik, dass dadurch die Übersichtlichkeit für den Normanwender leidet, relativiert der Verweis auf ein Gesetz zur Behandlung verurteilter Straftäter doch in erheblichem Maße das Postulat, dass es bei der Inhaftierung von Untersuchungshäftlingen um den Vollzug an Unschuldigen geht[512].
Mögen auch einige Regelungen im Strafvollzugsgesetz für ein UVollzG sachgerecht sein, so ist es meines Erachtens die sinnvollere Lösung, diese Normen in das zu schaffende Gesetz zu integrieren, anstatt den brisanten und unübersichtlichen Weg der Verweisungen zu beschreiten.

2.3 Der Angleichungsgrundsatz / Gegensteuerungsgrundsatz

Ähnlich wie dies auch in § 3 I, II StVollzG postuliert wurde, ist es notwendig, an den Anfang eines Untersuchungshaftvollzugsgesetzes eine Regelung zu stellen, die den staatlichen Auftrag postuliert, das Leben in der Anstalt so weit wie möglich dem Leben in Freiheit anzupassen und den schädlichen Folgen einer Haft entgegenzuwirken[513].
Folgen diese Prinzipien für den Vollzug der Strafhaft unmittelbar nur aus der einfachgesetzlichen Festlegung des Gesetzgebers[514], so sind sie für den Vollzug der Untersuchungshaft mehr als bloße Programmsätze[515]. Der Angleichungs-

511 *Seebode* in „vergessene Reform“, S. 13 (20); vergleichbare Formulierungen bei *Baumann* UVollzG – E § 3 II; *Döschl u.a.* § 3; vgl. auch *Amelung* u.a., S. 54.

512 Ebenso *Seebode* in „vergessene Reform“, S. 13 (21); *Baumann* UVollzG – E, der ohne jegliche Verweisung ins StVollzG auskommt; a.A. hingegen *Fey* in „vergessene Reform“, S. 3 (4), der die Verweisungen offensichtlich für unproblematisch hält.

513 Vgl. etwa auch *Baumann* UVollzG – E § 3 I, S. 2; *Seebode* in „Untersuchungshaft“, S. 186 ff.; *Amelung* u.a. § 4 I S.3; *Isola* u.a., § 3 III, IV; *Döschl u.a.* § 3; *Seibert* in „Untersuchungshaft: Stiefkind der Justiz“, S. 165 (171).

514 *Seebode* in „Untersuchungshaft“, S. 187.

515 Programmsätze sind sie für den Strafvollzug vor allem deshalb, weil der Strafhäftling aus ihnen keine unmittelbaren Rechte und Pflichten ableiten kann, sondern sie sich nur als Gestaltungsauftrag an die Vollzugsverwaltung richten (*Callies/Müller-Dietz* § 3 RN 2).

grundsatz ist für die Untersuchungshaft eine direkte Folge der Unschuldsvermutung bzw. des Übermaßverbotes und somit für den Gesetzgeber verpflichtend: Die Rechte des unschuldigen Häftlings dürfen nämlich nur so weit beschnitten werden, wie es zur Erfüllung des konkreten Haftzweckes und für die Aufrechterhaltung von Sicherheit und Ordnung in der Anstalt unbedingt notwendig ist. Daraus folgt umgekehrt, dass darüber hinaus das Leben im Vollzug im Wesentlichen den extramuralen Umständen entsprechen muss. Dies bedeutet aber auch, dass der Angleichungsgrundsatz im Untersuchungshaftvollzug sich nicht nur an die Vollzugsverwaltung richtet, sondern für den einzelnen Häftling darüber hinaus ein subjektives Recht darstellt[516]. Wenn der Betroffene ein Recht auf Eingriffsminimierung hat[517], steht ihm nämlich im Umkehrschluss damit auch ein Recht auf bestmögliche Beibehaltung der normalen Lebensumstände zu.

Ähnlich verhält es sich mit der eng mit dem Angleichungsgrundsatz verbundenen Forderung, den schädlichen Folgen des Freiheitsentzuges entgegenzuwirken. Auch sie ist - anders als im Strafvollzug - nicht nur bloßer Programmsatz aufgrund einer gesetzgeberischen Entscheidung, sondern ein subjektives Recht, das die Legislative dem Untersuchungshäftling einräumen muss[518]. Der Grund dafür liegt in der konsequenten Weiterführung des dargelegten Rechtes auf Eingriffsminimierung: Die staatliche Verpflichtung, die Beschränkungen der Freiheitsrechte so gering wie möglich zu halten, beinhaltet zwangsläufig als Kehrseite die Pflicht, die mit dem Eingriff verbundenen Nachteile zu minimieren[519]. Dieser Anspruch des Häftlings - der den Umfang der sozialstaatlichen Leistungspflicht für den Gesetzgeber bindend vorgibt - führt dazu, dass er während seines Aufenthaltes in der Vollzugsanstalt auf ein umfangreiches Programm von Leistungen zurückgreifen können muss, welches geeignet ist, die bekannten nachteiligen Folgen einer Inhaftierung zu mildern[520].

Daraus folgt aber auch, dass die Gestaltung des Haftvollzuges dem Einzelnen ein Höchstmaß an Eigenverantwortlichkeit für seine Lebensgestaltung ermöglichen muss, um den Folgen der Prisonisierung entgegenzuwirken, die dem Häftling nach der Entlassung die Rückkehr ins extramurale Leben erschweren[521]. Wenn der Häftling ständig und bis ins kleinste Detail vorgeschrieben bekommt, wann und was er zu essen hat, wann er duschen, aufstehen oder einkaufen kann, verlernt er durch permanente Bevormundung und Überversorgung auf Dauer die

---

516 Vgl. *Paeffgen/Seebode* in ZRP 1999, S. 524 (526).

517 Z.B. aus der Unschuldsvermutung der *EMRK*, die für den Bürger über Art. 25 *EMRK* ein direkt einklagbares Recht postuliert. (siehe dazu im Einzelnen oben II 1.2 ff.).

518 *Seebode* in „Untersuchungshaft“, S. 187.

519 Ähnlich *Seebode* in „Untersuchungshaft“, S. 187

520 *Amelung* u.a., S. 54; *Seebode* in „Untersuchungshaft“, S. 187.

521 *Seebode* in „Untersuchungshaft“, S. 210; *Böhm* in Böhm/Schwindt StVollzG § 3 RN 12.

Möglichkeit, selbstständig sein Leben zu planen und zu gestalten[522]. Die aufgezeigten Probleme werden dabei umso bedeutender, je länger die Untersuchungshaft im Ergebnis dauert.

Eine Folge ist, dass der so entlassene Gefangene einer erheblich höheren Gefahr unterliegt, straffällig bzw. rückfällig zu werden, als das gefestigte und selbstsichere Individuum[523]; eine größerere Autonomie der Häftlinge bei der Erledigung ihrer täglichen Lebensabläufe liegt deshalb auch im eigenen Interesse des Staates.

Darüber hinaus haben entsprechende Modellversuche[524] in Niedersachsen gezeigt, dass eine höhere Gefangenenautonomie auch für die Vollzugsverwaltung von Vorteil sein kann. Im Rahmen dieser Feldversuche stellte man den Untersuchungshäftlingen einerseits ein umfassendes Serviceprogramm[525] mit weitgehend autonomer Lebensgestaltungsmöglichkeit zur Verfügung während andererseits jeder Missbrauch dieser Freiheiten sofort rigide verfolgt wurde. Das Ergebnis nach einer fünfjährigen Testphase war eine deutliche Verbesserung des Haftklimas in der Anstalt:
Aggressionen innerhalb der Gefangenenpopulation kamen quasi überhaupt nicht mehr vor und auch die Feindseligkeiten zwischen Häftlingen und Anstaltspersonal gingen spürbar zurück[526].
Das Prinzip der Sicherheitsgewährleistung durch äußeren Druck wurde weitläufig durch ein System von informeller Selbstkontrolle der Häftlinge durch die Häftlinge ersetzt, was letztendlich wiederum zu Ressourcengewinnung und Einspareffekten für die Vollzugsverwaltung führte[527].

Der Regierungsentwurf vom 30.04.1999 griff die dargelegten Gedanken auf, begnügte sich aber mit unzureichenden Formulierungen. In § 2 II, III UVollzG - RE hieß es:

> *„Das Leben im Vollzug soll den allgemeinen Lebensverhältnissen angeglichen werden..."* bzw. *„Schädlichen Folgen des Freiheitsentzuges soll entgegengewirkt werden...".*

---

[522] *Seebode* in „Untersuchungshaft", S. 209 f.; *Böhm* in Böhm/Schwindt StVollzG § 3 RN 12.
[523] Dazu im Detail *Harbordt*, S. 87 ff.
[524] Siehe dazu ausführlich *Koop* in „vergessene Reform", S.107 (111 ff.).
[525] An dem sich die Häftlinge auch finanziell beteiligen mussten.
[526] *Koop* in „vergessene Reform", S.107 (117 f.).
[527] *Koop* in „vergessene Reform", S.107 (117); vgl. auch *Rotthaus* in „Festschrift für Rebmann", S. 401 (409).

Die Ausgestaltung als sog. Sollvorschrift wurde dem dargelegten subjektiven Anspruch des Häftlings auf eine dahingehende Vollzugsgestaltung jedoch nicht gerecht.
Erstaunlich ist insoweit, dass die Formulierung damit zumindest dem Wortlaut nach nicht nur hinter der des StVollzG zurückbleibt[528], sondern sogar hinter vergleichbaren Vorschlägen von *Döschl u.a.*, obwohl sich diese in der Gesamtausgestaltung des Vollzuges wesentlich mehr von dem Gedanken der Reglementierung und Beschränkung haben leiten lassen als die Bundesregierung[529].
Der Regierungsentwurf nahm für sich aber auch nicht in Anspruch, eine verbindliche subjektive Rechtsposition für den Untersuchungsgefangenen zu postulieren. Vielmehr wurde die Formulierung bewusst an die entsprechenden Vorschriften des StVollzG angelehnt, denn ebenso wie im Falle des Strafvollzuges sollte durch § 3 UVollzG - RE gleichfalls nur ein Programmsatz postuliert werden[530]. Der Bundesregierung ging es folglich gerade nicht darum, einen subjektiven Anspruch des Häftlings auf Angleichung des Vollzuges an die Außenwelt und auf Minimierung der nachteiligen Haftfolgen zu schaffen[531]. Da dieser Anspruch seitens der Betroffenen aber besteht, ist dies meines Erachtens auch in der Gesetzesformulierung klarzustellen.

2.4 Generalklausel

Ebenso wie in den Regelungen des Strafvollzugsgesetzes wäre es für ein Untersuchungshaftvollzugsgesetz sinnvoll, im vorangestellten „Allgemeinen Teil“ eine Generalklausel zu kodifizieren, welche diejenigen Einzelfälle erfasst und einer gerechten Lösung zuführt, die durch die Regeln des „Besonderen Teils“ nicht erfasst werden[532]. Bei den zu wählenden Formulierungen ist jedoch darauf zu achten, dass

1. die gewählten Formulierungen so klar und eindeutig wie möglich gefasst werden, sowie

2. trotz ihrer eingriffslegitimierenden Funktion das Prinzip der Eingriffsminimierung deutlich zum Ausdruck bringen.

---

528 § 3 II, III StVollzG sind zumindest der Formulierung nach als verbindliche „Ist“ – Vorschriften paraphiert worden.

529 *Döschl u.a.* § 3.

530 Begründung der Bundesregierung zu § 3 UVollzG - RE S. 51 (BR-Drucksache 249/99).

531 Begründung der Bundesregierung zu § 3 UVollzG - RE S.51 (BR-Drucksache 249/99.

532 Anders insoweit wohl *Isola* u.a., der auf eine Generalklausel gänzlich verzichtet; unklar *Baumann* UVollzG - E § 3 I, der sich in seiner Formulierung eher an § 119 III StPO anlehnt; instruktiv aber unzureichend in der Ausgestaltung *Döschl u.a.* § 4 S. 2.

Angesichts dieser Anforderungen scheidet eine Anlehnung an die Regelung in § 119 III StPO, wie die Ausführungen zu dessen Kommentierung im vorherigen Abschnitt IV verdeutlicht haben, in jedem Falle aus.

Klar ist nach Erörterung der völkerrechtlichen und verfassungsrechtlichen Anforderungen jedoch, welche Gesichtpunkte alleine für die Beschränkung der Rechtspositionen des Häftlings in Betracht kommen dürfen, nämlich:

- die Bekämpfung des im konkreten Fall vorliegenden Haftgrundes,
- die Wahrung der Rechte von Mithäftlingen und Personal sowie
- die Wahrung der Funktionsfähigkeit und des Betriebes der Anstalt unter Wahrung gewisser Sicherheitsstandards.[533]

Deshalb kann als Ausgangspunkt für eine den genannten Voraussetzungen Rechnung tragende Generalklausel die Formulierung des ehemaligen Regierungsentwurfes in § 2 II herangezogen werden, welche allerdings entsprechend den völkerrechtlichen und verfassungs-rechtlichen Erfordernissen teilweise modifiziert werden muss.

Nach den Vorstellungen der Bundesregierung durften, falls besondere gesetzliche Regelungen nicht existieren, dem Untersuchungshäftling nur dann Beschränkungen auferlegt werden, wenn sie:

„*1. zur Erreichung des Zwecks der Untersuchungshaft oder*

2. zur Aufrechterhaltung der Sicherheit oder zur Abwendung einer schwerwiegenden Störung der Ordnung der Anstalt ... unerlässlich sind.“

Was die Klarheit der Formulierungen angeht, so ist die erste Alternative dieser Regel angesichts der rechtsstaatlichen Voraussetzungen, die in den vorigen Kapiteln erörtert wurden, zunächst dahingehend zu verändern, dass unter dem „Zweck der Untersuchungshaft“ nur der tatsächlich im Haftbefehl genannte Haftgrund verstanden werden kann[534]. Die Wortwahl des ehemaligen Regierungsentwurfes war deshalb bewusst weiter gefasst, weil er irrigerweise davon

[533] Ähnlich *Baumann* in JZ 1990, S. 107 (112).

[534] Vgl. *Seibert* in „Untersuchungshaft: Stiefkind der Justiz“, S. 165 (168); *Rosenberg* in JW 1925, S. 1446 (1447); *Seebode* in StrV 1989, S. 119 (120), *ders.* in „Untersuchungshaft“, S. 117 ff.; *ders.* in „vergessene Reform“, S. 14 (26); *Baumann* in JZ 1990, S. 107 (111); *ders.* UVollzG – E, S. 21 (Begr. zu § 3); *Callies/Müller-Dietz* § 122 RN 3; viel zu weit geht daher der Formulierungsvorschlag von *Döschl u.a.* § 4 S. 2 die die Formulierung „*Sicherung des Verfahrens*“ wählen.

ausging, dass auch nicht im Haftbefehl genannte Haftgründe für Freiheitsbeschränkungen herangezogen werden können sollten, sofern sich konkrete Hinweise auf ein haftgrundbegründendes Verhalten ergäben[535].

Bezüglich der zweiten Alternative, der Aufrechterhaltung des Anstaltsbetriebes und der Beachtung haftvollzugsbedingter Sicherheitserfordernisse, liefert der Gesetzesentwurf grundsätzlich brauchbarere Ansätze:
Zunächst erwähnt er die „Sicherheit in der Anstalt" als eigenen Begrenzungsaspekt[536]. Grundsätzlich ist zwar davon auszugehen, dass die „Ordnung in der Vollzugsanstalt" den Begriff der „Sicherheit" mitumfasst[537]. Um dem Erfordernis einer möglichst einfachen und für den Rechtstunkundigen leicht verständlichen Regelung gerecht zu werden[538], ist es jedoch durchaus sinnvoll, den Sicherheitsaspekt eigens in der Generalklausel zu erwähnen[539].
Halbherzig war aber, dass der Entwurf der damaligen Bundesregierung an dem missverständlichen Begriff[540] der „Ordnung in der Vollzugsanstalt" festhielt, so wie er schon in § 119 III StPO zu finden ist. Nachdem schon der Sicherheitsaspekt des Ordnungsbegriffes eigens angeführt wurde, läge es näher, den weiteren, im Rahmen der völkerrechtlichen und verfassungsrechtlichen Vorgaben relevanten Aspekt der „Ordnung", nämlich den des „Zusammenlebens in der Anstalt", auch als solchen zu benennen. Damit wäre ausdrücklich klar gestellt, dass weitere Nuancen eines wie auch immer verstandenen Ordnungsbegriffes[541] aufgrund von Unschuldsvermutung und Übermaßverbot als grundrechtsbeschränkende Aspekte außer Acht bleiben müssen.

---

535 Begründung der Bundesregierung zu § 1 UVollzG - RE S.49 (BR - Drucksache S. 249/99.

536 Im Übrigen war der Aspekt der „Sicherheit" in der Anstalt in der älteren Fassung des § 116 III StPO (§ 119 IV StPO n.F.) eigens neben der Ordnung und dem Haftzweck erwähnt.

537 *Veith*, S. 57; *Kleinknecht/Meyer-Goßner* § 119 RN 13; *Grunau*, Nr.18 RN 3; OLG Düsseldorf in NStZ 86, S. 92.

538 Siehe dazu auch unter III 3.4 zum Gebot der Normenklarheit.

539 Vgl. auch *Döschl u.a.* § 4 S. 2.

540 *Baumann* in „Sicherheit und Ordnung in Vollzugsanstalten?", S. 12 a.E. bezeichnet ihn im Zusammenhang mit dem Strafvollzugsgesetz auch als „*zu weit*" oder zu „*schwammig*"; ähnlich *Seebode* in „Untersuchungshaft", S. 236; Vgl. *Müller-Dietz* in StrV 1984, S. 79 (83).

541 *Seebode* in „Untersuchungshaft", S. 234 nennt beispielsweise Ordnungsvorstellungen, wonach der Häftling sein Bettzeug akkurat zu richten hat, eine ordentliche Haltung annehmen soll, wenn ein Vollzugsbediensteter seine Zelle betritt etc.; in Bayern wurde z.B. von Häftlingen durchgeführte Rechtsberatung als Ordnungsstörung im Sinne von § 119 III StPO verstanden (*Isola* in BewHi 1987, S.32 (34).

Baumann verzichtet in seinem Gesetzesentwurf folgerichtig gänzlich auf den Begriff der „Ordnung" und erwähnt nur die relevanten Aspekte der Sicherheit und des Zusammenlebens in der Anstalt[542].
Ein zukünftiges Gesetz zum Vollzug der Untersuchungshaft sollte sich deshalb der Klarheit und Verständlichkeit wegen auch auf die Benennung dieser beiden Begriffe beschränken, zumal sie für den juristischen Laien leichter zu erfassen sind[543].

Bezüglich der eingriffsbegrenzenden Funktion einer Generalklausel war der ehemalige Regierungsentwurf ebenfalls unzureichend ausgestaltet:
Während er für Grundrechtsbeschränkungen aufgrund des Ordnungserfordernisses - richtigerweise[544] - eine *erhebliche* Störung der Ordnung verlangte, verblieb der Aspekt der Sicherheit ohne eine gleichwertige Eingrenzung.
Im Hinblick auf Unschuldsvermutung und Übermaßverbot ist jedoch wohl auch dahingehend eine Einschränkung angebracht, dass nur *erhebliche* Gefahren/Störungen für die Sicherheit der Anstalt Grundrechtsbeschränkungen rechtfertigen.
Es ist darüber hinaus auch nicht ersichtlich, warum Störungen der Sicherheit anders behandelt werden sollten als Störungen der internen Ordnung in der Vollzugsanstalt, zumal dem Ordnungsbegriff nach der hier vertretenen Ansicht der Sicherheitsbegriff innewohnt.

Als geglückt und insoweit als übernehmenswert ist hingegen die Formulierung des damaligen Regierungsentwurfes anzusehen, die Grundrechtbeschränkungen nur dann zuließ, wenn sie tatsächlich „*unerlässlich*" waren[545].
Durch das Erfordernis der Unerlässlichkeit wird die ohnehin durch das „Erheblichkeitserfordernis" bereits sehr hoch angesetzte Eingriffsvoraussetzung erneut eingeengt:
Grundrechtsbeschränkende Maßnahmen aufgrund der Generalklausel sind damit nämlich nicht schon möglich, wenn es zur Erreichung des Haftzwecks oder zur Abwehr einer erheblichen Störung für die Sicherheit und das Zusammenleben in der Anstalt nützlich ist.
Selbst die Erforderlichkeit einer konkreten Grundrechtsbeschränkung reicht nicht aus, um Eingriffe zu legitimieren. Erst wenn die Beschränkung unerläss-

---

542 Ähnlich auch *Amelung u.a.*, der den Ordnungsbegriff ersetzt durch „*die Wahrung der Rechte anderer*".

543 *Baumann* UVollzG – E, S. 13.

544 Vgl. *Seebode* in „Untersuchungshaft", S. 236; BVerfGE 35, S. 311 (318 f.) wenngleich das Verfassungsgericht den Ordnungsbegriff zu weit auslegt; *Döschl u.a.* § 4 S. 2 wählen die Formulierung „*schwerwiegend*".

545 Vgl. *Seibert* in „Untersuchungshaft: Stiefkind der Justiz", S. 165 (168); ebenso *Döschl u.a.* § 4 S.2.

lich geworden ist, um eine erhebliche Störung zu beseitigen oder um den Haftzweck sicherzustellen, kann sie durchgeführt werden[546].
Es ist insoweit auch davon auszugehen, dass nur die Ausgestaltung einer Generalklausel als ultima-ratio-Vorschrift mit dem verfassungsrechtlichen Aspekt des Übermaßverbotes vereinbar ist. Ebenso verhält es sich mit den völkerrechtlichen Anforderungen, die die Unschuldsvermutung an die Kodifizierung der Generalklausel stellt – wenn die Einschränkungen der persönlichen Freiheit auf ein absolut unerlässliches Maß reduziert werden sollen, so muss dies auch in der konkreten Gesetzesformulierung so zum Ausdruck kommen.

3. Besonderer Teil

3.1 Allgemeines

Die im „Allgemeinen Teil" des Gesetzes angekündigte und grundsätzlich postulierte Eingriffsminimierung und die damit einhergehende weitesmögliche Individualisierung der Haftgestaltung muss nun im „Besonderen Teil" weiter ausgestaltet und konkretisiert werden.
Dabei ist im Rahmen der verfassungsrechtlichen Vorgaben durch die *Wesentlichkeitstheorie*[547] darauf zu achten, dass die Regelungsdichte ausreichend ist und sich an den typischen Problemgebieten des Haftvollzuges sowie an den eingeschränkten Grundrechten orientiert[548].

3.2 Unterbringung

Untersuchungshäftlinge sind, da sie nicht rechtskräftig verurteilt wurden, als unschuldig zu behandeln. Diese aufgrund der Unschuldsvermutung unumstößliche Feststellung hat weitreichende Folgen für die Unterbringung des Untersuchungsgefangenen.

---

[546] Vgl. *Müller-Dietz* in StrV 1984, S. 79 (83), der anstelle des Begriffes der „Unerlässlichkeit" die Formel von der „Unvermeidbarkeit" der Grundrechtsbeschränkung wählt.
[547] Zu den Anforderungen der Wesentlichkeitstheorie siehe ausführlich BVerfGE 83, S. 130 (152).
[548] Dazu oben unter III 3.2.1.4.

3.2.1 Trennungsgebot

3.2.1.1 Trennungsgebot zwischen Strafhäftlingen und Untersuchungshäftlingen

Zunächst folgt daraus, dass Strafhäftlinge und Untersuchungshäftlinge während ihres Vollzuges unterschiedlich behandelt und damit auch unterschiedlich und somit getrennt voneinander untergebracht werden müssen – entweder in eigenen Untersuchungshaftvollzugsanstalten oder in eigenen, abgetrennten Abteilungen einer Strafvollzugsanstalt.
Dieses Prinzip ist seit Kodifizierung der Strafprozessordnung anerkannt (heute § 119 I StPO) und ist von allen bisherigen Referentenentwürfen sowie dem Regierungsentwurf für ein UVollzG vom 30.04.1999 so aufgegriffen worden[549]. Angesichts der völkerrechtlichen Verpflichtung durch die *EMRK* bzw. *EPR* und *MBG (UN)*[550] ist es unbedingt erforderlich, dass diese Regelung auch weiterhin Bestandteil eines Untersuchungshaftvollzugsgesetzes bleibt.

Problematischer ist jedoch, ob, etwa auf Wunsch des Gefangenen oder aus anderen Gründen, diese grundsätzliche Trennung im Einzelfall aufgehoben können werden soll.
Der Entwurf der damaligen Bundesregierung machte den Vorschlag, dass die vorgenannte Separierung ausnahmsweise dann aufgegeben werden sollte, wenn es von Seiten des Häftlings ausdrücklich gewünscht wurde oder es

> *„zur Erreichung des Zweckes der Untersuchungshaft, aus den Gründen der Sicherheit und Ordnung der Vollzugsorganisation oder anderen wichtigen Gründen erforderlich"*[551] war.

Neben den bereits erwähnten Problemen im Hinblick auf das Begriffspaar „Zweck der Untersuchungshaft" und „Sicherheit und Ordnung" sind die übrigen Ausnahmevoraussetzungen des § 4 II S. 2 RE – UVollzG ebenfalls als missglückt anzusehen:
Eine Zusammenlegung aufgrund der *„Vollzugsorganisation"* oder *„aus wichtigem Grund"* ließe sich aufgrund der blankettartigen Formelbegriffe, die als Tatbestandsmerkmale verwendet wurden, quasi immer rechtfertigen, sodass der

549 So z.B. § 4 I UVollzG – RE; ebenfalls *Baumann* UVollzG - E § 12 III; *Isola* u.a. § 13 I; anders *Döschl u.a.* die in § 11 I offensichtlich davon ausgehen, dass die gemeinschaftliche Unterbringung mit Strafgefangenen die Regel sein sollte. Hiernach soll eine getrennte Unterbringung grundsätzlich von einem Antrag des Untersuchungshäftlings abhängig gemacht werden.

550 Regel 11 III *EPR* bzw. Regel 85 I *MBG (UN)*; im Detail siehe oben unter II 2.3.3.

551 § 4 II S. 2 UVollzG - RE.

nach § 4 I postulierte Trennungsgrundsatz weitgehend ins Leere liefe[552]. Da es sich dabei jedoch nicht um ein Prinzip handelt, welches zur Disposition des Gesetzgebers steht, sondern um eine bindende völkerrechtliche Vorgabe, ist § 4 II RE – UVollzG als zu weit gefasst anzusehen[553].

Fraglich ist, ob die zweite Ausnahmeregelung des Gesetzesentwurfes, wonach das Trennungsprinzip zwischen Straf- und Untersuchungshaft auf Wunsch des Untersuchungshäftlings selbst aufgehoben werden kann, Teil eines UVollzG werden sollte.
Meines Erachtens sprechen der dogmatische Unterschied zwischen Strafhaft und Untersuchungshaft sowie die sich daraus ergebenden Rechtsfolgen gegen eine dahingehende Dispositionsbefugnis des Häftlings[554]:
Neben der bei einer solchen Zusammenlegung immer bestehenden Gefahr der sog. „kriminellen Infektion[555]" sind die Behandlungsmethoden des Strafvollzuges in weiten Bereichen so geschaffen, dass durch sie nicht oder in nicht ausreichendem Maße den speziellen Gefahren der Untersuchungshaft Rechnung getragen werden kann.
Die konkreten Beschränkungen, denen ein Untersuchungshäftling unterliegt, sind auf seine Person und seinen Fall zugeschnitten: Sie sollen den Gefahren begegnen, die von ihm ausgehend dem jeweiligen Strafverfahren drohen.
Kommt dieser Häftling jedoch mit Strafgefangenen in Kontakt, die grundsätzlich anderen Einschränkungen unterliegen, eröffnen sich für ihn Möglichkeiten, über diesen Umweg die speziellen Beschränkungen zu umgehen, wie das oben dargelegte Beispiel der Briefkontrolle gezeigt hat[556].

Ein Kontakt zwischen Untersuchungshäftlingen und Strafhäftlingen sollte im Rahmen eines UVollzG deshalb kategorisch ausgeschlossen werden, auch wenn ein entgegenstehender Wunsch des Häftlings vorliegt[557].

---

552 Die Begründung der Bundesregierung zu § 4 UVollzG spricht selbst davon, dass durch diese Ausnahmeregelung das Trennungsgebot weitgehend aufgelockert werden soll (§ 4 UVollzG – RE, S.52) (BR-Drucksache 249/99).

553 Vgl. *Paeffgen/Seebode* in ZRP 1999, S. 524 (524).

554 Obwohl beispielsweise Art. 11 III *EPR* - im Gegensatz zu den Vorschriften der *MBG (UN)* – dem Gefangenen gestattet, auf seinen Wunsch hin mit Strafgefangenen untergebracht zu werden. (Siehe dazu oben II.2.3.3).

555 *Kaiser* in „Festschrift", S. 299 (397).

556 Siehe oben unter, II 2.3.3.

557 *Baumann* spricht in seinem Gesetzesentwurf in § 11 III von einer notwendigen Trennung *„soweit möglich"* und verzichtet im Übrigen auf weitere Ausnahmetatbestände; ähnlich *Dünnebier* in Löwe - Rosenberg (23. Auflage) § 119 RN 21, der Zusammenlegung dann gestatten möchte, wenn eine Trennung unmöglich ist; *Isola* u.a. gehen in ihrem Diskussionsentwurf in § 13 I hingegen davon aus, dass die Zustimmung des Häftlings dann zur

3.2.1.2 Trennungsgebot innerhalb der Untersuchungshaftvollzugsanstalt

Ähnliche Überlegungen sollten zu einer grundsätzlichen Trennung innerhalb der Untersuchungshaftanstalt führen:
Die Häftlinge, die sich wegen Kollusionsverdachts in der Anstalt befinden und damit wohl den einschneidensten Beschränkungen unterliegen werden[558], sind getrennt von den übrigen Insassen unterzubringen ohne die Möglichkeit einer Kontaktaufnahme[559]. Nur auf diese Weise kann sichergestellt werden, dass nicht die speziellen Beschränkungen der kollusiv Gefährdeten im Einzelfall über Dritte umgangen werden[560]. Dies führt dann umgekehrt dazu, dass den übrigen Untersuchungshäftlingen – deren Beschränkungen in der Regel nicht so weitgehend sein dürften – ein Maximum an verbleibenden Freiheitsrechten erhalten werden kann.
Angesichts der verschwindend kleinen Zahl an Kollusivhäftlingen[561] sollte eine entsprechende Abtrennung auch unproblematisch möglich sein[562], sodass ein UVollzG eine entsprechende Regelung enthalten sollte.
Eng damit verbunden ist die Frage, wie die Untersuchungsgefangenen innerhalb dieser Grobtrennung untergebracht werden sollten – ob in Einzelzellen oder in Gemeinschaftsunterkünften.
Sowohl die *European Prison Rules* als auch die *Mindestgrundsätze für die Behandlung Gefangener* legen neben der Unschuldsvermutung[563] als völkerrechtlich bindende Grundlage das Prinzip der Einzelunterkunft zugrunde, so wie dies bisher in § 119 I, II StPO bestimmt war und auch nach Vorstellung des ehemaligen Regierungsentwurfes (§ 11 I) grundsätzlich bleiben sollte.

§ 11 UVollzG - RE blieb insoweit aber nicht bei den Vorgaben der *EPR* und *MBG (UN)* stehen, sondern räumte dem Häftling auch während der Ruhezeiten die Möglichkeit ein, auf seinen Wunsch hin mit anderen Häftlingen gemeinsam untergebracht zu werden.

Aufhebung des Trennungsprinzips führen kann, wenn nur dadurch der Vollzugsplan verwirklicht werden kann.

558 *Seebode* in „vergessene Reform", S. 14 (26).

559 *Seebode* in „vergessene Reform", S. 14 (26); *Seibert* in „ Untersuchungshaft – Stiefkind der Justiz", S. 165 (169); in gleicher Weise wohl auch *Rotthaus* in „Festschrift für Rebmann", S. 401 (406).

560 Siehe dazu insbesondere den Regelungsvorschlag für die Außenkontakte, V 3.4.

561 Zur Zeit ca. 3,8 % der Gesamtuntersuchungshäftlinge für das Jahr 2001 (Statistisches Bundsamt, Fachserie 10 Reihe 3).

562 A.A. ohne nähere Begründung die *Bundesregierung* in den Erläuterungen zu § 19 U-VollzG – RE, S. 77 (BR – Drucksache 249/99).

563 *Paeffgen/Seebode* in ZRP 1999, S. 524 (526).

Außerhalb der Ruhezeiten sollte ebenfalls der gemeinsame Aufenthalt in Gemeinschaftsunterkünften möglich sein, soweit dies die räumlichen, personellen und organisatorischen Verhältnisse zuließen.

Richtig ist, dass im Lichte des Übermaßverbotes und der Unschuldsvermutung dem Häftling weder die Einzelunterkunft noch die Gemeinschaftsunterkunft verpflichtend vorgeschrieben werden kann, solange dies nicht durch den Haftzweck, die Sicherheit der Anstalt oder zum Schutz der Rechte der anderen am Vollzug Beteiligten zwingend geboten ist[564]. Werden bei der Unterbringung die der Kollusion Verdächtigen, wie oben vorgeschlagen, räumlich von den anderen Häftlingen getrennt, so sollten dahingehende Notwendigkeiten jedoch die Ausnahme bleiben.
Ob die Einzelunterkunft die Regel und die Gemeinschaftsunterkunft die Ausnahme bleiben soll (so der Regierungsentwurf) oder umgekehrt (so der Vorschlag von *Baumann*[565]) kann insoweit dahinstehen. Da der allgemeinen Praxis außerhalb der Haftanstalten wohl die Einzelunterkunft entspricht, spricht jedoch vieles für die Systematik des ehemaligen Regierungsentwurfes. Als übernehmenswert scheint in diesem Zusammenhang auch die Formulierung von *Döschl u.a.*[566]. Diese postuliert in § 15 I.

„Der Untersuchungshäftling hat ein Recht auf Einzelunterbringung"

Problematisch im Zusammenhang mit dem Gesetzentwurf scheinen im Übrigen die Vorstellungen der Bundesregierung bezüglich der Form der erforderlichen Zustimmung zur Unterbringung in einer Gemeinschaftsunterkunft.
Gemäß der amtlichen Begründung zu § 11 UVollzG – RE sollte diese Zustimmung bereits durch schlüssiges Verhalten möglich sein[567] und nicht, wie nach geltendem Recht in § 119 II StPO verlangt, allein auf eigenen Wunsch durch ausschließlich schriftliche Erklärung.
Zwar gibt es weder völkerrechtlich noch verfassungsrechtlich bindende Vorgaben auf diesem Gebiet. Um jedoch jede Form von Missbrauch und Missverständnis in dem sensiblen Themenkreis „Unterbringung" zu vermeiden, ist mei-

---

[564] Insoweit dann wohl zu eng § 13 des Entwurfes der Arbeitsgemeinschaft sozialdemokratischer Juristen (*Isola* u.a.); ebenfalls zu eng *Rotthaus* in „Festschrift für Rebmann", S. 401 (406) der die Gemeinschaftsunterbringung nur außerhalb der Ruhezeiten erlauben will; ähnlich *Seebode* in „Untersuchungshaft", S. 178; *Kleinknecht/Janischowsky* RN 342.

[565] § 12 II UVollzG - E.

[566] *Döschl u.a* § 15 I.

[567] Begründung der Bundesregierung zu § 11 UVollzG – RE, S. 63 (BR-Drucksache 249/99).

nes Erachtens an der schriftlichen Erklärung festzuhalten[568], die selbstverständlich auch widerrufbar sein muss (so auch § 119 II S. 2 StPO).
Schon im heutigen Haftalltag ist es üblich, dass Untersuchungshäftlinge seitens der Vollzugsverwaltung „überredet“ werden, sich wegen Platzmangels gemeinsam mit Anderen unterbringen zu lassen[569]. Die Schaffung einer Einverständniserklärung durch konkludentes Verhalten eröffnet in diesem Bereich ein nicht mehr zu überschauendes Missbrauchspotential. Es ist zu befürchten, dass sich die heutige rechtswidrige Praxis dadurch weiter ausbreitet.

Ähnlich problematisch war § 11 II des ehemaligen Gesetzentwurfes, wonach die gemeinschaftliche Unterbringung außerhalb der Ruhezeiten unter den Vorbehalt der räumlichen, personellen und organisatorischen Machbarkeit der Vollzugsanstalt gestellt wurde. Bereits unter III 4.4.3 wurde ausgeführt, dass die Begrenztheit staatlicher Mittel grundsätzlich keine Begründung für die Beschränkung von Freiheitsrechten sein kann und Grundrechte nicht nur nach Maßgabe der finanziellen Ressourcen des Staates bestehen[570]. Dies gilt umso mehr, als im Fall der Untersuchungshaft Beschränkungen allein zur Sicherung des Haftzwecks, der Sicherheit der Anstalt und dem Schutz der Rechte anderer angeordnet werden dürfen. § 11 II UVollzG – RE verstieß damit sowohl gegen das Übermaßverbot als auch gegen die eingriffsbeschränkende Wirkung der Unschuldsvermutung.

Im Übrigen muss - anders als im ehemaligen Regierungsentwurf - auch für die Zeit außerhalb der Ruhezeiten die Gemeinschaftsunterbringung an die Zustimmung des Häftlings gebunden werden[571].

Eine den untersuchten Vorgaben entsprechende Regelung muss folglich dem Untersuchungshäftling sowohl zu Ruhezeiten als auch außerhalb dieser Zeiten das Recht einräumen, auf seinen ausdrücklichen (widerrufbaren) Wunsch hin in Gemeinschaft mit anderen Untersuchungefangenen untergebracht zu werden[572]. Falls er dies nicht möchte, muss ihm als Ausfluss der Unschuldsvermutung ein Recht auf Einzelunterbringung zustehen[573].

---

568 So auch *Paeffgen/Seebode* in ZRP 1999, S. 524 (526).
569 *Eisenberg* § 29 RN 54; *Oetjen* u.a., S. 27.
570 Ausführlich *Korinek* in „Grundrechte“, S. 11 (21); *Dünnebier* in Löwe - Rosenberg (23. Auflage) § 119 RN 35; BVerfGE 15, S. 288 (296); BVerfG in NStZ 1994, S. 604 (605); Vgl. auch *Baumann* in DRiZ 1959, S. 379 (380).
571 *Paeffgen/Seebode* in ZRP 1999, S. 524 (526).
572 *Seebode* in „Untersuchungshaft“, S. 211; ähnlich *Dünkel*, S. 334 (343).
573 *Paeffgen/Seebode* in ZRP 1999, S. 524 (526).

3.2.2 persönlicher Lebensbereich

Als letzter Themenkreis im Zusammenhang mit der Unterbringung von Untersuchungshäftlingen soll an dieser Stelle die Frage erörtert werden, inwieweit der Gefangene seinen eigenen räumlichen Lebensbereich – also die ihm zugewiesene Zelle – einrichten und gestalten darf.

§ 14 II des ehemaligen Regierungsentwurfes sah für den Gefangenen die Möglichkeit vor – ähnlich wie bei der vergleichbaren Regelung für Strafgefangene – den Haftraum in *angemessenem* Umfang mit eigenen Sachen auszustatten[574]. Damit ging der Entwurf zwar schon seiner Formulierung nach über die heutige Regelung in Nr. 53 UVollzO hinaus, die lediglich postuliert, dass der Anstaltsleiter dem Gefangenen

> *„Stücke der Habe überlassen"* darf *„die sich zum persönlichen Gebrauch oder zur Ausstattung des Haftraums eignen."*

Ebenso wie für den oben erörterten Bereich der gemeinsamen Unterbringung sei an dieser Stelle jedoch daran erinnert, dass dem Gefangenen nur die Beschränkungen auferlegt werden dürfen, die der im Haftbefehl genannte Haftzweck, die Aufrechterhaltung der Sicherheit in der Anstalt oder die Regeln des Zusammenlebens unerlässlich fordern. Die Überlassung von Einrichtungsgegenständen darf deshalb grundsätzlich nicht in das Belieben des Anstaltsleiters gestellt werden, wie dies die UVollzO vorsieht[575].

Unter dem Gesichtspunkt einer ultima-ratio-Einschränkung war aber auch die Regelung des Regierungsentwurfes vom 30.04.1999 als zu weit gefasst anzusehen:
Abgesehen von der Tatsache, dass der Begriff der *„Angemessenheit"* im Zuge der erforderlichen Normenklarheit als recht unbestimmt[576] und missverständlich gesehen werden kann[577], waren seine Voraussetzungen weiter gefasst als die in der Generalklausel vorgeschlagene und völkerrechtlich und verfassungsrechtlich gebotene Einschränkungsminimierung.

---

[574] So auch *Döschl u.a.* § 16 I.

[575] Vgl. *Seebode* in „Untersuchungshaft", S. 200.

[576] Insoweit ist auch der Vorschlag der ASJ abzulehnen, der sich der gleichen Formulierung wie der Regierungsentwurf bedient (*Isola* u.a. § 21).

[577] Der aber verfassungsrechtlich nicht zu beanstanden wäre, sondern als unbestimmter Rechtsbegriff der vollen gerichtlichen Überprüfung unterläge; (so zur vergleichbaren Regelung des § 19 StVollzG *Callies/Müller-Dietz* § 19 RN 3).

Baumann[578] schlägt in seinem Gesetzesentwurf deshalb zu Recht vor, dass es dem Häftling möglich sein muss, seinen Haftraum nach eigenem Dafürhalten mit persönlichen Dingen einzurichten, solange dadurch nicht der Haftzweck, die Sicherheit der Anstalt oder das Zusammenleben in ihr erheblich gestört werden[579].

In diesem Zusammenhang kann und sollte zum Beispiel wie bei *Döschl u.a.* auch normiert werden, dass der Haftraum und die darin enthaltenen Einrichtungsgegenstände übersichtlich gehalten sein müssen, da hierdurch das Personal bei dem Betreten der Zelle in seinem Sicherheitsbedürfnis geschützt wird[580]. Auch sollte der Gefangene ausdrücklich im Gesetz verpflichtet werden, seinen Haftraum regelmäßig zu reinigen, was zur Erhaltung der Hygiene in der Anstalt unbedingt erforderlich ist. Eine ausdrückliche Erwähnung dieser Aspekte, wie *Baumann*[581] und die *ASJ*[582] ihn vorschlagen, ist zwar nicht dringend notwendig, da sich diese Pflichten aus dem Aspekt der Sicherheit und Ordnung in der Vollzugsanstalt unmittelbar ergeben. Im Zuge einer möglichst einfachen Handhabung und einer praxisnahen Formulierung des Gesetzes wäre eine dahingehende Normierung aber wünschenswert.

3.3 Angleichung an das Leben außerhalb der Anstalt

3.3.1 Allgemeines

Eng mit dieser Problematik hängt die im „Allgemeinen Teil" bereits erörterte Frage zusammen, inwieweit die Vollzugsverwaltung durch Unschuldsvermutung und Übermaßverbot verpflichtet ist, die Gestaltung des Tagesablaufes in der Vollzugsanstalt an das extramurale Leben anzugleichen und wie weit die Eigenverantwortlichkeit des Häftlings für die Erledigung seiner Alltagsgeschäfte damit gehen darf und muss.
Grundsätzlich bleibt dabei festzustellen, dass der Gesetzesentwurf der ehemaligen Bundesregierung die Möglichkeit einer eigenverantwortlichen Gestaltung des Alltags nur halbherzig und unvollständig aufgegriffen hatte und in manchen Bereichen sogar einen Rückschritt gegenüber der gegenwärtigen Praxis darstellte.

---

[578] *Baumann* UVollzG - E § 15 I.
[579] Ebenso *Seebode* in „Untersuchungshaft", S. 200.
[580] *Döschl u.a.* § 16 II.
[581] § 15 II UVollzG – E.
[582] § 21 DE – UVollzG.

3.3.2 Anstaltskleidung oder Privatkleidung

Grundsätzlich muss dem Häftling gestattet werden, eigene Kleider zu tragen und eigene Bettwäsche zu benutzen[583]. Vor dem Hintergrund von Unschuldsvermutung und Übermaßverbot sind nur schwerlich Gründe ersichtlich, warum der Gebrauch eigener Bekleidung und eigener Bettwäsche den Zweck der Untersuchungshaft oder das Zusammenleben und die Sicherheit in der Vollzugsanstalt gefährden könnten. Darüber hinaus postulieren auch die völkerrechtlichen Vorgaben aus *MBG (UN)*[584] und *EPR*[585] ein solches Recht für den Gefangenen.
Der ehemalige Regierungsentwurf sah deshalb in § 14 I vor, dass der Untersuchungshäftling auch in der Anstalt weiterhin seine private Kleidung tragen durfte, wenn er selbst für deren Instandhaltung und Reinigung Sorge trug. Im Wesentlichen deckte sich § 14 damit auch mit Nr. 52 UVollzO, verzichtete allerdings auf die darin noch ausdrückliche zusätzliche Erwähnung der privaten Bettwäsche – blieb also insoweit dahinter zurück[586].

Der eingeschlagene Weg, wonach der Häftling grundsätzlich selbst für Reinigung und Instandhaltung seiner Wäsche verantwortlich sein sollte, ist im Rahmen des Angleichungsgrundsatzes und des Prinzips der größtmöglichen Autonomie bei der Tagesgestaltung richtig, wurde jedoch nicht konsequent zu Ende gedacht:
Soll der Häftling eigenverantwortlich für eine ordnungsgemäße Handhabe seiner Schmutzwäsche sorgen, bleiben ihm nur zwei Möglichkeiten: Entweder die Wäsche an Dritte außerhalb der Anstalt zur Reinigung und Instandhaltung zu geben[587] oder sie in der Anstalt selbst zu waschen. Die erste Alternative ist zumindest wieder unter dem Gesichtspunkt der Eigenverantwortlichkeit fraglich und beschert – wegen des Erfordernisses der Durchsuchung der gereinigten Wäsche[588] - der Vollzugsverwaltung einen hohen Arbeitsaufwand.

---

583 *Baumann* UVollzG - E § 16 I; *Isola* u.a. § 22 I; *Döschl u.a.* § 17; *Rotthaus* in „Festschrift für Rebmann", S. 401 (406) bezeichnet das Recht, eigene Kleidung tragen zu dürfen, als *„wichtiges Symbol der Unschuldsvermutung*".

584 Regel 91 *MBG (UN)*.

585 Regel 98 S.1 *EPR*.

586 Wobei man auch vertreten könnte, dass die eigene Bettwäsche auch einen Teil der persönlichen Ausstattung der Zelle darstellt und insoweit von § 14 II UVollzG -RE erfasst wird.

587 Davon ging wohl Nr. 52 I UVollzO aus (*Rotthaus* in „Festschrift für Rebmann", S. 401 (406); *Grunau* Nr. 52 RN 1 der darüber hinaus die Möglichkeit vorsieht, dass der Häftling eine außerhalb der Anstalt liegende Wäscherei bemühen kann).

588 Bei Kollusivhäftlingen müsste darüber hinaus sogar die schmutzige Wäsche untersucht werden.

Von der zweiten Alternative kann der Untersuchungshäftling hingegen nur dann Gebrauch machen, wenn es geeignete Waschgelegenheiten in der Anstalt selbst gibt, wie beispielsweise eine eigene, evtl. münzbetriebene Waschmaschine.
Die amtliche Begründung zu § 14 UVollzG - RE ging - wahrscheinlich auch aufgrund vorstehender Überlegungen - davon aus, dass die zweite Alternative die Regel sein sollte[589], verzichtete aber auf entsprechende Erwähnungen oder auf eine ausdrückliche Klarstellung im Gesetzestext.
Der Angleichungs- und Gegensteuerungsgrundsatz und die daraus resultierende Verpflichtung zur Einräumung einer größtmöglichen Autonomie des Haftablaufs sind für den Gesetzgeber jedoch bindend. Dies führt dazu, dass in einem UVollzG die Verpflichtung der Vollzugsverwaltung enthalten sein muss, geeignete Vorrichtungen für Reinigung und Instandhaltung der Häftlingswäsche zur Verfügung zu stellen[590] [591].

Sollte der Häftling auf Privatkleidung und/oder Privatwäsche verzichten, so hat er ein Recht, Anstaltskleidung zu bekommen und zu tragen[592].

3.3.3 Selbstverköstigung

Nach der heute geltenden Regelung in Nr. 50 II UVollzO hat der Untersuchungsgefangene das Recht, sich auf seine Kosten durch Vermittlung der Anstalt selbst zu verpflegen. Wie weiterhin aus dieser Bestimmung hervorgeht, wird dieses „Selbstverköstigungsprivileg" darauf beschränkt, dass der Betroffene sich die ausgewählten Speisen aus einem Restaurant oder einer Gastwirtschaft kommen lassen kann.
Da ein solcher Bezug regelmäßig mit nicht unerheblichen Kosten verbunden ist, wundert es nicht, dass in der Praxis von der Möglichkeit der Selbstverpflegung weitestgehend kein Gebrauch gemacht wird[593].

Die Bundesregierung zog deshalb aus dieser Tatsache ebenso wie der Entwurf von *Döschl u.a.*[594] den Schluss, dass das Selbstverköstigungsrecht ganz aus dem Privilegienkatalog der Untersuchungshäftlinge zu streichen war. Der Bezug ei-

---

589 Begründung der Bundesregierung zu § 14 UVollzG – RE, S. 67 (BR-Drucksache 249/99).

590 Ähnlich *Rotthaus* in „Festschrift für Rebmann", S. 401 (409) der jedoch davon ausgeht, dass die Reinigungsvorrichtungen für den Häftling kostenlos sein sollen.

591 Zu denken ist dabei etwa an eine Formulierung wie *„Dem Gefangenen ist Gelegenheit zu geben, sein Wäsche eigenverantwortlich zu reinigen"*.

592 *Baumann* E - UVollzG § 16 II; *Isola* u.a. § 22 II; *Döschl u.a.* § 17 II.

593 *Rotthaus* in „Festschrift für Rebmann", S. 401 (409); *Seebode* in „vergessene Reform", S. 14 (31).

594 *Döschl u.a.* § 18.

genen Essens von außerhalb der Anstalt sei wegen der guten Nahrungsqualität des Anstaltsessens nicht mehr erforderlich und schüre zudem Unzufriedenheit und Neid unter den Gefangenen, welche sich aufgrund eigener finanzieller Defizite einen externen Nahrungsbezug nicht leisten können[595].
Nicht nur, dass der Gesetzentwurf dadurch hinter die *Mindestgrundsätze für die Behandlung Gefangener (UN)* zurückfiel, welche in Regel 87 dem Häftling die Möglichkeit einräumen, Nahrung von außerhalb zu beziehen[596]. Das Recht, sich selbst zu versorgen, ist darüber hinaus auch Ausfluss der Unschuldsvermutung[597]. Ein Verbot ließe sich auch mit Blick auf das Übermaßverbot nur innerhalb der mehrmals erwähnten ultima-ratio-Grenzen rechtfertigen[598]. Die Tatsache, dass es eventuell zu Unzufriedenheit unter den finanziell schlechter gestellten Häftlingen kommen könnte, kann jedenfalls nicht ausreichen, solange dadurch die Sicherheit der Anstalt oder das Zusammenleben nicht erheblich gestört werden[599].

Auch die sicherlich vorhandene abstrakte Gefahr, dass von außen auf diesem Wege Drogen in die Anstalt gelangen oder Häftlinge hierdurch kollusiv tätig werden könnten, reicht nicht aus, um pauschal für alle Untersuchungsgefangenen das Selbstverköstigungsprivileg zu streichen.
Im Übrigen hat die Anstalt etwa durch Einrichtung einer eigenen Kochgelegenheit verbunden mit regelmäßigen Einkaufsmöglichkeiten für die weniger Vermögenden genügend Spielraum, etwaige soziale Spannungen aufzufangen[600].
Meines Erachtens ist die Vollzugsverwaltung im Rahmen des Angleichungs- und Gegensteuerungsgrundsatzes sogar verpflichtet, solche Leistungen anzubieten, weil dadurch die Eigenständigkeit und Eigenverantwortlichkeit des Gefangenen gestärkt und gefördert wird.
Eine den Vorgaben gerecht werdende Regelung über die Selbstverköstigung der Häftlinge hat demnach, neben der Beibehaltung des Rechts auf Selbstverköstigung von außerhalb der Anstalt,[601] ebenfalls für die Vollzugsverwaltung die Verpflichtung zu enthalten, geeignete Vorrichtungen zur eigenverantwortlichen Nahrungszubereitung bereitzustellen.

---

595 So die Begründung der Bundesregierung für die Streichung des Selbstverköstigungsprivilegs (Begründung zu § 14 UVollzG – RE, S. 68 (BR-Drucksache 249/99).

596 Die *MBG (UN)* – Regel 87 - erlauben dabei sogar ausdrücklich die Zubereitung der Nahrung durch Private.

597 *Seebode* in „vergessene Reform", S. 14 (31); vgl. *Baumann* UVollzG – E, S. 45.

598 *Paeffgen/Seebode* in ZRP 1999, S. 424 (426); *Seebode* in „vergessene Reform", S. 14 (31).

599 Insoweit zu weit *Isola* u.a., die auf das „Erheblichkeitserfordernis" verzichten.

600 So auch *Rotthaus* in „Festschrift für Rebmann", S. 401 (409 f.).

601 *Seebode* in „vergessene Reform", S. 14 (31); *Baumann* UVollzG – E § 17 I ; *Isola* u.a. § 23 II.

3.3.4 Kauf von Nahrungs-, Genussmitteln und Freizeitgegenständen

Bedingt durch den Charakter der Untersuchungshaft ist es nicht möglich, dem Häftling Urlaub oder Freigang zu gewähren[602]. Eine Folge davon ist, dass der Gefangene im Rahmen des Bezuges von Nahrungs- und Genussmitteln sowie von Freizeitgegenständen gänzlich auf die Kooperation der Anstalt angewiesen ist.

Wie groß dabei die Mitwirkungsverpflichtung der Anstalt ist, lässt sich wiederum aus den Vorgaben ableiten, die die Unschuldsvermutung an die sozialstaatliche Leistungspflicht des Staates stellt:

Daraus folgt einmal mehr, dass die Vollzugsverwaltung grundsätzlich die Lebensumstände beibehalten muss, die für den Gefangenen außerhalb der Anstalt gegolten haben, sofern sie nicht durch den konkreten Haftgrund, die Sicherheit der Anstalt oder die Rechte der Anderen eingeschränkt werden müssen. Konkret muss daher die Anstalt Vorsorge treffen, dass der Häftling Nahrungs-, Genussmittel oder Freizeitgegenstände in einem Umfang beziehen kann, welcher seinem Lebensstandard in Freiheit entspricht.

Dies bedeutet zum einen, dass die Verwaltung dem Gefangenen die Möglichkeit geben muss, solche Gegenstände, die er von Personen außerhalb der Anstalt geschickt oder abgegeben bekommt, auch zu erhalten[603].

Andererseits muss die Vollzugsverwaltung selbst Vorkehrungen treffen und in einem UVollzG dazu verpflichtet werden, dem Häftling auch innerhalb der Anstaltsmauern Einkaufsmöglichkeiten anzubieten.

Diese können selbstverständlich nicht genauso umfangreich sein wie außerhalb der Anstalt – in Anbetracht des von Seiten des Häftlings erbrachten Sonderopfers kann dabei jedoch ein nicht zu geringer Umfang erwartet werden. So sollten gängige Genuss- oder Nahrungsmittel etwa in anstaltseigenen „Kiosken“ oder dafür aufgestellten Automaten erhältlich sein. Für größere Waren wäre etwa auch an die Möglichkeit eines ausgesuchten Versandkaufs zu denken. Die auf diesem Wege erworbenen Artikel hätten auch den Vorteil, dass sie original verpackt wären und von einer professionellen Spedition geliefert würden. Sie sind daher unter Sicherheitsgesichtpunkten wesentlich unproblematischer als beispielsweise die Versorgung durch Dritte im Wege des Paketempfangs.

---

[602] *Seebode* in „Untersuchungshaft“, S. 204.

[603] Unter diesen Voraussetzungen ist auch die vorgesehene Beschränkung des Paketempfangs auf drei Pakete im Monat als nicht haltbar anzusehen (§ 22 UVollzG – RE); *Döschl u.a.* sprechen sich zwar für ein umfangreiches Kaufangebot in der Anstalt aus, wollen im Gegenzug den Paketempfang mit Nahrungs- und Genussmittel aber gänzlich untersagen (§ 29).

Für Umfang und Art der zu erwerbenden Artikel kann es im Hinblick auf Unschuldsvermutung und Übermaßverbot grundsätzlich keinerlei Beschränkungen geben außer der oben schon mehrmals genannten.
Daher ist auch die gegenwärtige Regelung in 51 UVollzO als unvereinbar mit den völkerrechtlichen und verfassungsrechtlichen Vorgaben zu sehen[604]. Danach ist der Einkauf nur im Rahmen einer vernünftigen Lebensweise erlaubt und muss vom Anstaltsleiter ausdrücklich genehmigt werden. Alkohol und andere berauschende Mittel sind darüber hinaus gänzlich verboten[605].

Der Regierungsvorschlag selbst sah in § 14 III eine Regelung vor, wonach die Gefangenen

> *„regelmäßig in angemessenen Abständen aus einem von der Anstalt vermittelten Angebot Nahrungs- und Genussmittel sowie andere Gegenstände des persönlichen Bedarfs kaufen*“ konnten.

Angesichts der oben festgestellten Anforderungen ist die Beschränkung der Einkaufsmöglichkeiten auf *„angemessene Abstände*“ als problematisch anzusehen. Gerade wenn man von den oben vorgeschlagenen Alternativen Gebrauch macht, Automaten aufzustellen oder die Möglichkeit aufgreift, den Versandhandelsweg zu nutzen, lässt sich die Beschränkung auf einen angemessenen Umfang nicht rechfertigen[606].

Begrüßenswert ist demgegenüber die Formulierung des zweiten Teils des § 14 III UVollzG – RE wonach

> *„Die Anstalt ... für ein Einkaufsangebot sorgen (sollte[607]), das auf Wünsche und Bedürfnisse der Gefangenen Rücksicht nimmt[608]*“.

---

[604] Vgl. *Baumann* UVollzG – E, S. 45 ; OLG Düsseldorf in NJW 1969, S. 150.

[605] *Dünnebier* in Löwe - Rosenberg (23. Auflage) § 119 RN 150 rechtfertigt das Alkoholverbot damit, dass der Genuss geeignet ist, Störungen der Anstaltsordnung hervorzurufen. Er verkennt jedoch, dass es sich dabei nur um eine *abstrakte* Gefahr handelt; so auch *Seebode* in „Untersuchungshaft“, S. 159.

[606] § 13 UVollzG - RE, bei dem es um den Bezug von Zeitungen und Zeitschriften geht, ist hingegen nicht zu beanstanden da er sich streng an den völkerrechtlichen und verfassungsrechtlichen Vorgaben orientiert und Beschränkungen nur vorsieht, wenn der Zeitschriftenbezug die Sicherheit und Ordnung in der Anstalt erheblich gefährdet.

[607] Änderung des Satzbaus durch den Verfasser.

[608] Genauso *Baumann* UVollzG – E § 17 I; Döschl u.a. § 19 I S. 2; *Isola* u.a. § 24 I, die zusätzlich das Erfordernis einer „angemessenen Preisgestaltung“ mit aufnehmen.

Allerdings lässt auch hier die Unschuldsvermutung der Vollzugsverwaltung keinen Entscheidungsspielraum, sodass die Ausgestaltung als Sollvorschrift meines Erachtens fehlgeht.

3.3.5 Freie Arztwahl

Mit der Einweisung in die Untersuchungshaftvollzugsanstalt mit ihren weitgehenden Beschränkungen übernimmt der Staat im Zuge seiner sozialstaatlichen Fürsorgeverpflichtung auch die Verantwortung für das gesundheitliche Wohlergehen des Häftlings[609].

§ 25 I des Regierungsentwurfes zog daraus die Konsequenz und normierte deshalb richtigerweise eine Verpflichtung der Anstalt, für die Gesundheit des Gefangenen zu sorgen, der damit ein Recht bekam, bei gesundheitlichen Problemen durch einen für die Anstalt tätigen Arzt behandelt zu werden[610].

Wenn er von diesem Recht keinen Gebrauch machte, weil er von einem Arzt eigener Wahl behandelt werden wollte, sollte er gemäß § 25 II UVollzG – RE diese Möglichkeit auch erhalten.

Ebenso wie schon bei der Frage der Selbstverköstigung handelt es sich bei dem Recht auf freie Arztwahl um einen Ausfluss der Unschuldsvermutung[611] und entspricht im Übrigen den völkerrechtlichen Vorgaben in Regel 98 *EPR* bzw. 91 *MBG (UN).*

Die Garantie einer freien Arztwahl kann dabei – wie alle Rechte des Gefangenen im Untersuchungshaftvollzug – selbstverständlich nicht schrankenlos gewährt werden.

Der Regierungsentwurf machte einen dahingehenden Anspruch zunächst davon abhängig, dass der Häftling wechselseitig sowohl den Privatarzt, als auch den Anstaltsarzt von seiner ärztlichen Schweigepflicht befreit.

Ziel sollte es sein, dass der Anstaltsarzt über den jeweiligen medizinischen Status des Patienten informiert werde, um jederzeit die Abstimmung diagnostischer und therapeutischen Maßnahmen zu ermöglichen - insbesondere während des Übergangs von der Untersuchungs- in die Strafhaft[612].

---

609 *Dünnebier* in Löwe – Rosenberg (23. Auflage) § 119 RN 152.

610 Zur äußerst umstrittenen Frage, inwieweit aus der Fürsorgepflicht im Gesundheitsbereich das Recht und die Pflicht für medizinische Zwangsmaßnahmen erwächst siehe ausführlich Geißl in „Zwangsmaßnahmen", insbesondere, S. 82 ff.; 266 ff.; 352 ff.

611 So auch die Begründung der Bundesregierung zu § 25 UVollzG – RE, S. 85 (BR – Drucksache 249/99); *Rotthaus* in „Festschrift für Rebmann", S. 401 (413).

612 Begründung der Bundesregierung zu § 25 UVollzG - RE, S. 85 (BR - Drucksache 249/99).

Die Bundesregierung ging dabei wiederum von einem falschen Ansatzpunkt aus:
Zunächst kann der reibungslose Übergang von der privaten Behandlung im Untersuchungshaftvollzug zur Anstaltsbehandlung im Strafvollzug kein brauchbarer Ansatzpunkt sein, um den Häftling dazu zu zwingen, den Arzt von seiner Schweigepflicht zu entbinden, da die Unschuldsvermutung einen solchen Schluss verbietet. Einem Unschuldigen können nicht die Grundrechte mit der Begründung eingeschränkt werden, dass er später vielleicht verurteilt wird.

Darüber hinaus bedarf es auch keiner Abstimmung zwischen Anstaltsarzt und Privatarzt bezüglich diagnostischer und therapeutischer Maßnahmen. Wenn der Häftling von seinem Recht Gebrauch macht und seine medizinische Versorgung in die Hände seines privaten Arztes legt, so ist der Anstaltsarzt – von Notfällen vielleicht abgesehen – von seiner Behandlungspflicht gänzlich entbunden.
Beschränkt werden kann die Inanspruchnahme eines externen Arztes nur, wenn durch die Besuche konkrete Gefahren für den jeweiligen Haftzweck entstehen – etwa, wenn die Visite zur Weitergabe kollusiver Nachrichten genutzt wird.
Relevante Beeinträchtigungen der Anstaltssicherheit oder der Rechte anderer im Sinne der Generalklausel sind meines Erachtens dagegen für Arztbesuche nur schwer ersichtlich[613].
Keinesfalls ist es jedoch möglich, so wie von *Döschl u.a.* vorgeschlagen, einen allein beratenden Arzt auf Wunsch des Häftlings nur „ausnahmsweise“ zu gestatten. Eine solche Normierung ist mit der auch hier gebotenen Eingriffsminimierung nicht vereinbar[614].

3.4 Außenkontakte

3.4.1 Allgemeines

Die wohl meist umstrittenste Frage bezüglich des Untersuchungshaftvollzuges ist, ob und inwieweit die Kontakte der Gefangenen zur Außenwelt überwacht, beschränkt oder gänzlich unterbunden werden können. Der Kontakt zur Außenwelt und die Pflege sozialer Bindungen aus der Anstalt ist dabei - bedingt durch den fehlenden Hafturlaub – ein wesentlich relevanteres Feld als dies im Strafvollzug der Fall ist[615].
Hinzu kommt, dass durch den Kontakt des Häftlings zur Außenwelt das Interesse des Staates an der Vereitelung der für das Strafverfahren drohenden Gefahren und an der Aufrechterhaltung eines funktionsfähigen Anstaltsbetriebes in beson-

---

613 Vgl. *Arndt/v. Olshausen* in JuS 1975, S. 143 (144).
614 *Döschl u.a.*. § 45 II.
615 *Seebode* in „vergessene Reform“, S. 14 (33).

derem Maße betroffen wird – beispielweise über die Möglichkeit einer brieflichen Beeinflussung von Belastungszeugen oder das Einschmuggeln von Drogen über den Besuchsverkehr.
Auf der anderen Seite stellen auch für diesen Bereich sowohl der Angleichungs- als auch der Gegensteuerungsgrundsatz verbindliche Anforderungen, die dazu beitragen sollen, dass der Untersuchungshäftling so weit wie möglich seine Kontakte zur Außenwelt beibehalten kann, vor allem auch deswegen, um den Gefangenen nach seiner Entlassung nicht in ein „soziales Loch“ fallen zu lassen. Letzteres und die damit zusammenhängende sozialstaatliche Verpflichtung der Verwaltung muss trotz der neuralgischen Qualität der Außenkontakte für Haftzweck und Anstaltsbetrieb in jedem Fall dazu führen, dass der Staat die Außenkontakte nicht nur in der einen oder anderen Form dulden muss, sondern vielmehr aktiv auf eine Beibehaltung und Förderung dieses Verkehrs hinzuwirken hat[616].
Eine entsprechende Klarstellung in einem separaten Paragraphen am Anfang der Vorschriften über Außenkontakte sollte deshalb ausdrücklich in ein Untersuchungshaftvollzugsgesetz aufgenommen werden[617].

Im Folgenden sollen nun die einzelnen Formen der Außenkontakte, also der Besuchsverkehr, der Briefverkehr und die telefonische Kontaktaufnahme näher untersucht werden, um in Anbetracht der dargelegten widerstreitenden Interessen die Regelungsmöglichkeiten herauszuarbeiten, die den völkerrechtlichen und verfassungsrechtlichen Voraussetzungen genüge tun.
Dabei sind am Beispiel des Besuchsverkehrs die für alle Außenkontakte relevanten Grundsätze herauszuarbeiten. In den darauffolgenden Untersuchungsgebieten soll dann im Wesentlichen nur noch auf die Besonderheiten eingegangen werden, die von den allgemeinen Grundsätzen abweichen oder zusätzlich dazu für das jeweilige Themengebiet von Interesse sind.

3.4.2 Der Besuchsverkehr

Der Besuchsverkehr stellt für den Untersuchungshäftling die einzige Möglichkeit dar, mit Personen außerhalb der Anstalt in direkten, unmittelbaren Kontakt zu treten. Diese direkte Kontaktaufnahmemöglichkeit, die sowohl den Informa-

---

616 *Seebode* in „vergessene Reform“, S. 14 (34); *ders.* in „Untersuchungshaft“, S. 204; in ähnlicher Weise ist dies auch normiert in Regel 43 Absatz 2 *EPR*.

617 *Seebode* in „vergessene Reform“, S. 14 (34); *ders* .in „Untersuchungshaft“, S. 204; *Baumann* UVollzG – E § 20 I; kurioserweise erwähnt auch die Begründung der Bundesregierung zu § 15 UVollzG – RE, S. 70 die staatliche Verpflichtung Außenkontakte zu fördern, ohne daraus jedoch Konsequenzen im Gesetzeswortlaut zu ziehen (BR-Drucksache 249/99).

tionsaustausch als auch die Übergabe von Gegenständen problemlos ermöglicht, ist auch der Grund, warum der Besuchsverkehr sowohl unter dem Aspekt der Sicherung des Haftzwecks als auch für die Sicherheit der Anstalt selbst so problematisch ist[618].
Fraglich ist deshalb, wie diesen Gefahren im Rahmen der verfassungsmäßigen Anforderungen begegnet werden kann.
Der Entwurf der Bundesregierung verfolgte dabei eine doppelte Strategie: Zunächst bedurfte jeder Besucher einer Besuchserlaubnis (§ 19 UVollzG – RE), die vom Gericht erteilt werden musste – auf diese Weise sollte eine Vorentscheidung darüber getroffen werden, wer überhaupt als Besucher zugelassen werden sollte[619]. Als zweite Sicherungsmaßnahme sollten darüber hinaus alle Besuche optisch und die Besuche von Kollusionsverdächtigen sogar akustisch überwacht werden (§ 17 I UVollzG – RE).

Bereits in der Einleitung wurde dargelegt, dass die einzige verfassungsrechtlich und völkerrechtlich akzeptable Gestaltung des Untersuchungshaftvollzuges von dem Gebot der Erlaubnis mit Verbotsvorbehalt durchdrungen sein muss.
Die generelle Bindung eines Besuchs an die vorherige richterliche Erlaubnis ist mit diesem Gebot jedenfalls nicht vereinbar[620].
Auch das Erfordernis der Eingriffsminimierung aufgrund der Unschuldsvermutung und des Übermaßverbotes verbieten eine vorherige Überprüfung der Besuchwilligen, da selbst für die Fälle der Kollusivhäftlinge die direkte Besuchsüberwachung regelmäßig das mildere Mittel zum generellen Besuchsausschluss darstellen wird.
Eine einwandfreie Gestaltung der Besuchsregeln in einem UVollzG darf deshalb grundsätzlich nicht von einer Genehmigung im Vorfeld abhängen[621].

Was die Überwachung der Besuche selbst angeht, so differenzierte der Regierungsentwurf richtigerweise - in Abkehr von Nr. 27 UVollzO - nach den Haftgründen: Bei Fluchtgefährdeten und mutmaßlichen Wiederholungstätern ergibt sich grundsätzlich weder aufgrund des Haftzweckes und in der Regel auch nicht aufgrund anstaltsbedingter Belange die Notwendigkeit, den Besuchsverkehr akustisch zu überwachen[622].

---

618 So auch *Müller-Dietz* in NStZ 1983, S. 95 (95) für den Bereich des Strafvollzuges.

619 So auch die Begründung der Bundesregierung zur Funktion der Besuchserlaubnis in § 16 UVollzG – RE, S.71 (BR-Drucksache 249/99).

620 Vgl. *Seebode* in „vergessene Reform", S. 14 (34 f.); a.A. *Kleinknecht/Janischowsky* RN 365.

621 *Isola* u.a. § 26 ; *Baumann* UVollzG – E § 19, der jedoch für die Fälle der erheblichen Verdunklungsgefahr die vorherige Besuchskontrolle als zulässiges Mittel ansieht; ebenso wie die Bundesregierung, *Döschl u.a.* § 20 I.

622 *Rotthaus* in „Festschrift für Rebmann", S. 401 (407); wobei Ausnahmen im Einzelfall durchaus denkbar sind; genauso BVerfG in NStZ 1994, S. 52 ; a.A. offensichtlich *Grunau*

Für die Fälle der Kollusivhäftlinge, deren Einwirkungsmöglichkeit auf den Verfahrensverlauf nur bedingt durch ein Einsperren begegnet werden kann[623], ist die akustische Überwachung hingegen grundsätzlich die einzige Möglichkeit, etwaige Verdunklungsmöglichkeiten zu kontrollieren und zu unterbinden[624].

Zu weit ging allerdings die im Regierungsentwurf angeordnete ausnahmslose optische Besuchsüberwachung für alle übrigen Untersuchungshäftlinge. Diese ist in einer solchen Abstraktheit jedenfalls nicht erforderlich, um den den übrigen Haftzwecken innewohnenden Gefahren zu begegnen und verstößt somit gegen das Gebot, die Haft nach dem konkreten Gefährdungspotential des Beschuldigten für das Verfahren auszugestalten.
Aber auch die Sicherheit und das geordnete Zusammenleben in der Anstalt machen eine pauschale Überwachung nicht erforderlich. Die Bundesregierung selbst führte an, dass die optische Überwachung von Besuchen unverzichtbar sei, *„um der Gefahr des Einschmuggelns verbotener Gegenstände in die Anstalt wirksam begegnen zu können*[625]*"*, und machte damit deutlich, worum es im Kern bei der Besuchsüberwachung ging: die Minimierung einer abstrakten Gefahr für die Sicherheit der Anstalt.
Bereits mehrfach wurde angeführt, dass Grundrechtsbeschränkungen – und nichts anderes ist eine (optische) Besuchsüberwachung[626] – nur aufgrund einer konkreten Gefahr angeordnet werden können[627]. Die Regelung wäre folglich in dieser Form weder mit dem Übermaßverbot noch mit der Unschuldsvermutung vereinbar[628]. *Dünkel* weist daher zu Recht darauf hin, dass der bewachte Besuch die Ausnahme sein muss[629].

Nr. 27 RN 3, der davon ausgeht, dass alle Haftgründe eine akustische Überwachung erforderlich machen; *Dünnebier* in Löwe - Rosenberg (23. Auflage) § 119 RN 50 der davon ausgeht, dass bei der Fluchthaft auch unbewachte Besuche genehmigt werden können (er verkennt dabei die oben erläuterte Unzulässigkeit eines Verbots mit Erlaubnisvorbehalts); genauso *Wendisch* in Löwe - Rosenberg § 119 RN 41.

623 *Veith*, S. 126, der sich dabei auf die h.M. in Literatur und Rechtsprechung beruft.

624 Dies selbstverständlich in Verbindung mit der oben erwähnten „Absonderung" der Kollusivhäftlinge, um eine Umgehung der Gesprächsüberwachung über andere Häftlinge zu vermeiden – Vgl. *Veith*, S. 129; vgl. auch *Seibert* in „Untersuchungshaft: Stiefkind der Justiz", S. 165 (168).

625 Begründung der Bundesregierung zu § 17 UVollzG – RE, S.73 (BR-Drucksache 249/99).

626 *Grunau* Nr.27 RN 7.

627 So auch die ständige verfassungsrechtliche Rechtssprechung – statt vieler BVerfG in NStZ 1994, S.604 (605).

628 A.A. *Seibert* in „Untersuchungshaft: Stiefkind der Justiz", S. 165 (169); *Rotthaus* in „Festschrift für Rebmann", S. 401 (407).

629 *Dünkel*, S.334 (343).

Bezeichnenderweise ging der Gesetzesvorschlag der Bundesregierung sogar über die vergleichbare Regelung bei Strafgefangenen hinaus (§ 27 I StVollzG), wonach der Besuch von Strafgefangenen grundsätzlich nicht überwacht wird, es sei denn, es liegt eine konkrete Gefahr für die Behandlung des Häftlings oder die Sicherheit und Ordnung in der Anstalt vor[630].
Eine den verfassungsrechtlichen und völkerrechtlichen Vorgaben Rechnung tragende Bestimmung darf eine Besuchsüberwachung (sowohl optisch als auch akustisch) von Häftlingen nur zulassen, wenn sie zur Abwehr einer konkreten Gefahr für die bereits genannten Rechtsgüter unerlässlich ist. Dabei schließt auch der Haftgrund der Fluchtgefahr beispielsweise eine inhaltliche Überwachung von Besuchen nicht aus, sofern konkrete Hinweise vorliegen, dass der Häftling etwa im Rahmen eines Besuches die Details einer Flucht planen will[631]. Liegen dagegen z.B. Anhaltspunkte vor, wonach ein wegen Verdachts des wiederholten Drogenhandels Verhafteter durch Dritte Betäubungsmittel zum Verkauf innerhalb der Anstalt erhalten soll, wird sich in Anbetracht von Unschuldsvermutung und Übermaßverbot wohl nur eine optische Überwachung der Besuche rechtfertigen lassen.
Um diese komplexe Situation einer möglichst einfach verständlichen Normierung zuzuführen bestimmt beispielsweise der Entwurf von *Döschl u.a.*, dass die Besuche überwacht werden dürfen, wenn es die Verfahrenssicherung oder die Ordnung in der Anstalt gebieten[632]. Dadurch wird zwar dem Anspruch eines Erlaubnisses mit Verbotsvorbehalt direkt Rechnung getragen. Die Generalität der verwendeten Begriffe kann aber auch hier nicht helfen, um ausreichende Rechtssicherheit zu schaffen, die dem herausgearbeiteten Anspruch auf Detailgenauigkeit gerecht wird.

Im Wege einer ausdifferenzierten Regelung wird man daher bestimmen müssen, dass einzig der haftrichterlich festgestellte Untersuchungshaftgrund der Verdunklungsgefahr es rechtfertigt, eine akustische Kontrolle von allen Besuchen durchzuführen[633]. Es gehört nämlich zu den Eigenarten der Kollusion, dass sie leicht über vermeintlich unbeteiligte Dritte ausgeführt wird. Allein das Einsper-

---

630 *Callies/Müller-Dietz* § 27 RN 2 – wobei die Diskussion, ob die konkrete Gefahr letztendlich von dem Häftling/seinem Besucher selbst ausgehen muss (so statt vieler wohl *Müller-Dietz* in NStZ 1983, S. 95 (96), oder ob eine konkrete anstaltsbezogene Gefahr ausreicht (die nicht von dem jeweiligem Häftling abhängt) (statt vieler OLG Saarbrücken in NStZ, S. 94 (94) hier dahinstehen kann. Die Regelungen des UVollzG – RE gingen nämlich sogar über die weite Auslegung des § 27 StVollzG hinaus, da sie von einer grundsätzlich ausnahmslosen Kontrolle ausgehen. Das Regel/Ausnahmeprinzip des § 27 StVollzG wurde von der Bundesregierung aber für die akustische Überwachung in § 17 II UVollzG – RE übernommen.

631 Dazu BVerfG in NStZ 1994, S. 52.

632 *Döschl u.a.* § 24.

633 *Seibert* in „Untersuchungshaft: Stiefkind der Justiz“, S. 165 (168).

ren in eine geschlossene Haftanstalt ist für diesen Haftgrund deshalb unzureichend, sodass den der Kollusion innewohnenden Gefahren nur durch eine inhaltliche Kontrolle der Außenkontakte Rechnung getragen werden kann.

Neben der Problematik der Besuchskontrolle und -überwachung stellt sich die Frage, wie häufig der Untersuchungshäftling Besuch empfangen darf (wie viele Minuten/Stunden im Monat).
Der Regierungsentwurf verzichtete in diesem Zusammenhang, anders als die heutige Nr. 25 UVollzO darauf, Mindestbesuchszahlen für die einzelnen Häftlinge festzulegen. Zum einen seien die personellen und finanziellen Ausstattungen der Anstalten zu unterschiedlich, um solche Untergrenzen festzulegen, zum anderen sei eine Mindestzahl in Anbetracht der Unschuldsvermutung problematisch[634].
Die Bundesregierung hatte bei dieser Begründung wohl die gängige Praxis im Auge, dass aus Mindeststandards in der Praxis meist Obergrenzen werden[635] und Besuche oft abgelehnt werden mit dem Hinweis, dass die Besuchsobergrenze bereits überschritten sei[636].

Diese (abzulehnende) Praxis kann jedoch nicht als Begründung für die Streichung einer Mindestbesuchzahl herangezogen werden. Die Unschuldsvermutung verpflichtet die Verwaltung vielmehr grundsätzlich dazu - ebenso wie bei in Freiheit Lebenden - so viele Besuche wie möglich zuzulassen.
Gerade weil die Anstalten häufig finanziell und personell so unterschiedlich ausgestattet sind, ist es angesichts dieser Vorgabe aber erforderlich, dass der Gesetzgeber auch im Zuge seiner sozialstaatlichen Verantwortung Mindestbesuchszahlen vorgibt. Nur so kann verhindert werden, dass die Vollzugsverwaltung sich mit dem Hinweis auf mangelnde Ressourcen ihren Verpflichtungen entzieht[637].
Um umgekehrt aber auch sicherzustellen, dass, wie oben erwähnt, aus den Mindestsätzen keine Höchstbegrenzungen werden, sollte der Gesetzgeber zusätzlich die Anstalten verpflichten - ähnlich wie dies in § 187 III der österreichischen Strafprozessordnung der Fall ist - so viele Besuche zuzulassen wie möglich, ohne dabei den Haftzweck, die Sicherheit oder das Zusammenleben in der Anstalt zu gefährden[638].

---

634 Begründung der Bundesregierung zu § 15 UVollzG – RE, S. 70 (BR – Drucksache 249/99).
635 *Seebode* in „vergessene Reform“, S. 14 (35).
636 So ist wohl auch die Argumentation der Bundesregierung zu verstehen, dass man bei jeder Besuchszulassung prüfen müsse, ob die Mindestbesuchsdauer bereits erreicht sei. Begründung zu § 15 UVollzG – RE, S. 70 (BR – Drucksache 249/99).
637 Vgl. auch BVerfG in NStZ 1994, S. 604 (605) für den Ehegattenbesuch.
638 *Seebode* in „vergessene Reform“, S. 14 (35).

Zur Frage, wie hoch diese Mindestsätze tatsächlich sein sollten, kann hier nur Grundsätzliches ausgeführt werden: Angesichts des erbrachten Sonderopfers, der sozialstaatlichen Verpflichtung des Gesetzgebers und des damit zusammenhängenden Gegensteuerungsgrundsatzes muss sich die Mindestbesuchszahl jedenfalls deutlich oberhalb der im Strafvollzug festgelegten 60 Minuten pro Monat bewegen[639]. *Baumann* schlägt in § 20 I seines Entwurfes ebenso wie *Döschl u.a.*[640] einen Mindestbesuchsanspruch von 60 Minuten pro Woche vor, die *ASJ* geht gar von einer Mindestbesuchszeit von zwei Stunden pro Woche aus.
Eine derartige Ausweitung sollte auch unproblematisch möglich sein, weil für den Großteil der Besuche nach den obigen Ausführungen die erforderliche Kontrolle wegfiele und damit erheblich weniger Vollzugspersonal durch Haftbesuche gebunden wäre[641].

Grundsätzlich wird man der Anstalt in diesem Zusammenhang die Möglichkeit einräumen müssen, zur besseren Organisation bestimmte Besuchszeiten einzurichten. Diese Zeiten können dabei jedoch gerade in Anbetracht der Unschuldsvermutung nicht ausschließlichen Charakter haben, sondern müssen Richtzeiten sein, die Ausnahmen zulassen.
Darüber hinaus kann es auch der besondere Schutz der Familie durch Art. 6 GG erforderlich machen, Besuche auch zu Unzeiten zu ermöglichen[642].

3.4.3 Der Briefverkehr

Weniger sensibel in Bezug auf die Gefährdung anstaltsbezogener Rechtsgüter ist die Kommunikation mit der Außenwelt mittels Briefverkehr.
Das Medium Brief ist grundsätzlich weniger geeignet, um beispielsweise verbotene Gegenstände in die Anstalt einzuschmuggeln die deren Sicherheit gefährden könnten[643]. In Bezug auf die Möglichkeit des Informationsaustausches - etwa im Falle der Verdunklungsgefahr - steht die schriftliche Äußerung jedoch der verbalen in keiner Weise nach und bedarf einer vergleichbaren Überwachung.

---

639 *Rotthaus* in „Festschrift für Rebmann“, S. 401 (407); weniger kann es schon deswegen nicht sein, weil beispielsweise Regel 90 und 91 *EPR* dem Untersuchungshäftling grundsätzlich das Recht einräumen, alle Vorteile von Strafgefangenen zu erhalten, sofern dies mit der Natur der Untersuchungshaft vereinbar ist (siehe dazu auch oben II 2.3.1).

640 § 20 I S. 2.

641 Vgl. *Dünkel*, S. 334 (343).

642 BVerfG in NJW 1995, S. 1478 (1479); BVerfG in NStZ 1994, S. 604 (604 f.); *Müller-Dietz* in StrV 1984, S. 79 (85); *Hetzer* in „Reform“, S.47 (68); *Kleinknecht/Janischowsky* RN 363.

643 Wenn man von der Möglichkeit absieht, Drogen in die Anstalt zu schicken, die nach *Seebode* wohl die Hauptgruppe der verbotenen Gegenstände in Briefen darstellen dürfte (*Seebode* in „vergesse Reform“, S. 14 (37)).

Andererseits stellt gerade der Briefverkehr eine herausragende Möglichkeit dar, die persönlichen Kontakte außerhalb der Anstalt zu pflegen. Nicht nur, dass dadurch die Verbindung zu Personen aufrechterhalten werden kann, die - bedingt durch örtliche Distanz - nicht regelmäßig die Möglichkeit des persönlichen Besuchs wahrnehmen können.
Der Briefverkehr hat darüber hinaus, anders als das gesprochene Wort, einen höheren emotionalen Wert. Jeder geschriebene Satz ist in der Regel wohl durchdacht und kann vom Empfänger immer wieder gelesen werden. Insofern ist der Wert des Gedankenaustausches per Brief für den Untersuchungsgefangenen – auch in Zeiten der modernen Telekommunikation – nicht zu unterschätzen.
Wie schon bei den Ausführungen zum Besuchsverkehr betont, gebieten auch im Falle des Briefwechsels die Unschuldsvermutung und das Übermaßverbot eine individuelle Ausgestaltung der Überwachungsvorschriften, zunächst anhand des jeweiligen Haftgrundes und darüber hinaus anhand der von Seiten des Gefangenen drohenden Gefahren für die Anstaltsbelange. Eine allgemeine inhaltliche Briefüberwachung für alle Untersuchungshäftlinge wäre demnach verfassungs- und völkerrechtswidrig[644].

Der Vorschlag der Bundesregierung für eine den Vorgaben entsprechende Regelung sah in Abkehr von Nr. 30 ff. UVollzO[645] vor, dass alle Briefe nach verbotenen Gegenständen untersucht werden sollten und darüber hinaus für alle Kollusivhäftlinge eine Textkontrolle des Briefinhaltes notwendig sei[646].
Fand eine allgemeine Textkontrolle nicht statt, so sollte nach § 19 III UVollzG – RE für alle Untersuchungshäftlinge eine stichprobenartige Inhaltskontrolle stattfinden, um zu verhindern, dass zum Beispiel Kollusivhäftlinge über die weniger kontrollierten Häftlinge kollusiv tätig werden[647].
Dieser Stichprobenprüfung – und der mit ihr einhergehenden Grundrechtsverletzung – bedarf es jedoch meines Erachtens nicht, wenn die wenigen Kollusivhäftlinge, wie oben vorgeschlagen, von den übrigen abgesondert bzw. getrennt untergebracht werden[648].

---

644 Statt vieler BVerfGE 57, S. 170 (186); *Seebode* in „vergessene Reform", S. 14 (37).

645 Danach soll grundsätzlich der gesamte Briefverkehr der Häftlinge durch den Richter oder die Staatsanwaltschaft (inhaltlich) überwacht werden.

646 § 19 UVollzG – RE.

647 Begründung der Bundesregierung zu § 19 III UVollzG – RE, S. 77 (BR-Drucksache 249/99).

648 A.A. *Veith*, S. 129 f., der zwar ebenfalls davon ausgeht, dass die Haftzwecke der Flucht- und Wiederholungsgefahr grundsätzlich keine Textkontrolle rechtfertigen, diese jedoch aufgrund der Ordnungsgefährdung unbedingt erforderlich ist; *Berndt* in NStZ 1996, S. 115 (117) hingegen glaubt, dass die Briefkontrolle in Stichproben auch für die Verhinderung der Fluchtgefahr erforderlich ist.

Insoweit verstieß § 19 III UVollzG – RE gegen Übermaßverbot und Unschuldsvermutung.
Im Übrigen hätte sich die Bundesregierung in diesem Zusammenhang die Frage nach der systematischen Stimmigkeit ihres Gesetzentwurfes stellen lassen müssen:
Wenn es aufgrund der Umgehungsgefahr unbedingt erforderlich sein sollte, Stichproben bei der Briefkontrolle zu machen, so ließe sich einwenden, warum bei der akustischen Überwachung von Besuchen keine Stichproben gemacht werden sollten. Die Gefahr, im direkten Gespräch kollusive Nachrichten von Mithäftlingen weiterzugeben, dürfte mit derjenigen auf dem postalischen Wege vergleichbar sein.
Der Regierungsentwurf wurde insoweit seiner eigenen Begründung nicht gerecht.

Keine durchgreifenden Einwände können nach den oben festgestellten Grundsätzen über die Besuchsüberwachung hingegen geltend gemacht werden gegen die allgemeine Inhaltskontrolle von Briefen, die an und von Häftlingen, die der Verdunklungsgefahr verdächtig sind, geschrieben werden[649].

Anders verhält es sich jedoch mit der allgemeinen Untersuchung von Briefen auf verbotene Gegenstände. Ebenso wie bei der Frage der optischen Besuchskontrolle bedarf es für die Durchsicht von Schriftstücken auf nicht erlaubten Inhalt eines konkreten Gefährdungstatbestandes entweder für den Haftzweck oder für die Anstalt bzw. für die in ihr lebenden und arbeitenden Personen. Sofern dieser nicht vorliegt, ist auch eine rein optische Durchsicht nicht mit den verfassungsrechtlichen und völkerrechtlichen Anforderungen vereinbar.

Die Durchsicht von Briefen auf verbotenen Inhalt ist dabei zwar mit einem nicht so intensivem Grundrechtseingriff verbunden, wie dies beispielsweise eine Textkontrolle darstellte; sie führt aber zu einem anderen Problem, welches für den Untersuchungshäftling oft als noch größere Belastung empfunden wird, nämlich die Verzögerung in der Weiterleitung[650]. Diese Problematik wäre ebenfalls beseitigt, wenn man sowohl die Text- als auch die Inhaltskontrolle auf die absolut notwendigen Fälle beschränkte. Nicht nur, dass die Häftlinge ohne Briefkontrolle schneller ihre Post bekämen. Es würden durch eine solche Behandlung auch wiederum Ressourcen frei, welche dazu führten, dass die Post, die noch immer kontrolliert werden müsste, schneller an die betroffenen Gefangenen weitergeleitet werden könnte.

---

649 So auch *Veith*, S. 126.
650 Vgl. *Rotthaus* in „Festschrift für Rebmann", S. 401 (407).

Für die Frage, wie häufig der Briefwechsel stattfinden darf, kann im Wesentlichen auf die obigen Ausführungen zur Besucherfrequenz verwiesen werden. Der Untersuchungshäftling darf grundsätzlich so viele Briefe absenden und empfangen, wie er dies auch in Freiheit tun könnte, vorausgesetzt, dass er dabei die Sicherheit der Anstalt oder den geordneten Vollzugsablauf nicht erheblich stört[651].

Um sicherzustellen, dass die Verwaltung sich nicht unzulässigerweise auf das inakzeptable Argument der Ressourcenausschöpfung beruft[652], ließe sich auch für den Briefverkehr die Festlegung eines Mindestkontingents erwägen mit dem entsprechenden Zusatz, dass darüber hinaus ein so umfassender Briefwechsel wie irgend möglich zu gewährleisten ist.

3.4.4 Telefonverkehr

Angesichts der herausragenden Bedeutung, die der fernmündliche Gesprächsverkehr in einer modernen Gesellschaft hat, ist in ein zeitgemäßes Untersuchungshaftvollzugsgesetz auch die Außenkontaktmöglichkeit per Telefon aufzunehmen[653].
Das dahingehende Erfordernis hatte auch die Bundesregierung erkannt und in ihrem Gesetzesentwurf in § 21 UVollzG – RE für den Untersuchungshäftling die Möglichkeit schaffen wollen, nach einer vorherigen Genehmigung des Gerichts Telefongespräche mit der Außenwelt zu führen. Die Regelung entsprach damit im Wesentlichen der derzeitigen Bestimmung in Nr. 38 UVollzO.

Im Lichte der Unschuldsvermutung muss dabei, ebenso wie für die Besuchsregelungen, festgestellt werden, dass die Bindung eines Telefongesprächs an eine vorherige Genehmigung nicht mit den aus der Unschuldsvermutung folgenden bindenden völkerrechtlichen Vorgaben vereinbar ist[654].

---

[651] Vgl. *Veit*, S. 139 ; Baumann in DRiZ 1959 S. 379 (380); *ders.* UVollzG – E in § 23; *Isola* u.a. § 30 die ebenso wie *Döschl u.a.* § 25 davon ausgehen, dass das Recht zum Briefverkehr zahlenmäßig unbeschränkt gilt.

[652] Was angesichts weitgehenden Kontrollfortfalls eher unwahrscheinlich sein dürfte!

[653] *Rotthaus* in „Festschrift für Rebmann", S. 401 (408); *Dünkel*, S. 334 (343); a.A. offensichtlich *Dünnebier* in Löwe – Rosenberg (23. Auflage) § 119 RN 81 der davon ausgeht, dass Untersuchungshäftlinge grundsätzlich kein Recht auf Außenkontakte per Telefon haben; *Veith*, S. 70 möchte die Telefoniermöglichkeit zumindest auf den Kontakt mit dem Verteidiger beschränken.

[654] Insoweit also zu eng *Döschl u.a.* § 28.

Dem Untersuchungshäftling ist richtigerweise vielmehr das Recht einzuräumen, sooft und soviel zu telefonieren, wie er möchte[655], solange dies nicht aufgrund des konkreten Haftzweckes, einer erheblichen Störung des Zusammenlebens oder der Sicherheit in der Vollzugsanstalt verboten werden muss.
Zu denken wäre beispielsweise an die in den Vereinigten Staaten praktizierte Handhabung wie beispielsweise im „*Metropolitan Correctional Center*" New York City, wonach die für die Gefangenen frei zugänglichen Aufenthaltsräume mit Münzfernsprechern versehen sind[656]. Im „*Spokane Country Jail*" im Bundesstaat Washington haben sogar die einzelnen Zellen der Untersuchungshäftlinge separate Telefonanschlussmöglichkeiten[657].

Das Gleiche gilt dabei auch für die Frage, ob und wann Telefongespräche überwacht werden müssen.
Anders als die Bestimmungen in der UVollzO[658] sah der Regierungsentwurf dabei durch eine umfangreiche Verweisung in die Vorschriften für die Besuchsüberwachung vor, dass Telefongespräche grundsätzlich nicht überwacht werden sollen, es sei denn, dass der Zweck der Untersuchungshaft oder die Sicherheit und Ordnung in der Vollzugsanstalt eine Überwachung erforderlich machten. Für Untersuchungsgefangene, die des kollusiven Handelns verdächtig sind, ging der Regierungsentwurf von einer grundsätzlichen Überwachung aus, was - meiner Meinung nach nur schwer ersichtlich - durch § 21 I S.2 UVollzG – RE[659] zum Ausdruck gebracht werden sollte[660].

Eine dahingehende Differenzierung bezüglich der Gesprächsüberwachung ist sinnvoll und nach den obigen Ausführungen auch die einzig mögliche, um den

---

655 Vgl. auch *Seebode* in „Untersuchungshaft", S. 118 f.; *Baumann* UVollzG – E § 27 geht zwar auch davon aus, dass der Telefonkontakt nicht von einer vorherigen Erlaubnis abhängig gemacht werden darf. Er möchte jedoch den fernmündlichen Kontakt auf ein „angemessenes" Maß beschränken was meines Erachtens mit dem Übermaßverbot und der Unschuldsvermutung nicht vereinbar ist; a.A. *Kleinknecht/Janischowsky* RN 385.

656 So *Seebode* in „Untersuchungshaft", S . 119.

657 *S. Washington State Jail Commission*, Custodial Care Standards for Holding, Detention and Correctional Facilities, 1982 – zitiert nach *Seebode* in „Untersuchungshaft", S. 119.

658 Nr. 28 I S. 3 UVollzO sieht vor, dass ausnahmslos alle Telefongespräche überwacht werden müssen.

659 „...*Gefangenen, die wegen Verdunklungsgefahr inhaftiert sind, wird die Erlaubnis* (zum Telefonieren – Anm. d. Verfassers) *nur erteilt, wenn ein besonderes berechtigtes Interesse vorliegt.*"

660 Begründung der Bundesregierung zu § 21 UVollzG – RE, S. 80 (BR – Drucksache 249/99).

Grundsätzen von Übermaßverbot und Unschuldsvermutung gerecht zu werden[661].

3.5 Leistungsangebote der Anstalten

3.5.1 Allgemeines

Ging es bisher im Wesentlichen darum, inwiefern die Grundrechte des Untersuchungshäftlings in den einzelnen Lebensbereichen beschränkt werden dürfen, soll im Folgenden die teilweise schon angesprochene Leistungspflicht des Staates im Rahmen seiner sozialstaatlichen Verantwortlichkeit untersucht werden. Dabei kann es, wie bei dem zuvor Untersuchten, nicht darum gehen, einen detaillierten Katalog von Leistungen aufzuzählen, zu denen die Vollzugsverwaltung im Rahmen der Kompensation des jeweiligen Sonderopfers verpflichtet sein soll. Vielmehr sollen im Folgenden Grundsätze und Standards herausgearbeitet werden, die den Leistungsumfang für die jeweiligen Teilbereiche umreißen.
Grundlage sind dabei die unter III 2.2 dargelegten Überlegungen, insbesondere, dass die Leistungen für den Untersuchungshäftling nur von fakultativer Natur sein können[662] und sich nicht von den Vorstellungen der Resozialisierung leiten lassen dürfen. Ausgangspunkt sozialstaatlicher Leistungen im Bereich der Untersuchungshaft muss es vielmehr sein, die Befähigung des Häftlings, ein geordnetes Leben in Freiheit zu führen, nicht zu verlieren, so wie im „Allgemeinen Teil" beschrieben.

In diesem Zusammenhang ist es meines Erachtens sinnvoll, zu Beginn eines Kapitels über die Leistungsansprüche des Staates, wie bereits im Rahmen der Übermaßverbotsuntersuchung unter III 4.4.4 gefordert, gesetzlich kodifiziert klarzustellen, dass, je intensiver die Grundrechtsbeschränkungen des Häftlings ausfallen, desto umfangreicher die sozialstaatlichen Leistungsangebote der Vollzugsverwaltung sein müssen.

---

[661] Vgl. *Baumann* UVollzG – E, S. 63; a.A. *Rotthaus* in „Festschrift für Rebmann", S. 401 (408).

[662] *Müller-Dietz* in StrV 1984, S. 79 (86); *ders.* in ZStW 1981, S. 1256 f.; *Baumann* in JZ 1990, S. 107 (110); *Haberstroh* in Jura 1984, S.225 (233).

3.5.2. Arbeit in der Vollzugsanstalt

3.5.2.1 Das Recht auf Arbeitszuweisung

Der Untersuchungshäftling kann aufgrund seiner zu vermutenden Unschuld nicht dazu verpflichtet werden, in der Haft einer Arbeit nachzugehen - er soll jedoch auf Verlangen eine solche zugewiesen bekommen[663]. Diese völkerrechtlichen Vorgaben decken sich sowohl mit der durch die Untersuchungshaftvollzugsordnung bestimmten[664] heutigen Vollzugspraxis als auch mit den Vorstellungen des ehemaligen Regierungsentwurfes.

Problematisch ist jedoch die konkrete Ausgestaltung dieses Rechts auf Arbeitszuweisung. § 12 II des Regierungsentwurfes gestaltete die Arbeitsbeschaffungspflicht des Staates ebenso wie schon Nr. 43 I UVollzO als sog. Sollvorschrift aus. Danach sollte den Gefangenen

> *„auf Verlangen eine wirtschaftlich ergiebige Arbeit angeboten werden, die ihre Fähigkeiten und Neigungen nach Möglichkeit berücksichtigt."*

Dem Gefangenen sollte, auch ausweislich der offiziellen Begründung zu § 12 UVollzG - RE, kein subjektiver Anspruch auf Arbeitszuweisung eingeräumt werden, weil in der Haftpraxis häufig die tatsächlichen Möglichkeiten für die Arbeitsbeschaffung fehlen[665].

Nach den im „Allgemeinen Teil" getroffenen Feststellungen steht der Staat in der Pflicht, die nachteiligen Folgen der Haft so effektiv wie möglich zu bekämpfen. Dies bedeutet, dass der Staat dann, wenn der Häftling sich den Prisonisierungsgefahren durch Arbeit entziehen möchte, auch Arbeit beschaffen muss. Die Vollzugsverwaltung muss daher durch die gesetzlichen Regelungen verpflichtet werden, einen Arbeitsplatz für den Häftling zu organisieren, wenn er einen solchen begehrt[666]. Dies ist umso mehr notwendig, als nach statistischen Erhebungen die Bedarfsquote weit über dem tatsächlichen Angebot liegt[667]. Ar-

---

663 Regel 96 S.1 *EPR*, Regel 89 S.1 *MBG (UN).*

664 Nr. 42, 42 UVollzO.

665 Begründung der Bundesregierung zu § 12 I UVollzG – RE, S. 64 (BR – Drucksache 249/99); in der Stellungnahme des Bundesrates zum Regierungsentwurf wird sogar gefordert den Zusatz „nach Möglichkeit" in § 12 aufzunehmen, um den Charakter der Sollvorschrift weiter zu relativieren (S. 6 f.).

666 Was im Übrigen eher der völkerrechtlichen Vorgabe der Regel. 89 *MBG (UN)* entspricht, deren offizielle deutsche Übersetzung sagt: *„Untersuchungsgefangenen ist stets Gelegenheit zur Arbeit zu geben"*.

667 Immerhin rund 80 % der Inhaftierten wollen eine Arbeit (*Dünkel*, S. 334 (341)).

beitslosenquoten zwischen 50 % und 80 % sind keine Seltenheit,[668] was durch eine gesetzliche Verpflichtung zur Arbeitsbeschaffung und der damit einhergehenden Mittelbereitstellungsnotwendigkeit sicherlich verbessert werden könnte.

Folglich kann eine der Unschuldsvermutung entsprechende Regelung nur dahin gehen, durch Ausformulierung als Mussvorschrift dem Untersuchungshäftling ein subjektives Recht auf Arbeitszuweisung einzuräumen, etwa so, wie dies der Vorschlag der *ASJ* in § 38 I vorsieht[669]. Selbstverständlich sind dabei auch die allgemeinen Grenzen der Haftzweckgefährdung oder der Sicherheit in der Anstalt bzw. die Rechte Dritter zu beachten.
Die Gestaltung als bloße Sollvorschrift genügt diesen Ansprüchen jedenfalls nicht[670].

Dieselben Maßstäbe müssen dabei auch für die Häftlinge angesetzt werden, die ihrer ursprünglichen Arbeit auch in der Vollzugsanstalt weiter nachgehen wollen[671]. Solange die vorgenannten Belange nicht tangiert sind, hat der Gefangene ebenfalls einen Anspruch auf Fortführung dieser Tätigkeiten[672].

Sinnvoll erscheint aus den bisher geltenden Regelungen die Übernahme einer entsprechenden staatlichen Hinweispflicht auf das Arbeitsrecht, so, wie es in Nr. 43 I UVollzO festgeschrieben ist. Es ergänzt das subjektive Recht auf Arbeit und stellt sicher, dass die Vollzugsverwaltung sich dieser Bereitstellungspflicht nicht entzieht, indem sie den Häftling dahingehend in Unkenntnis lässt.

Im Zusammenhang mit der Arbeit in der Vollzugsanstalt sind zwei weitere Problemkreise von Bedeutung, nämlich inwiefern die Häftlinge für die von ihnen erbrachte Arbeit zu entlohnen sind und wie weit eine Beteiligung an den sozialen Sicherungssystemen greifen soll.

---

[668] *Dünkel*, S. 334 (341).
[669] Vgl. *Rotthaus* in „Festschrift für Rebmann", S. 401 (411); ebenso *Baumann* UVollzG – E § 4 III; *Seebode* in „Untersuchungshaft", S. 216 FN 599; aA *Döschl u.a.* § 31 II.
[670] A.A. *Fey* in „vergessene Reform", S. 3 (6).
[671] Zu denken ist etwa an einen Steuerberater oder an einen Informatiker.
[672] Insoweit wohl zu undifferenziert: *Kleinknecht/Janischowsky* RN 350; *Döschl u.a.* gestalten die sog. Selbstbeschäftigung als Ermessensvorschrift aus (§ 33), was angesichts der erarbeiteten Grundsätze gleichfalls zu kurz greift.

3.5.2.2 Arbeitsentgelt

Sowohl die UVollzO in ihrer geltenden Fassung[673] als auch die Pläne der ehemaligen Bundesregierung für das Untersuchungshaftvollzugsgesetz[674] gehen davon aus, dass Untersuchungshäftlinge in gleicher Höhe wie Strafgefangene zu entlohnen sind und verweisen auf die entsprechende Vorschrift des § 43 StVollzG. Dieser bestimmt über § 200 StVollzG, dass die sog. „Eckvergütung" für Strafgefangene nunmehr 9 % der in § 18 SGB IV definierten Bezugsgröße beträgt[675].

Für den Strafvollzug wird bei der Festsetzung der Höhe der Gefangenenentlohnung dem Gesetzgeber vom Bundesverfassungsgericht ein weiter Einschätzungsspielraum zugestanden. Hierbei darf und muss er etwa die typischen Bedingungen des Strafvollzuges, insbesondere seine Entfernung vom freien Arbeitsmarkt, die Kosten der Gefangenenarbeit für den Unternehmer sowie die Konkurrenz durch den freien Arbeitsmarkt außerhalb der Anstalt berücksichtigen[676]. Darüber hinaus kann die Höhe des letztendlich ausgezahlten Entgeltes durch Abzug eines Haftkostenbeitrags für Unterbringung und Verpflegung weiter reduziert werden[677].

Diese Begründung kann jedoch für die Entlohnung von Untersuchungsgefangenen nicht greifen. Bereits mehrfach wurde dargelegt, dass dem Staat gegenüber dem als unschuldig zu betrachtenden Häftling eine erweiterte Fürsorgepflicht obliegt, um das abverlangte Sonderopfer so gering wie möglich zu halten. In diesem Rahmen trifft ihn die sozialstaatliche Ausgleichsverpflichtung der Gewährung einer adäquaten Unterkunft, Nahrung und anderer Gegenstände des täglichen Bedarfs. Nur das, was über diesen verpflichtenden Anteil hinausgeht, muss sich der Häftling auf eigene Kosten selbst besorgen. Dementsprechend bleibt ein Abzug eines etwaigen Haftkostenbeitrages für Unterkunft und Verpflegung im Fall der Untersuchungshaft verwehrt.
Bezüglich der Problematik, für den Unternehmer lukrative Arbeitsplätze in den Haftanstalten zu schaffen und der Möglichkeit, dies durch niedrigere Lohnkos-

---

673 Nr. 43 IV UVollzO.

674 § 12 III UVollzG – RE.

675 § 18 SGB IV bestimmt in Satz 1: *„Bezugsgröße im Sinne der Vorschrift... ist... das Durchschnittsentgelt der gesetzlichen Rentenversicherung im vorvergegangenen Kalenderjahr, aufgerundet auf den nächsthöheren, durch achthundertvierzig teilbaren Betrag"*

676 BVerfGE 98, S. 169 (202 f.); BVerfG, 2 BVR 2175/01 vom 24.03.2002, Absatz 36.

677 BVerfGE 98, S. 169 (202 f.); was in der Praxis des Strafvollzuges jedoch nur bei Arbeiten in freien Beschäftigungsverhältnissen der Fall ist (*Radtke* in ZfStrVo 2001, S. 5 (8)). Dieser legt an gleicher Stelle dar, warum die derzeitige Höhe der Gefangenenentlohnung trotz der Anhebung durch das 5. Gesetz zur Änderung des Strafvollzugsgesetzes nicht ausreichend ist, um dem Resozialisierungsgebot ausreichend Rechnung zu tragen.

ten zu erreichen, treffen diese Schwierigkeiten den Untersuchungshaftvollzug in gleichem Maße wie den Strafvollzug. Es ist jedoch zu beachten, dass der Untersuchungshäftling durch die Unschuldsvermutung ein grundsätzliches Recht darauf hat, außerhalb der unbedingt notwendigen Einschränkungen so gestellt zu werden wie ein in Freiheit befindlicher Beschuldigter. Damit steht ihm also auch ein Anrecht auf eine normaltarifliche Entlohnung zu[678].
Man könnte zwar daran denken, dass sich der niedrigere Arbeitslohn in der Anstalt noch als zulässige Beschränkung innerhalb der Grenzen der „Ordnung in der Vollzugsanstalt" darstellt. Angesichts der dargelegten sozialstaatlichen Verpflichtung zur Minimierung des Sonderopfers wird man jedoch zu dem Ergebnis kommen müssen, dass die Vollzugsverwaltung auf jeden Fall den vollen Tariflohn wird auszahlen müssen. Insoweit ist der Staat in der Pflicht, die Spanne zwischen den betriebswirtschaftlich noch abrechenbaren Arbeitskosten und dem tatsächlichen Tariflohn durch Subventionen auszugleichen.

3.5.2.3 Sozialversicherungsbeiträge

Ähnlich problematisch wie die Frage des Arbeitsentgeltes ist auch die Teilnahme der Häftlinge an der Sozialversicherung. Weder der Gesetzesentwurf der ehemaligen Bundesregierung noch die gegenwärtige Regelung in der Untersuchungshaftvollzugsordnung gehen auf diese Problematik ein, sondern begnügen sich mit der Kodifizierung des Arbeitsentgeltanspruches. Das Gebot der weitestmöglichen Gleichbehandlung der als unschuldig geltenden Beschuldigten innerhalb und außerhalb der Anstalt gebietet es, zugunsten der Untersuchungshäftlinge einen Anspruch auf Sozialversicherungszuzahlung seitens der Vollzugsverwaltung zu normieren[679]. Soll sich die Untersuchungshaft im Falle eines Freispruchs als noch hinnehmbares Sonderopfer eines Unschuldigen für die Allgemeinheit darstellen[680], so ist in diesem Fall der grundsätzlich bestehende gesetzgeberische Gestaltungsspielraum bei der Kodifizierung von Leistungsansprüchen derart eingeschränkt, dass die Vollzugsverwaltung angewiesen werden muss, dem arbeitenden Häftling Zuschüsse zur Sozialversicherung zu zahlen,

---

[678] Vgl. *Rotthaus* in „Festschrift für Rebmann", S. 401 (411); *Isola* u.a. § 41 I; *Jung/Müller-Dietz* u.a. in „Reform", S.6 (25); *Wendisch* in Löwe-Rosenberg § 119 RN 110, spricht in starker Abschwächung des Problems in diesem Zusammenhang davon, dass die Höhe des Arbeitsentgeltes für den Untersuchungsgefangenen *„unbefriedigend"* sein muss; a.A. *Döschl u.a.* § 34; *Grunau* RN 6, der offensichtlich von einer privatrechtlichen Rechtfertigung des erniedrigten Arbeitslohnes ausgeht: Die Anstalt bietet Arbeit zu einer bestimmten Entlohnung an, die der Häftling annehmen oder auch ablehnen kann.

[679] Vgl. *Jung/Müller-Dietz* u.a. in „Reform", S. 6 (25); *Rotthaus* in „Festschrift für Rebmann", S. 401 (411).

[680] *Amelung* u.a., S. 32; dazu auch oben III 2.2.2.

ebenso, wie dies ein Arbeitgeber außerhalb der Anstalt für seinen Arbeitnehmer tun muss[681].
Kommt der Staat dieser Pflicht nicht nach, wäre der Untersuchungshäftling grundlos schlechter gestellt, da sich der Ausschluss von Sozialversicherungszahlungen wohl kaum mit der Sicherung des Haftzwecks, der Sicherheit der Anstalt oder den Rechten anderer am Vollzug Beteiligter rechtfertigen lässt.

Allerdings wird man der Vollzugsverwaltung im Zuge einer möglichst wirtschaftlichen Gestaltung das Recht einräumen müssen, die Sozialversicherungsbeiträge erst nach dem Ausscheiden aus der Haft zu überweisen.

3.5.3 Ausbildung, Weiterbildung, soziale Kurse

Neben der Verpflichtung, Arbeit für den Häftling zur Verfügung zu stellen, besteht für die Vollzugsverwaltung die Aufgabe, durch andere Maßnahmen den nachteiligen Folgen der Prisonisierung entgegenzuwirken[682]. Diese, im Grundsatz mittlerweile allgemein akzeptierte und völkerrechtlich verbindliche[683] Erkenntnis, wurde lange Zeit gerade unter Hinweis auf die Unschuldsvermutung missachtet[684]. Die nahe liegende Befürchtung, dass insbesondere das Angebot von sozialen Kursen die immanente Aussage beinhalte, dass der Untersuchungshäftling behandlungs- und resozialisierungsbedürftig sei, ist jedoch so nicht zutreffend[685]:

Zunächst bleibt nämlich festzuhalten, dass die Zielrichtung der angebotenen sozialen Kurse eine durchweg andere ist oder zumindest sein muss, als es bei Strafhäftlingen der Fall ist. Es geht darum, die sozialen Fähigkeiten des Untersuchungshäftlings zu erhalten und nicht darum, sie wieder herzustellen[686].
Zu denken wäre etwa an Kurse, die helfen, jene familiären oder persönlichen Probleme zu bewältigen, die durch die Inhaftierung entstanden sind[687].

---

681 Vgl. *Isola* u.a. § 41 II; *Rotthaus* in „Festschrift für Rebmann", S. 401 (412).

682 *Rotthaus* in „Festschrift für Rebmann", S. 401 (412); *Seibert* in „Untersuchungshaft: Stiefkind der Justiz", S. 165 (171); *Baumann* UVollzG – E, S. 12 f.; *Müller-Dietz* in StrV 1984, S. 79 (85 f.); *Seebode* in „Untersuchungshaft", S. 216; *Amelung* u.a., S. 54.

683 Regel 64, 65 i.V.m. Regel 90 und 91 *EPR*.

684 Vgl. *Müller-Dietz* in StrV 1984, S. 79 (86); *Hetzer* in „Reform", S. 47 (50*); Döschl u.a.*. Vorwort, S. 4.

685 *Müller-Dietz* in StrV 1984, S. 79 (86); *Kaiser* in „Festschrift", S. 299 (307).

686 *Seebode* in „Untersuchungshaft", S. 216; *Amelung* u.a., S. 54; *Müller-Dietz* in StrV 1984, S. 79 (86); *Baumann* UVollzG – E, S. 12 f., der sogar dafür plädiert, in der Untersuchungshaft resozialisierende Kurse anzubieten, wenn der Untersuchungshäftling dies wünscht; ähnlich *Döschl u.a.* Vorwort, S. 5.

687 Vgl. *Seibert* in „Untersuchungshaft: Stiefkind der Justiz", S. 165 (171).

Aber auch andere Kurse, die aufgrund ihres dogmatischen Hintergrundes eher neutral zu beurteilen sind, sollten meines Erachtens in das entsprechende Angebot der Untersuchungshaftvollzugsanstalten einbezogen werden. Vor allem sollten dies Kurse sein, die allgemeine Hilfen für Problem- und Konfliktsituationen des Alltags bieten[688]. In Betracht kommt dabei insbesondere die Hilfe zur Schuldenregulierung[689] oder Kurse zur Stärkung sozialer Handlungskompetenzen[690]. *Seebode* weist zu Recht darauf hin, dass derartige Kurse in der Regel nicht mit einem konkreten Schuldvorwurf in Verbindung gebracht werden können, jedenfalls solange nicht, wie sich vergleichbare Kurse, etwa im Rahmen des volkshochschulischen Angebots, auch an die allgemeine Bevölkerung richten[691]. Dabei erscheint in besonderem Maße auch die Idee von *Dünkel* beachtenswert, der in Anlehnung an vergleichbare Praktiken in den Vereinigten Staaten die verstärkte Einbindung von anstaltsexternen Anbietern wie etwa von Sozialdiensten zulassen möchte[692].

Darüber hinaus ist zu beachten, dass ein Großteil der möglichen Angebotspalette, wie etwa Ausbildungs- oder Weiterbildungskurse, überhaupt nicht mit der Unschuldsvermutung oder mit Persönlichkeitsdefiziten in Verbindung zu bringen sind[693]. Diese lindern nämlich nicht nur die bekannten Gefahren der Prisonisierung, indem sie den Häftling geistig und körperlich beschäftigen, sondern verhindern darüber hinaus, dass die Haftdauer als sinnlose Zeit verstreicht[694]. Absolut unterstützenswert ist daher beispielsweise die von *Döschl u.a.* propagierte Idee, dass Untersuchungshäftlingen ohne jegliche Schulbildung die Mög-

---

[688] Ähnlich *Baumann* UVollzG – E, S. 90; *Seebode* in „Untersuchungshaft", S. 217; *ders.* in „vergessene Reform", S. 14 (39 ff.); *Müller-Dietz* in StrV 1984, S. 79 (86), der zu Recht auf die Notwendigkeit hinweist, sicherzustellen, dass dabei gewonnene Erkenntnisse nicht im Strafverfahren verwendet werden dürfen; im Ergebnis wohl auch *Seibert* in „Untersuchungshaft: Stiefkind der Justiz", S. 165 (171); *Hetzer* in „Reform", S. 47 (70); *Jung/Müller-Dietz u.a.* in „Reform", S. 6 (12).

[689] *Baumann* UVollzG – E § 44; *Seebode* in „vergessene Reform", S. 14 (41).

[690] Vgl. *Jung/Müller-Dietz u.a.* in „Reform", S. 6 (13); a.A. offensichtlich *Eisenberg* § 26 RN 56, der zumindest für den Bereich der jugendlichen Gefangenen wegen der Unschuldsvermutung keinen Raum für erzieherisch wirkende Kurse sieht.

[691] *Seebode* in „Untersuchungshaft", S. 217; ähnlich *Müller-Dietz* in StrV 1984, S. 79 (86), der von einer Unbedenklichkeit der angebotenen Kurse dann ausgeht, wenn sie verfahrensunabhängig angeboten werden; problematisch ist in diesem Zusammenhang der Vorschlag *Seiberts* in „Untersuchungshaft: Stiefkind der Justiz", S. 165 (171) zu sehen, der etwa auch Programme wie die Drogenberatung in das Vollzugsangebotsprogramm integriert haben möchte; ausführlich zur Untersuchungshaftvollzug an Suchtkranken: *Jung/Müller-Dietz* u.a. in „Reform",S. 6 (36 ff.).

[692] *Dünkel*, S. 334 (343).

[693] Vgl. *Eisenberg* § 29 RN 55.

[694] *Müller-Dietz* in StrV, S. 79 (85); wobei *Kaiser* in „Festschrift", S. 299 (312) darauf hinweist, dass nach den bisherigen Erfahrungen auf diesem Gebiet lediglich eine geringe Zahl von Häftlingen von den Angeboten Gebrauch macht.

lichkeit gegeben werden soll, in der Haft ihren Hauptschulabschluss nachzuholen[695].

In diesem Zusammenhang soll grundsätzlich darauf hingewiesen werden, dass der Staat, neben der persönlichen Hilfe bei der Verhinderung der Entsozialisierung, durch das Angebot von Weiter-, Ausbildungs- und Sozialmaßnahmen gleichzeitig aktive Delinquenzprophylaxe betreibt, die der Gesellschaft an sich zugute kommt[696]:
Indem die Ausbildungs- und Weiterbildungsmaßnahmen bzw. die sozialen Hilfskurse die Reintegration in das Leben außerhalb der Anstalt im beruflichen sowie im persönlichen Bereich sicherstellen oder fördern, lindern sie so den kriminogenen Charakter, welcher der Untersuchungshaft durch ihre allgemein entsozialisierende Wirkung innewohnt[697].

Schwierigkeiten ergeben sich bei derartigen Hilfsangeboten regelmäßig dadurch, dass die Gefangenen unter der ständigen Ungewissheit zu leiden haben, die sich aus der Nichtvorhersehbarkeit der eigenen Haftdauer ergibt[698]. Allerdings kann daraus meines Erachtens nicht der Schluss gezogen werden, dass derlei Maßnahmen gänzlich sinnlos sind und deshalb zu unterbleiben haben. Zum einen zieht sich die Untersuchungshaft teilweise tatsächlich über einen derart langen Zeitraum hin, der ausreicht, um Maßnahmen erfolgreich zu beenden. Aber auch bei vorzeitiger Beendigung der Untersuchungshaft ist das bisher Erreichte nicht vergebens gewesen. Der Untersuchungshäftling, der in die Strafhaft überwechselt, kann dort seine bisherigen Bemühungen fortsetzen, ebenso wie der rechtskräftig Freigesprochene außerhalb der Anstalt[699].

Letztlich bleibt nochmals für die hier untersuchten Aus-, Weiterbildungs- und Sozialangebote – ebenso wie für die Arbeitsangebote – festzuhalten, dass die Unschuldsvermutung gebietet, dass es sich nur um fakultative Angebote handeln kann und, dass der Untersuchungshäftling ein Recht darauf hat, ebenso von vergleichbaren Maßnahmen verschont oder in Ruhe gelassen zu werden[700].

---

695 *Döschl u.a.* § 32.

696 *Seebode* in „vergessene Reform“, S. 14 (39).

697 *Seebode* in „vergessene Reform“, S. 14 (39); zur Frage, wer letztendlich Träger des sozialen Angebots sein sollte: *Jung/Müller-Dietz u.a.* in „Reform“, S. 6 (23 f.).

698 *Jung/Müller-Dietz u.a.* in „Reform“, S. 6 (22).

699 A.A. *Jung/Müller-Dietz u.a.* in „Reform“, S. (22), die aus der ungewissen Haftdauer den Schluss ziehen, die Kurse und Seminare entsprechend kurz zu gestalten.

700 *Müller-Dietz* in StrV 1984, S. 79 (86); *ders.* in ZStW 1981, S. 1177 (1256 f.); *Baumann* in JZ 1990, S. 107 (110); *Haberstroh* in Jura 1984, S. 225 (233); *Hetzer* in „Reform“, S. 47 (70), der darauf hinweist, dass die Vollzugsverwaltung den Häftling zur Teilnahme - etwa an sozialen Kursen - ermutigen soll, ebenso *Döschl u.a.* Vorwort, S. 5.

Das Erfordernis eines dahingehenden Leistungsangebotes seitens der Vollzugsverwaltung wurde auch im hier untersuchten Regierungsentwurf in detaillierter Form in §§ 12, 13 und 26 angesprochen. Allerdings sollte in allen Fällen ausweislich des Wortlautes bzw. der Gesetzesbegründung kein subjektives Recht auf Inanspruchnahme solcher Angebote begründet werden[701], wie es nach obigen Ausführungen erforderlich wäre.

Der Vorschlag der Bundesregierung war insoweit unzureichend.

3.6 Zwangsmaßnahmen

3.6.1 Allgemeines

Wie jedes andere Regelwerk, das für die ihm Unterworfenen Grenzen und Ordnungserfordernisse aufstellt, bedarf auch ein UVollzG der Möglichkeit, die Geltung der Vorschriften notfalls durch Anwendung von Gewalt oder anderer Zwangsmaßnahmen durchzusetzen[702].
Dabei ist grundsätzlich zu unterscheiden zwischen Maßnahmen, die der konkreten Gefahrenabwehr dienen - also einen drohenden oder bestehenden Ordnungsverstoß abwenden sollen - und solchen, die den oder die Störer treffen, wenn das Gesetz bzw. die Verhaltensvorschrift tatsächlich verletzt wurde.
Es geht also im Kern um Zwangsmaßnahmen sowohl im präventiven wie auch im repressiven Bereich. Für beide Bereiche ist festzustellen, dass sie als grundrechtsbeschränkende Maßnahmen unter dem besonderen Primat der erörterten völker- und verfassungsrechtlichen Vorgaben stehen und folglich auch nicht weiter in die Rechte des Untersuchungshäftlings eingreifen dürfen, als unbedingt erforderlich, um dem im Haftbefehl jeweils genannten konkreten Haftgrund zu begegnen und die Rechte der übrigen am Vollzug Beteiligten zu wahren.

3.6.2 Zwangsmaßnahmen zur Gefahrenabwehr

Die heutige Regelung des Untersuchungshaftvollzuges sieht bereits in § 119 V StPO in begrenztem Maße die Möglichkeit vor, Zwangmaßnahmen gegen ordnungsgefährdende Untersuchungshäftlinge zu ergreifen. Danach darf der Gefangene gefesselt werden, wenn die Gefahr droht, dass er beispielsweise Gewalt

---

[701] Begründung der Bundesregierung zu § 26 I UVollzG – RE, S. 86 (BR – Drucksache 249/99); §§ 12 und 13 I UVollzG – RE waren als Sollvorschrift ausgestaltet wobei in § 12 eine zusätzliche Einschränkung vorgenommen wurde, indem Fortbildung nur „*geeigneten Gefangen*" zukommen sollte.

[702] *Seebode* in „Untersuchungshaft", S. 245.

gegen andere Personen oder Sachen ausüben werde – eine Regelung, die für sich wohl nicht zu beanstanden ist, aber keine umfassende Legitimierung und Normierung für Zwangsmaßnahmen zur Gefahrenabwehr sein kann.
Die Untersuchungshaftvollzugsordnung als normpräzisierende Verwaltungsbestimmung selbst hat kein klares System für Zwangmaßnahmen der hier in Frage stehenden Art. Nr. 72 UVollzO bestimmt ohne nähere Präzisierung

> *„Für die Anwendung unmittelbaren Zwangs gelten die gesetzlichen Vorschriften".*

Welche Vorschriften dies sein sollen, wird nicht erwähnt[703].
Darüber hinaus finden sich in Nr. 67 ff. UVollzO Vorschriften über sogenannte „Disziplinarmaßnahmen" (in früheren Ausgaben der UVollzO auch als „Hausstrafen" bezeichnet), welche nach der Formulierung der Untersuchungshaftvollzugsordnung eine Art Zwitterstellung zwischen rein präventiven und (auch)repressiven Maßnahmen darstellen. Danach kann

> *„Gegen einen Gefangenen, der schuldhaft gegen die Ordnung in der Anstalt verstößt oder den Haftzweck gefährdet oder vereitelt, ... der Richter ... Disziplinarmaßnahmen anordnen."*

Als gesetzliche Ermächtigungsgrundlage für diese Maßnahmen wird nach allgemeiner Ansicht § 119 III StPO herangezogen[704].

Der Entwurf der ehemaligen Bundesregierung beseitigte die nach der UVollzO herrschende Gemengelage zwischen Disziplinarmaßnahmen (§ 28 UVollzG - RE) mit (auch) repressivem Charakter und den Gefahrenabwehrmaßnahmen des unmittelbaren Zwangs, für die nun ausdrücklich auf die entsprechenden Regelungen im Strafvollzug verwiesen wird[705]. Die gefundene Lösung ist jedoch wegen der bereits mehrfach erwähnten Verweisung auf das Strafvollzugsgesetz und der damit zusammenhängenden dogmatischen Schwierigkeiten abzulehnen.

Aus demselben Grund ist auch die gegenwärtige Regelung in der UVollzO als unzureichend anzusehen. Darüber hinaus bleibt darauf hinzuweisen, dass wegen des Vorbehaltes des Gesetzes nur ein formelles Gesetz die Beschränkung von

---

703 Wobei es sich dabei wohl um einen Verweis auf die Vorschriften des StVollzG handeln dürfte, wie sich aus § 178 I StVollzG ergibt; so auch: *Dünnebier* in Löwe - Rosenberg (23. Auflage) § 119 RN 154; *Wendisch* in Löwe - Rosenberg § 119 RN 164.

704 *Grunau* Nr. 67 RN 1; *Veith*, S. 66 f. m.w.N.; *Müller* in KMR § 119 RN 29; a.A. *Dünnebier* in Löwe - Rosenberg (23. Auflage) § 119 RN 60; *Wendisch* in Löwe - Rosenberg § 119 RN 49; OLG Hamburg in NJW 1965, S. 1544.

705 § 37 UVollzG – RE i.V.m. § 94 ff. StVollzG.

Grundrechten legitimieren kann. Dass § 119 III StPO die Funktion einer solchen Eingriffsermächtigung nicht erfüllen kann, wurde oben ausführlich dargelegt.
Aber auch die Verweisungen der UVollzO auf die entsprechenden Normen des Strafvollzugsgesetzes können keine taugliche Lösung im Sinne des Rechtsstaatsprinzips sein, da die §§ 94 ff. StVollzG keine selbstständigen Eingriffsermächtigungen darstellen, sondern lediglich die Art und Weise der zwangsweisen Durchsetzung von Vollzugsmaßnahmen regeln[706], welche ihrerseits aber gesetzlich legitimiert sein müssen.

Anknüpfungspunkt für die grundsätzliche Frage, ob und in welchem Umfang zu präventiven Zwecken Zwangsmaßnahmen im Rahmen des Untersuchungshaftvollzuges ergriffen werden können, sind auch im vorliegendem Fall die mehrmals ausgeführten Grenzziehungen des Verhältnismäßigkeitsgrundsatzes und der Unschuldsvermutung:
Erforderlich für eine legitime Grundrechtsbeschränkung ist mithin eine hinreichend konkrete Gefahr für den Zweck der Untersuchungshaft im dargelegten Sinne oder eine Gefahr für die Rechte der übrigen am Vollzug Beteiligten[707].
Zwangsmaßnahmen, die sich in diesem Rahmen bewegen und dabei auch die Anforderungen des Erforderlichkeitsgrundsatzes beachten[708], sind daher auch im Vollzug der Untersuchungshaft grundsätzlich zulässig; alles darüber Hinausgehende, was beispielsweise an bloße abstrakte Gefährdungsmerkmale anknüpft, nicht[709].
Allerdings handelt es sich gleichwohl um Gefahrenabwehrmaßnahmen, wenn eine konkrete Gefahr zu einer Störung geworden ist, die weiterhin fortdauert[710].
Auch dabei verfolgt die vorzunehmende Zwangsmaßnahme grundsätzlich das Ziel, eine konkrete Gefährdung für die maßgeblichen Rechtsgüter abzuwehren.
Durch den Eingriff soll verhindert werden, dass die Störung weiter andauert und damit eine konkrete Gefahr für weitere Rechtsverletzungen gebannt wird.
Derlei Maßnahmen ließen sich prinzipiell schon durch die hier vorgeschlagene Generalklausel legitimieren und bedürften eigentlich keiner eigenen Erwähnung in einem UVollzG. Im Zuge einer möglichst einfachen Rechtsanwendung und eines Maximus an Vorhersehbarkeit staatlichen Handelns ist es meines Erachtens jedoch sinnvoll, ein Untersuchungshaftvollzugsgesetz mit einem separaten Kapitel über Zwangsmaßnahmen auszustatten. Möglich wäre etwa eine Anleh-

---

706 Statt vieler *Callies/Müller-Dietz* § 94 RN 2.
707 Vgl. *Seebode* in „Untersuchungshaft“, S. 245.
708 Siehe dazu insbesondere auch die obigen Ausführungen zur Generalklausel V 2.4.
709 *Veith*, S. 61; *Seebode* in „Untersuchungshaft“, S. 246 der solche Maßnahmen missverständlich unter den Begriff der Disziplinarmaßnahmen subsumiert; BVerfGE 15, S. 288 (297).
710 A.A. ohne weitere Begründung *Veith*, S. 66.

nung an Formulierungen des Polizeirechts, mit der Normierung der tatbestandlichen Voraussetzungen für staatliche Zwangshandlungen einerseits und der möglichen zu ergreifenden Zwangsmittel andererseits[711].

Eine Normierung der tatbestandlichen Eingriffsvoraussetzungen muss demnach jedenfalls die Beschränkungen der Generalklausel enthalten, einen Hinweis auf das Erfordernis einer konkreten Gefahr für eines der dort genannten Rechtsgüter sowie die Notwendigkeit der Androhung des konkret zu ergreifenden Zwangsmittels.

Die Frage, welche Zwangsmittel für den Bereich der Untersuchungshaft möglich und praktikabel sind, soll an dieser Stelle nicht ausführlich dargelegt werden. Sicherlich muss die Ausübung unmittelbaren Zwanges (gegen Personen und Sachen) als ultima ratio möglich sein. Sinnvoll ist darüber hinaus etwa auch die Verhängung eines Zwangsgeldes, aber wohl auch z.B. die Verhängung einer Kontaktsperre, der Entzug von Einkaufsmöglichkeiten oder die Beschränkung des Hofganges.
Auffällig ist dabei, dass eine Vielzahl möglicher Zwangsmittel wie etwa der Entzug von Einkaufsmöglichkeiten ihrer Natur nach für den Betrachter schon den Anschein einer Disziplinarmaßnahme haben. Dies mag auch der Grund sein, warum *Seebode* in seiner Monographie über den Untersuchungshaftvollzug auch von „Disziplinarmaßnahmen" zur Gefahrenabwehr spricht[712].
Tatsächlich handelt es sich hierbei jedoch um unterschiedliche Wirkungsweisen und Zielrichtungen der Maßnahmen. Während die hier untersuchten Zwangsmaßnahmen rein präventiver Natur sind, haben Disziplinarmaßnahmen – ähnlich wie Strafen im strafrechtlichen Sinne – auch repressiven Charakter. Der Entzug der Einkaufsmöglichkeiten kann im Rahmen der Gefahrenabwehr aber z.B. die Aufgabe haben, einen Häftling, der durch permanente Ruhestörungen seinen Mithäftlingen den Schlaf raubt, dazu zu bringen, dies in den folgenden Nächten zu unterlassen[713].
Zu unterbleiben hätte jedoch die Verhängung einer Einkaufssperre in vorliegendem Fall, wenn der Häftling nunmehr glaubhaft versicherte, dass er von nun an keine Ruhestörungen mehr begehen werde. Verhängte man in diesem Falle dennoch Zwangsmaßnahmen, könnten diese nur an den vorangegangenen Ordnungsstörungen anknüpfen – es läge also keine Gefahrenabwehrmaßnahme im

---

[711] Im Ergebnis: *Seebode* in „Untersuchungshaft", S. 248; Instruktiv für die Kodifizierung einer solchen Norm ist der Versuch von *Döschl u.a.* in § 65, die die Gefahrenabwehrmaßnahmen treffend als „besondere Sicherungsmaßnahmen" bezeichnen.

[712] *Seebode* in „Untersuchungshaft", S. 245 ff.

[713] Unproblematischer ist der Fall, in dem die Einkaufssperre angeordnet wird, um zu verhindern, dass der Häftling gewisse ordnungsgefährdende Gegenstände kauft. In diesem Fall wäre die Maßnahme eindeutiger als Gefahrenabwehrmaßnahme zu sehen.

hier untersuchten Sinne mehr vor, möglicherweise aber eine Disziplinarmaßnahme.

3.6.3 Zwangsmaßnahmen mit (auch) repressivem Charakter

Wie eingangs geschildert haben Zwangsmaßnahmen mit repressivem Charakter nicht die Aufgabe, drohende konkrete Ordnungs- und Regelverstöße abzuwehren, sondern sollen einen Häftling „strafen" für bereits begangene Taten. Anknüpfungspunkt für die von der Verwaltung vorzunehmenden Zwangshandlungen ist mithin nicht eine zukünftige Handlung des Häftlings sondern sein Verhalten in der Vergangenheit – sie ist damit reaktiver Natur.
Für den Bereich des Untersuchungshaftvollzuges geht es damit um den Bereich der Disziplinarmaßnahmen bzw. Hausstrafen, die vergangene Ordnungsverstöße sanktionieren sollen.

Der Charakter und die Wirkungsweise solcher Disziplinarmaßnahmen im Rahmen des Vollzuges der Untersuchungshaft sind dabei nicht abschließend geklärt. Grundsätzlich wohnt den Disziplinarmaßnahmen – ebenso wie den Kriminalstrafen – eine janusköpfige, ambivalente Wirkungsweise inne[714]:
Zum einen sind sie repressiver Natur in der Form, dass sie Vergeltung bedeuten für begangenes Unrecht[715]. Andererseits kommt ihnen sehr wohl auch ein präventiver Charakter zu – wie die Bezeichnung nahe legt, wirken sie förderlich für die Einhaltung der Disziplin:
Sie wirken generalpräventiv auf übrige potentielle Normbrecher in der Weise, dass diese durch eine exemplarisch vorgeführte Bestrafung davon abgehalten werden, ähnliche Ordnungsverstöße zu begehen. Darüber hinaus wirken sie auch spezialpräventiv in Bezug auf den Ordnungsbrechenden, dem durch die Disziplinarmaßnahme verdeutlicht wird, dass eventuelle zukünftige rechtswidrige Handlungen nicht folgenlos bleiben werden[716].
Der zuletzt dargestellte Charakter von Disziplinarmaßnahmen wird in der überaus herrschenden Meinung für den Untersuchungshaftvollzug ausdrücklich anerkannt, wobei in diesem Zusammenhang festzuhalten bleibt, dass der präventi-

---

[714] *Laubenthal* in „Strafvollzug" RN 647; BVerfG in NStZ 1993, S. 605 (605).

[715] Für den Bereich der Strafhaft, etwa *Callies/Müller-Dietz* StVollzG § 102 RN 1; *Laubenthal* RN 647; *Böhm* in Schwind/Böhm § 102 RN 1.

[716] Vgl. *Walter* in Feest (Hrsg.) StVollzG vor. § 102 RN 8 für den Fall der Disziplinarmaßnahme im Strafvollzug; ebenso *Laubenthal* RN 647; für den Bereich des Beamtendisziplinarrechts das Bundesverwaltungsgericht in ständiger Rechtssprechung etwa BVerwGE 46, S. 64 (67); DÖB 1974, S. 60; ZBR 1992, S. 159; die Rechtmäßigkeit der generalpräventiven Zielsetzung der Disziplinarmaßnahme anzweifelnd *Köhler* u.a. BDO A IV RN 89.

ve Charakter der Zwangmaßnahmen sich nur auf abstrakte Gefahren beziehen kann. Insoweit unterscheiden sie sich von den oben untersuchten Gefahrenabwehrmaßnahmen, bei denen es um die Verhinderung einer konkreten Gefahr geht[717].

Der repressive Charakter von Disziplinarmaßnahmen wird von der herrschenden Ansicht jedoch verneint[718]. Als Begründung wird überwiegend angeführt, dass Disziplinarmaßnahmen ihrem Zweck nach ordnungserhaltende Maßnahmen sind und bloß aufgrund spezial- und generalpräventiver Gesichtspunkte verhängt werden können[719] (weshalb sie auch auf § 119 III StPO zurückführbar seien).

Die Vertreter dieser Ansicht verkennen, dass der Anknüpfungspunkt für die Zwangsmaßnahme jedoch ein Fehlverhalten in der Vergangenheit ist. Ebenso wie bei der Kriminalstrafe liegt der Disziplinarmaßnahme deshalb zwangsnotwendig ein reaktionär vergeltender Charakter inne. Der Versuch, diesen Charakter zu leugnen, kann daher wenig überzeugen.

Die tatsächliche Begründung derer, die eine Einordnung von Disziplinarmaßnahmen als bloße Präventivmaßnahmen befürworten, scheint demnach auch vielmehr pragmatischer Natur zu sein: Ohne eine dahingehende Festlegung fänden die Vertreter dieser Ansicht keine tragfähige Rechtsgrundlage für derlei Eingriffe. *Seebode* verweist zu Recht darauf, dass insoweit ein schlichter „Etikettenschwindel" stattfindet, um die Hausstrafen an die Erfordernisse der gesetzlichen Regelungen anzupassen[720]. Ein repressiver Zweck ist nämlich nicht mit § 119 III StPO vereinbar, da Vergeltung von schuldhaft begangenen Ordnungsverstößen eben unmittelbar keine notwendigen Beschränkungen von „Haftzweck und Ordnung in der Vollzugsanstalt" sind[721] - § 119 III verleiht keine Strafgewalt[722].

---

717 Siehe oben V 3.6.2.

718 A.A. *Kleinknecht/Janischowsky* RN 420, die den repressiven Charakter von Disziplinarmaßnahmen im Untersuchungshaftvollzug ausdrücklich anerkennen.

719 *Veith*, S. 66; *Boujong* in KK § 119 RN 86; OLG Bremen in NJW 1957, S. 274 (275); OLG Hamm in MDR 1969, S. 408; *Achter* in NJW 1970, S. 268 (269); *Grunau* Nr. 67 RN 1; *Müller* in KMR § 119 RN 29; *Dünnebier* in Löwe – Rosenberg (23. Auflage) § 119 RN 62; *Wendisch* in Löwe – Rosenberg § 119 RN 50.

720 Vgl. *Seebode* in „Untersuchungshaft", S. 246; der dargelegte „Etikettenschwindel" zeigt sich auch darin, dass die vorgesehene Regelung des § 28 UVollzG – RE für die Disziplinarstrafen im Untersuchungshaftvollzug eben auf die §§ 102 ff. StVollzG verweist, deren repressiver Charakter allgemein anerkannt ist. (*Callies/Müller-Dietz* § 102 RN 102).

721 *Veith*, S. 66 m.w.N ; *Seebode* in „Untersuchungshaft", S. 246.

722 *Seebode* in „Untersuchungshaft", S. 246.

Dünnebier[723] und *Wendisch*[724] selbst führen überzeugend aus, dass es sich bei den sog. Hausstrafen schon begrifflich um mehr als um eine bloße Beschränkung im Sinne von § 119 III StPO handelt[725]. Auch *Roxin* lässt erkennen, dass der repressive Charakter der Hausstrafen grundsätzlich nicht von der Hand zu weisen ist[726].

Aber selbst von dem Postulat ausgehend, dass die Disziplinarmaßnahmen im Untersuchungshaftvollzug tatsächlich keinen repressiven Charakter haben, bleibt festzustellen, dass sie unter verfassungs- und völkerrechtlichen Gesichtspunkten unzulässig wären:
Wie oben dargelegt, minimiert bzw. verhindert die spezial- und generalpräventive Wirkung der Hausstrafe grundsätzlich nur die abstrakte Gefahr von Ordnungsverstößen. Die Disziplin soll aufrecht erhalten werden, indem dem störenden Untersuchungshäftling und seinen Mithäftlingen durch die Disziplinarmaßnahme vor Augen geführt wird, dass *„die Ordnung in der Anstalt, wenn es nottut auch mit Gewalt aufrecht erhalten"* werden kann[727].
Auf die konkrete Gefahr eines zukünftigen Rechtsverstoßes kommt es mithin gerade nicht an.

Die abstrakte Gefahr, dass sich der Häftling oder seine Schicksalsgenossen nach einem sanktionslosen Rechtsverstoß zu weiteren Verstößen hinreißen lassen könnten, kann nach den herausgearbeiteten Vorgaben des Verhältnismäßigkeitsgebotes und der Unschuldsvermutung aber nicht für die rechtmäßige Begründung einer Grundrechtsbeschränkung des Häftlings ausreichen. Durch die verbindlichen Vorgaben der *EMRK* verbietet sich ausdrücklich, ordnungsfördernde Maßnahmen auf generalpräventive Erwägungen zu stützen[728]. Vielmehr könnte eine Disziplinarmaßnahme nur dann als zulässig erachtet werden, wenn sie die Abwehr erheblicher und vor allem konkreter Gefahren zum Ziel hätte[729]. Eine solche Maßnahme wäre aber, da ihr Anknüpfungspunkt dann die konkrete, zu-

---

723 In Löwe – Rosenberg (23. Auflage) § 119 RN 60.

724 In Löwe – Rosenberg § 119 RN 49.

725 Wenngleich sie am Postulat des bloßen Ordnungsmittels ohne repressivem Charakter festhalten, *Dünnebier* in Löwe – Rosenberg (23. Auflage) § 119 RN 62; *Wendisch* in Löwe – Rosenberg § 119 RN 50.

726 RN 41.

727 *Dünnebier* in Löwe – Rosenberg (23. Auflage) § 119 RN 62; OLG Hamm im GA 1969, S. 251; *Wendisch* in Löwe – Rosenberg § 119 RN 50.

728 Zur Frage, wie insbesondere die Unschuldsvermutung Eingriffe aus Ordnungszwecken auf konkrete Gefahrenabwehrmaßnahmen beschränkt s.o. II 1.6.2 a.E.

729 *Seebode* in „Untersuchungshaft", S. 246.

künftige Gefahr wäre, nicht mehr als Disziplinarmaßnahme sondern als Gefahrenabwehrmaßnahme im oben untersuchten Sinne einzustufen[730].

Es besteht meines Erachtens aber auch keine Notwendigkeit, im Untersuchungshaftvollzug Disziplinarmaßnahmen anzuwenden. Die Befürchtung, dass

> *„Anderenfalls... z.B. die Anstalt gegenüber einem Untersuchungshäftling machtlos* (wäre)[731]*, der durch Aufsässigkeit usw. ständig die Anstaltordnung stört und dessen Beispiel ansteckend wirken kann*“[732]

ist nämlich tatsächlich nicht gegeben. Genau für diesen, vom *OLG Celle* beschriebenen Fall greift die Möglichkeit des Verwaltungszwanges zur Gefahrenabwehr im oben genannten Sinne, die ein ausreichendes Instrumentarium an Einwirkungsmöglichkeiten bietet.

Die allgemeine Unzulässigkeit von Disziplinarmaßnahmen während des Untersuchungshaftvollzuges hat demnach auch zur Folge, dass § 28 des ehemaligen Regierungsentwurfes für ein UVollzG im Rahmen einer verfassungs- und völkerrechtskonformen Regelung gänzlich entfallen müsste. Durch diese Regelung bzw. durch die darin enthaltende Verweisung ins StVollzG sollte nämlich die Grundlage für Disziplinarmaßnahmen im Untersuchungshaftvollzug nach den Vorstellungen der ehemaligen Bundesregierung geschaffen werden.

---

730 Insofern bleibt *Seebode* in „Untersuchungshaft“, S. 246 mit seinen zutreffenden Einschränkungen einer zulässigen Disziplinarmaßnahme auf halbem Wege stehen.

731 Änderung durch den Verfasser.

732 OLG Celle in NJW 1951, S. 676.

VI. Ausblick

Zu Beginn dieser Monographie stand ein Zitat *Baumanns*, wonach man den Zustand eines Rechtsstaates daran erkennt, wie er mit denen umgeht, die seinen Gesetzen zuwider handeln – oder die, wie im Fall des Untersuchungshaftvollzuges, mutmaßlich gegen die Gesetze des Staates verstoßen haben.

Es wurde dargelegt, dass der Rechtsstaat in der Wahl seiner Behandlungsmethoden durch das Völker- und Verfassungsrecht erheblich beschränkt wird. Insbesondere der völkerrechtlich anerkannte Grundsatz der Unschuldsvermutung, das verfassungsrechtlich verankerte Übermaßverbot sowie das Sozialstaatsgebot verlangen, dass die Rechtsbeschränkungen des Untersuchungshäftlings nur so weit gehen dürfen, wie es unbedingt erforderlich ist, um die Durchführung des Strafverfahrens sicherzustellen. Weiterhin müssen dem, der in diesem Rahmen ein Sonderopfer erbringt, eine Vielzahl von Ausgleichsleistungen materieller wie immaterieller Art erbracht werden.

Sowohl das Völkerrecht als auch das verfassungsrechtlich verpflichtende Rechtsstaatsgebot machen es dabei erforderlich, dass sowohl Beschränkungen als auch die verpflichtenden Leistungen durch ein formelles Parlamentsgesetz geregelt werden.

Diesen Forderungen gegenüber steht der derzeitige status quo mit einer rechtstaatlich unzureichenden Generalklausel, welche als Rechtfertigung für sämtliche Grundrechtseingriffe herhalten muss, sowie eine de facto gesetzesgleiche Verwaltungsvorschrift, die durch einen dubiosen „juristischen Kunstgriff"[733] für jeden Häftling einzeln durch den Richter in Kraft gesetzt wird. Gesetzlich garantierte Leistungen seitens der Vollzugsverwaltung fehlen gänzlich.
Gemessen an diesen Fakten ist es wohl um unseren Rechtstaat tatsächlich schlecht bestellt, und der eingangs zitierten Bewertung als *„trübstes Kapitel deutscher Strafrechtspflege"* wird man in dieser Hinsicht wohl zuzustimmen können.

Der status quo scheint umso verwunderlicher, als seit Jahren allgemeine Tendenzen zu erkennen sind, alle Bereiche des täglichen Lebens gesetzlich zu erfassen und zu regeln – dieser zentrale Bereich der Strafrechtspflege jedoch ausgeklammert wurde.

Die Gründe hierfür scheinen angesichts der zahllosen Änderungsanträge seitens der Bundesländer zu der letzten Gesetzesinitiative klar auf der Hand zu liegen:

---

[733] *Rotthaus* in NJW 1973, S. 2269 (2270).

Der Staat und vor allem die Bundesländer sind offensichtlich nicht bereit, die durch eine konsequente Orientierung des Untersuchungshaftvollzuges an den völkerrechtlichen und verfassungsrechtlichen Vorgaben entstehenden Mehrkosten zu tragen.

Anders als im Fall des Strafhaftvollzuges kann für den Fall der Untersuchungshaft auch nicht mit einem Ultimatum des Bundesverfassungsgerichts gerechnet werden, um den Konsensdruck auf Bundestag und Bundesrat zu erhöhen.
Erschwerend kommt dabei hinzu, dass das Verfassungsgericht bezüglich der Reichweite des Ordnungsbegriffes eine eher extensive Auslegung vertritt[734].

Dass der Vollzug der Untersuchungshaft nicht so gestaltet sein muss wie die tägliche Haftpraxis, um seine Zwecke zu erfüllen, wurde am Beispiel anderer Staaten dargelegt und auch durch entsprechende Modellversuche in Deutschland belegt[735]. Da diese Modellversuche jedoch im bundesdeutschen Haftalltag die Ausnahme darstellen, ist es meines Erachtens – nicht nur wegen der völkerrechtlichen und verfassungsrechtlichen Notwendigkeiten – unbedingt erforderlich, den Vollzug der Untersuchungshaft einheitlich zu regeln und die Rechtsstellung des Häftlings einheitlich drastisch zu verbessern.
Der hier untersuchte Gesetzesentwurf aus der 14. Legislaturperiode des Bundestages konnte die hohen Anforderungen, an die der Gesetzgeber bei seiner Arbeit gebunden ist, nur unzureichend erfüllen. Dennoch bot er in zweierlei Hinsicht einen Vorzug gegenüber dem heutigen Stand:

Zum einen ergab sich aus dem Gesetzentwurf ein nicht zu unterschätzender Fortschritt für die Rechtsstellung des Untersuchungshäftlings im Vergleich zu den Regelungen der UVollzO. Der Häftling wäre beispielsweise weniger Beschränkungen unterworfen für die Fälle des Besuchsverkehrs, bei der Briefkontrolle und bei der Gestaltung des persönlichen Lebensbereiches.
Auch für die Zuständigkeitsverteilung zwischen Anstaltsleiter und Gericht fand der Gesetzesentwurf eine tragfähige Lösung.
Würde man die unpraktikablen Verweisungen ins StVollzG durch entsprechende Inkorporierungen der Vorschriften in ein zu schaffendes Gesetz vermeiden und in kleinen Teilen Veränderungen der vorgeschlagenen Art machen, etwa bezüglich der Definition des Haftzweckes oder der Selbstverpflegung in der Anstalt, ist meiner Ansicht nach diesem, wenn auch unzureichenden Gesetz der Vorzug zu geben vor der gegenwärtigen Rechtslage[736].

---

[734] So z.B. BVerfG in NJW 1974, S. 26 (27).

[735] Für das Land Niedersachsen - *Koop* in „vergessene Reform“, S. 107 (111 ff.).

[736] A.A. *Paeffgen/Seebode* in ZRP 99, S. 524 ff.

Die meisten dieser Änderungen könnten so mehr oder weniger kostenneutral realisiert werden, sodass auch mit einer Zustimmung des Bundesrates zu rechnen wäre.

Darüber hinaus - als meines Erachtens noch wesentlich ausschlaggebenderer Gesichtspunkt - wäre der Vollzug der Untersuchungshaft endlich auf eine gesetzliche Grundlage gestellt und die Beschränkung von Grundrechten im Untersuchungshaftvollzug wäre zumindest in Bezug auf den Vorbehalt des Gesetzes zufriedenstellend gelöst.

Aber auch nach dem Erlass eines Gesetzes, welches den hier aufgestellten Anforderungen nur unzureichend gerecht würde, müsste die rechtswissenschaftliche Literatur, vielleicht durch diesen Teilerfolg beflügelt, in verstärkter Form auf die noch bestehenden Missstände, insbesondere bezüglich der sozialstaatlichen Leistungspflicht, hinweisen.

Dieser Ansatz der Erfolgsverwirklichung in „kleinen Schritten" scheint mir der effektivere und erfolgversprechendere Weg hin zum Ziel eines Untersuchungshaftvollzugsgesetzes, das den hier dargelegten völkerrechtlichen und verfassungsrechtlichen Anforderungen genügt und dadurch die Rechtsstellung des Häftlings derart verbessert, dass wirklich von einem gerade noch zumutbaren Sonderopfer des als unschuldig zu Behandelnden gesprochen werden kann, welches ihm zum Zwecke der effektiveren Strafverfolgung zum Wohle der Allgemeinheit abverlangt wird.

FSC
www.fsc.org
MIX
Papier | Fördert
gute Waldnutzung
FSC® C083411

Kolibri 360 GmbH
Ferdinand-Jühlke-Straße 7
99095 Erfurt, Deutschland
produktsicherheit@kolibri360.de

Druck:
CPI Druckdienstleistungen GmbH
im Auftrag der
Kolibri 360 GmbH
Ferdinand-Jühlke-Str. 7
99095 Erfurt